北京市教育学会"十四五"教育科研2022年度课题（YQ2

自然·健康·自主
幼儿园绿色教育特色课程

陈军花　谷长伟　主编

中国农业出版社
农村读物出版社
北　京

图书在版编目（CIP）数据

自然·健康·自主：幼儿园绿色教育特色课程 / 陈
军花，谷长伟主编 . —北京：中国农业出版社，2024.10
ISBN 978-7-109-31977-6

Ⅰ.①自…　Ⅱ.①陈…②谷…　Ⅲ.①环境教育—学
前教育—教学参考资料　Ⅳ.①G613.3

中国国家版本馆 CIP 数据核字（2024）第 101486 号

自然·健康·自主　幼儿园绿色教育特色课程
ZIRAN·JIANKANG·ZIZHU　YOUERYUAN LUSE JIAOYU TESE KECHENG

中国农业出版社出版

地址：北京市朝阳区麦子店街 18 号楼
邮编：100125
责任编辑：孙利平　张　志
版式设计：杨　婧　责任校对：吴丽婷　责任印制：王　宏
印刷：北京中兴印刷有限公司
版次：2024 年 10 月第 1 版
印次：2024 年 10 月北京第 1 次印刷
发行：新华书店北京发行所
开本：700mm×1000mm　1/16
印张：17.5
字数：338 千字
定价：68.00 元

编 委 会

　　北京市延庆区康庄幼儿园（以下简称"康庄幼儿园"）依托《"十四五"时期教育改革和发展规划（2021—2025 年）》和《中华人民共和国国民经济和社会发展第十四个五年规划和 2035 年远景目标纲要》的要求，积极落实《幼儿园教育指导纲要（试行）》《3～6 岁儿童学习与发展指南》《幼儿园保育教育质量评估指南》的精神，实施科学管理，加强团队建设，全面提升办园质量，不断实现园所高质量发展，提出了"以健康和谐、绿色生态教育为核心，顺应人与自然的发展规律，倡导健康绿色文明生活，使人与自然和谐相处"的"康·绿文化"理念；共筑"绿色教育滋养下的幸福家园"的共同愿景；铭记"传承生态文明，始于尊重生命"的使命；践行"笃行、善思、发展、和谐"的价值观；倡导"建绿色之基　筑五彩未来"的办园理念；心怀"尊重生命，绿色成长"的教育理念；坚持以"健康绿色"课程做支撑，彰显幼儿园文化，用"健康绿色"环境做资源，展示幼儿园文化，用"健康绿色"制度做保障，确保幼儿园文化落地，使康庄幼儿园成为师幼愉悦身心、陶冶情操的美好家园。

　　康庄幼儿园以"康·绿文化"为核心，设计了突出园所文化的标志（右图），该标志以绿色为主基调，代表绿色康庄幼儿园的文化特色；中间造型"K"和"Z"两个字母分别是"康庄"两个字拼音的首字母；标志中有大自然的阳光、山水、动物、植物，代表着幼儿园在大自然和园所周边资源中寻找绿色教育的空间，为孩子们的终身发展奠定基础；整体外轮廓是圆形，象征着康庄幼儿园是孩子、教师、家长成长的幸福家园，共同托起孩子们绿色、健康成长的希望。

《中华人民共和国国民经济和社会发展第十四个五年规划和2035年远景目标纲要》提出："坚持尊重自然、顺应自然、保护自然，坚持节约优先、保护优先、自然恢复为主，实施可持续发展战略，完善生态文明领域统筹协调机制，构建生态文明体系，推动经济社会发展全面绿色转型，建设美丽中国。"康庄幼儿园具有高度的社会责任感，深知国家目标需要我们每一个组织与个体共同参与完成。新时期的幼儿园教育迫切需要回归绿色生态教育，以绿色教育为基础，将幼儿置身于大自然中，通过幼儿主动观察、感知、欣赏、体验、探索、创造，形成良好的道德观、价值观和行为模式。

幼儿园充分利用园所资源和周边地域资源，依托园所办园理念，将园所绿色文化有效落地，结合3～6岁幼儿年龄特点和学习方式，充分调动幼儿多种感官，激发幼儿无限的想象力与创造力，着力打造"绿色教育"园本课程，包括绿色生活、绿色田野、绿色农庄、绿色军营、绿茵球场五个主题板块，有效开展园本特色课程实践活动，全力构建"绿色教育"的园本课程体系。

一、绿色生活

绿色生活主题以低碳环保、节约资源的绿色生活理念为主，包括绿色环保、节约资源、低碳减排、垃圾分类等内容，与周边社区资源、地域的人文资源相结合，形成低碳、环保、节约、可持续发展的绿色生活理念。

二、绿色田野

绿色田野主题以亲近自然、感受人与自然的和谐共生理念为主，充分挖掘园所周边自然景区及社区等资源，以野鸭湖、康西草原、八达岭长城、稻田、果园等实践场域为活动载体，培养幼儿适应环境的能力和生活自理能力，激发幼儿爱自然、爱家乡的情感。

三、绿色农庄

绿色农庄主题以春种秋收、感知四季与人类生活密切关系的理念为主，深挖园内自然角、种植园地、室外家具展示区等环境资源，与科学探究、劳动教育相结合，形成师幼亲近自然、亲近土地、亲近生命的情感与态度，积累相关的生活经验，在春种、夏耕、秋收、冬藏四季变换的趣味活动中，最大限度地挖掘绿色农庄的教育价值，彰显绿色教育回归农村幼儿生活的特色。

四、绿色军营

绿色军营主题以勇敢坚毅、传承红色精神、激发爱国情怀的理念为主，借助园所周边部队军营资源及幼儿园小兵乐园，与红色教育、爱国主义教育、健康运动及安全教育相结合，引导幼儿形成健康运动、拥军爱国、坚强勇敢的意志品格和情感态度。

五、绿茵球场

绿茵球场主题以强健体魄、培养积极向上的健康幼儿理念为主，以球类运动、冰雪运动等为依托，培养幼儿健康运动、体能发展、遵守秩序、不怕困难、敢于挑战等良好的意志品质。

本书共六章，第一章概述，简单介绍了绿色教育的基本概念、课程理念、教育目标、意义及理论依据，详细介绍了课程总目标和分目标、课程特点、课程资源、实施原则，以及课程体系、主要内容、组织形式、实施方法、课程评价等，是一套完整的园本特色课程体系。第二章至第六章分别为绿色生活、绿色田野、绿色农庄、绿色军营、绿茵球场五大主题板块案例。幼儿园从大量的实践活动中精选了16个主题活动案例，详细介绍了主题活动由来、幼儿现状分析、主题活动总目标、主题活动网络图、主题环境创设（主题墙环境创设和区域环境创设）、可利用的教育资源、主题系列活动、主题活动案例精选等内容，为全国一线幼儿园开展相关主题活动提供了有力的支持与参考，同时，每个主题活动配有二维码，方便教师扫描二维码看该主题活动的彩色图片。

康庄幼儿园构建了基于"康·绿文化"的绿色教育课程体系，充分利用园所资源、家长资源、社区及周边资源等教育资源，让幼儿走进生活、走进田野、走进农庄、走进军营、走进绿茵球场，实现"五育并举"与立德树人相结合的教育目标，有效促进幼儿德、智、体、美、劳全面发展，为幼儿的健康成长奠定最扎实、可靠的基础，共同构建幼儿丰富多彩的美好童年。

目 录

前言

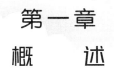

第一章
概　述

第一节　绿色教育特色课程的基本概念

一、绿色教育的概念

绿色代表生命，代表成长，代表充满生机的未来。绿色教育是现实生活方式的教育，也是适应社会的教育。绿色教育理念是以节约资源和保护环境为宗旨，强调保护自然生态，充分利用园所周边资源，以人为本，保护环境，强调人与自然的和谐共生。

幼儿园的绿色教育理念倡导"以人为本，以健康的生态教育为核心，顺应幼儿发展规律，尊重幼儿的个体差异，倡导绿色生态文明，使人与自然和谐相处"。在绿色教育滋养下，培养身心健康、低碳生活、亲近自然、乐于探索的幼儿。

二、绿色教育的课程理念

在"康·绿文化"的指引下，北京市延庆区康庄幼儿园（以下简称"康庄幼儿园"）秉持"生态文明、绿色环保、人文传承、健康和谐"四大主张，努力打造独特的绿色、健康的幼儿园。

（一）生态文明

生态文明是人与自然和谐共生的发展结果，体现国家的发展程度和文明程度。人与自然的关系可以从以下两个方面进行阐述：

1. 人与人之间的交互。

包括人与自我、人与他人之间的交互。

从人与自我的维度来说，倡导幼儿认识自己的生命，了解个体身心发展规律，掌握促进身心健康发展的方法，学会保护自己，形成良好的生活方式和行为习惯，并能规划自己的人生，实现自己的人生价值。

从人与他人的维度来说，是指教师与幼儿、家长的互动，是一种"以人为本"的管理模式。其本质是以人为本，以人的全面发展为目标，通过培育共同的价值观，在园所内部营造一种健康、和谐的文化氛围，使全体成员的身心健康发展能够融入教育系统，变被动管理为自我约束，在实现社会价值最大化的同时，实现个人价值的最大化。

2. 人与环境之间的交互。

从人与自然的维度来说，倡导重视人与环境之间的关系，明白人与环境之间是生命共同体的关系，尊重生命的多样性及大自然的规律，保护环境，坚持可持续发展。"康·绿"文化下的人与环境注重环保、低碳、优美的自然环境与人文环境的统一。幼儿园重视园内大环境的营造，使之与幼儿的发展方向和谐、统一，充分利用园内外一切资源和机会进行环境隐性教育，做到环境中时时有教育，处处有美育，用环境熏陶、感染幼儿，在潜移默化中促进幼儿健康、全面发展。

幼儿园的绿色生态教育始终秉持以绿色环境为依托、以环境育人、以活动促发展的思想，以唤醒幼儿心灵为目标，从幼儿的兴趣和发展需要出发，实施开放性的教育，将教育活动置于更真实、更生动的教育场景中，将自然教育与幼儿生活紧密结合，通过植被与绿色自然场景的融合使幼儿教育回归大自然、回归真实世界，这是践行生态文明、倡导绿色健康生活方式的基点。

幼儿生态文明教育从幼儿生态意识启蒙开始，让环保理念深入幼儿思想，成为指导其日常行为的准则，让生态文明教育融入幼儿日常生活。幼儿园的生态文明教育是整个学前教育中不可或缺的有机组成部分，也会对环境保护和改善起到强基固本的作用。

（二）绿色环保

习总书记指出："要像保护眼睛一样保护生态环境，像对待生命一样对待生态环境。"《幼儿园教育指导纲要（试行）》（以下简称《纲要》）把"爱护动植物，关心周围环境，亲近大自然，珍惜自然资源，有初步的环保意识"纳入教育内容和目标要求之中。幼儿园开展环保教育活动，有助于幼儿从小树立环保意识，获得保护环境的技能与方法，为幼儿健康成长打下良好的基础。因此，在幼儿园开展绿色环保教育，为幼儿构建一个自然和谐、绿色环保的美好家园，对幼儿的一生来说始终具有着积极和重要的意义。

环境保护，教育为本。康庄幼儿园结合绿色教育园本课程及课题研究，定期开展环保教育培训活动，丰富教职工的环境保护知识与经验，提高环保教育的能力，将环保教育相关知识、信息等通过宣传栏、家长学校、微信公众号、环保专题活动等途径进行传播，教育幼儿、家长、教师，让他们树立环保意识，为保护环境尽一份力量。

（三）人文传承

康庄幼儿园从"传承乡土文化，提升人文素养"的角度出发，探索地方资源融入幼儿园课程实践的有效途径，丰富幼儿园教学的内容和形式，促进幼儿园保育教育质量的提升，让每一个孩子都能健康、和谐的发展。幼儿园结合地方资源，深入挖掘乡土文化中的教育资源，通过查阅史料和地方文献资料的方式，寻找延庆地区乡土文化和历史；到北京市延庆区文化和旅游局等部门进行实地调研，了解延庆文化发展至今的历史沿革，了解一些地方政府部门发布的有关地方文化建设或者乡土文化发展的政策方针、指导思想等。这将有助于教师在开展教学活动时合理选择不同的地方文化资源，促进地方文化的传承与发展，推动幼儿园打造独具特色的乡土文化，提高幼儿园的教育质量与效率。

康庄幼儿园从"传承乡土文化，提升人文素养"的角度出发，将地方文化资源融入幼儿教育体系，为乡土文化传承提供契机和平台。如延庆地区历史悠久，民风淳朴，名山胜水，钟灵毓秀，地域内有巍峨壮观的八达岭长城、风光旖旎的龙庆峡、沁心宜人的康西草原；有离现代大都市最近的松山国家森林公园，还有经过一亿四千万年进化形成的硅化木国家地质公园等，风景众多，美不胜收。另外，延庆世界葡萄博览园、2019 年的中国北京世界园艺博览会、2022 年的第 24 届冬季奥林匹克运动会都在延庆举办，这些不仅促进了地方文化资源与幼儿园教学活动的融合，而且还成了幼儿的教育实践基地，充分体现了"传承乡土文化，提升人文素养"的教育理念。

（四）健康和谐

第一，打造温馨、安全、有利于幼儿健康发展的园所环境。这是促进幼儿身心健康、和谐发展的物质基础。教师之间关系和谐也是建设和谐幼儿园的基础。教师之间感情融洽、配合默契，既创造了一个宽松、祥和、文明、健康的良好育人环境，又有利于形成强大的群体凝聚力和向心力，能调动全体教师的积极性，为实现幼儿的教育目标团结合作、共同努力。

第二，建立和谐的师幼关系。这是建设和谐幼儿园的根本保障。一方面，教师用高尚的师德、先进的教育理念和渊博的知识赢得家长的尊敬；另一方面，教师民主、平等地对待每一个幼儿，把幼儿当作朋友，尊重幼儿的个性发展与人格尊严，为幼儿创设宽松、平等、自由的学习环境，逐渐建立起和谐的师幼关系，促进幼儿身心健康发展。

第三，发挥家庭教育的重要影响力。家庭教育是幼儿最早接触的启蒙教育。和谐的家园合作关系是家庭与幼儿园教育的桥梁。教师与家长建立了和谐的人际关系，才能取得家长的信任、支持与配合。

第四，发挥社区资源的教育影响力。人既是自然人，也是社会人。康庄幼儿园积极倡导教师带领幼儿走进社区，保护社区环境，为社区献爱心，充分利用社区资源开展教育实践活动，形成幼儿园与社区的和谐发展关系，从而寻求新的教育合力，追求课程目标与未来社会发展需求相融合，课程内容与幼儿兴趣和需要相结合，课程实施与幼儿发展规律相配合，最终达到和谐、全面、健康育人的目标。

三、绿色教育的目的

绿色教育的目的以生命、生态、生活为主，探寻相关内涵，并以此为基点，启发、引导幼儿关注生命、提高生存能力、感悟生命价值、适应生态环境、形成保护生态环境的理念。让幼儿在认识生活、了解生活的基础上，享受生活带给自己的美感与幸福感。

（一）生命

生命的内涵在于生命的伟大。这足以让任何人产生敬畏之心。生命教育有广义与狭义之分。广义的生命教育是一种全人类的教育，它不仅包括对生命的关注，而且包括对生存能力的培养和生命价值的感悟；狭义的生命教育是指对生命本身的关注，包括个人与他人的生命，进而扩展到一切自然生命。幼儿园的孩子们正处于心智启蒙阶段，对他们实施正确的引导和教育，能促使他们对生命形成正确的认知，进而对人生价值萌生初步的感悟和思考。

（二）生态

生态的内涵是指生物与环境之间是相互作用、相互依存的关系，是自然界中生物和环境的综合系统。它与每个人息息相关。地球上的全部生命体共同组成了这个生机盎然的世界。生态教育的目的是引导幼儿了解生态知识，形成保护生态环境的理念，让幼儿亲身参与保护生态的实践活动，通过物质影响、心理感受、精神引导等途径，对幼儿开展全面、系统的生态体验教育。

（三）生活

生活的内涵是人们为了生存与发展而进行的各种活动，是最贴近人们生活的一种社会实践。幼儿园通过生活教育，可以让孩子们真正认识生活、了解生活、学会享受生活，发现生活中的美，体验生活带来的幸福感。

幼儿园在确立绿色教育的发展目标中（包括针对幼儿及教师的发展目标），将深刻的道理蕴藏在生命、生态、生活实践与思考的过程中，营造良好的园所教育与文化氛围，使之成为促进幼儿增长智慧、获得体验的动力源泉。

四、绿色教育的意义

康庄幼儿园把绿色教育理念渗透到环境创设中，力求追寻自然、生态、和谐的教育环境，让幼儿园每个角落都蕴藏着教育的意义，逐渐形成具有园本特色的绿色教育，使其成为幼儿放飞绿色梦想的"大天地"，师幼共筑幸福家园。

（一）拓展多维发展平台，培养幸福教师

园所的发展关键在于教师的发展，只有教师发展了，幼儿才能得到发展，

园所才能得到发展；也只有教师得到发展，才能让教师和幼儿感受教育的幸福，才能做到幸福育人、育幸福人。幼儿园通过多视角发掘教师自身优势、多形式展现教师才华、多途径培养教师能力、多元化评价教师发展，为每位教师提供成长的平台，让每位教师体验到幸福成长的快乐，从而激励教师以更加饱满的热情投入教育工作，促进幼儿全面发展。

（二）开展多元化的活动，培育幸福幼儿

幼儿园要引导幼儿主动参与游戏和各种有益的活动，在活动中感受快乐与自信。康庄幼儿园在绿色生态教育的框架下，设计和组织生活活动、区域活动、户外活动相结合的多元主题活动，为每个幼儿提供表现自己长处和获得成功的机会，让每个幼儿在活动中感受快乐和幸福。在活动过程中，把对幼儿的绿色生态教育与幼儿的日常生活、感性经验联系起来，通过互相交往、互相合作使幼儿在一日生活中获得身心、认知、情感、社会性等方面的和谐发展，为幼儿提供展示各种才能的机会，更好地促进幼儿多元智能的发展，培育幸福幼儿。

（三）搭建家园共育桥梁，构建幸福家园

《纲要》中指出："家庭是幼儿园重要的合作伙伴，应本着尊重、平等、合作的原则，争取家长的理解、支持和主动参与。"这就要求幼儿园以幼儿教育为核心，以沟通、协商、合作为原则，采取家长参与幼儿园的教育、管理、监督举措，不断提高家长对幼儿园的信任度。为了加强家园联系，康庄幼儿园开展了一系列活动。首先，分析新时期家长心理特点，了解家长现状及需求，引领教师换位思考；其次，开办家长学校，宣传先进的教育理念和科学的育儿理念；再次，班级通过约谈、家访、日常沟通、为家长提供幼儿成长手册、开家长会等方式，与家长建立平等沟通及相互信任的和谐关系；最后，采取半日开放活动、亲子活动、家长助教等形式，帮助家长了解园所的教育、教学情况及幼儿在园表现，引导家长参与绿色生态教育活动。

五、绿色教育的理论依据

（一）卢梭的自然教育理论——教育观基础

卢梭认为，教育要遵循自然法则，只有顺应儿童的天性，才能让儿童身心健康、自然地发展。他呼吁整个社会及个人都要"归于自然"，并提出教育的目的在于培养自然人。绿色教育以卢梭的自然教育理论为教育观基础，主张顺应幼儿的自然天性，遵循幼儿的身心发展规律，呵护幼儿健康成长。绿色教育理念完全符合卢梭的自然教育思想。

（二）陈鹤琴的"活教育"理论——课程观基础

陈鹤琴认为："大自然、大社会都是活教材。"学前儿童是在周围的环境中学习的。幼儿园应该以大自然、大社会为中心，设计和实施幼儿课程。学前儿

童应该在环境中获得发展。教师设计和选择的学前教育课程内容，必须符合学前儿童的身心发展特点，以大自然和大社会为主题，这样设计出来的课程才是合理的。绿色教育中"人与自然和谐共生"的理念与陈鹤琴的"活教育"理论不谋而合。因此，陈鹤琴的"活教育"理论是绿色教育的课程观基础。

（三）加德纳的多元智能理论——儿童观基础

加德纳的多元智能理论认为所有的个体都具有不同程度的相对独立的智能，不同的个体在某些领域的发展可能拥有优势，而在另一些领域的发展可能呈现弱势。教育必须关注这种差异，并努力激发不同个体的潜能。绿色教育将加德纳的多元智能理论作为儿童观的基础，倡导活动中充分发挥幼儿的主体意识，让每个幼儿都能在已有经验与水平的基础上得到提高，获得最大化的发展。

第二节　绿色教育特色课程的目标

一、课程总目标

幼儿园的课程文化是实现幼儿园教育目标的核心手段。幼儿园的课程文化作为影响幼儿园文化建设的关键，越来越多地受到教育者和家长们的关注，它集中体现了一所幼儿园独特的育人底蕴与品质。

幼儿园的课程文化建设是在绿色教育理念的指引下、在构建绿色课程的过程中逐步完善的，是以立体式的课程架构为系统，以主题式的课程设计为核心，以生态式的课程环境与师幼互动为支撑，逐步形成的富有生机的绿色教育课程体系。本套课程体系以不断梳理、总结课程实践结果为路径和手段，使课程文化得以生长、发展和壮大，最终确定课程的总目标为"自然・健康・自主"。

（一）自然

自然是指绿色教育课程强调儿童的身心发展有其自身的规律，教育应顺应儿童的天性，遵循儿童身心发展规律，充分挖掘和利用身边的自然资源和人文资源，将其作为课程的重要内容。例如，幼儿园特别打造了城市与农村生活相融合的自然生长环境，让自然物成为幼儿的学习材料，尊重幼儿热爱探索的本性，让幼儿所处的物质环境接近大自然。

（二）健康

健康是指绿色教育课程强调幼儿的身心健康发展，倡导绿色健康的生活方式，树立绿色的环保意识。一方面，幼儿园充分发挥室外场地宽阔、游戏材料丰富的特点，作为课程资源支持，鼓励幼儿积极参加体育锻炼，强身健体，获得体能发展。另一方面，幼儿园借助绿色生活主题活动帮助幼儿养成良好的生活习惯，形成绿色、健康、环保的生活理念、方式和态度，促进幼儿身心健康、和谐发展。

（三）自主

自主是指绿色教育课程充分尊重幼儿的主体地位，让幼儿成为主动的学习者。我们不仅让幼儿成为课程的参与者，将幼儿的兴趣与需求作为课程的重要来源，让幼儿主动参与课程设计，还特别强调让幼儿用探究、实践和体验的方式主动学习，将幼儿的生活经历与体验作为课程内容和资源。

二、课程分目标（表1-2-1）

表 1-2-1 绿色教育特色课程分目标

主题板块	总 目 标	班级	分 目 标
绿色生活	增强环保意识，践行低碳、文明、有序的生活方式，养成良好的生活卫生习惯，树立勤俭节约的意识，感受和欣赏生活环境中的美，形成积极、乐观的生活态度	小班	1. 关心周围环境，亲近大自然，珍惜自然资源，有初步的环保意识和行为 2. 掌握基本的用餐及盥洗方法，喜欢吃健康的食物，不偏食、不挑食，不浪费粮食 3. 在成人的提醒下，能在相应的场合恰当地使用礼貌用语，注意倾听他人讲话并做出回应 4. 对绿色生活方式感兴趣，为自己的良好行为或活动成果感到高兴 5. 初步养成遵守规则的意识，在成人的提醒下，能遵守游戏和公共场所的规则 6. 能从周围环境中获得美的感受，能用声音、动作、姿态、自然物与废旧材料进行艺术创造，表达对生活的热爱之情
		中班	1. 主动保持环境卫生、整洁，知道垃圾要分类投放，爱护花草树木和动物，有初步的环境保护意识 2. 认识经常为自己服务的人，珍惜他们的劳动成果，在成人的提示下，能节约粮食、水、电等资源 3. 主动使用礼貌用语，能根据场合控制说话声音的大小 4. 在生活中形成初步的规则意识和行为，会简单评价自己和他人的行为 5. 不挑食，不偏食，喜欢吃新鲜的、有营养的食物，有正确的盥洗习惯，能保持环境整洁，养成良好的卫生习惯 6. 能独立做事，敢于尝试有一定难度的活动，从中获得成就感 7. 尝试运用绘画、手工制作等美术手段表达自己对绿色生活的理解，能用自己制作的美术作品布置环境、美化生活
		大班	1. 了解人们的生活与自然环境的密切关系，理解环境保护的意义，懂得保护环境，注意节约资源，有相应的环保行为 2. 对生活环境中的数、量、形、时间和空间等现象产生兴趣，初步建立数的概念，积极尝试生活中的小实验，用简单的数学方法解决生活中某些简单的问题

（续）

主题板块	总 目 标	班级	分 目 标
绿色生活		大班	3. 懂得按次序轮流讲话，不随意打断别人讲话，能根据谈话对象和需要调整说话的语气 4. 理解和遵守社会行为规则，能做到初步的自律，形成初步的社会公德意识 5. 有健康的饮食习惯，进餐时举止文明，保持个人和生活场所的整洁和卫生，养成良好的生活习惯 6. 情绪安定、愉快，愿意为他人服务、为集体做事，具有责任感和集体荣誉感 7. 观察周围环境和生活中的美好事物，运用多种方法装饰、布置生活环境
绿色田野	对大自然充满好奇，了解动、植物生长及四季变化规律，了解家乡的名胜古迹及人文环境，了解人与自然的关系，关心、爱护身边的动、植物及其生长环境，体验自然探究的快乐，发展初步的探究能力，发现和感受大自然和社会文化生活中的美，能用自然资源表现美和创造美，培养热爱家乡的情感	小班	1. 喜欢接触大自然，积极运用多种感官感知周围的事物，对常见事物、现象及其变化产生兴趣与探究欲望 2. 感知四季最明显的特征及下雨、下雪等自然现象，体会天冷了多穿衣服、天热了少穿衣服等人与自然的关系 3. 喜欢并爱护动、植物，愿意照顾动、植物，如饲养小动物、给植物浇水等 4. 能在较热或较冷的户外环境中活动，行走1千米左右（中途可适当停歇） 5. 乐于参加丰富、有趣的户外活动，利用实地参观等方法认识幼儿园和家庭周围的环境 6. 通过多种感官感知大自然中的美好事物
		中班	1. 感知和发现四季的特点，知道季节对动、植物生长和人们生活的影响 2. 感知生命、亲近自然，发现动、植物的生长条件及其变化，有好奇心和求知欲 3. 能根据观察结果提出问题，大胆猜测答案，通过简单的图画或符号记录调查信息 4. 能在较热或较冷的户外环境中连续活动半小时，能连续行走1.5千米左右（中途可适当停歇） 5. 通过实地考察了解延庆的风景名胜、饮食文化等，爱护周围的环境 6. 通过欣赏自然界和生活环境中美的事物获得美的感受，经常用绘画、手工制作等多种方式表现自己的所见、所想 7. 愿意与他人交谈，能较完整地讲述自己对大自然的观察与发现

（续）

主题板块	总 目 标	班级	分 目 标
绿色田野		大班	1. 感受大自然的奇妙，对大自然的各种事物及规律具有好奇心和求知欲 2. 感知并了解季节变化具有周期性，知道变化的顺序，了解人们生活与自然环境的密切关系，知道尊重和珍爱生命 3. 能察觉到动、植物的外形特征、习性与生存环境相适应的关系 4. 知道根据天气冷暖增减衣服，能连续行走 1.5 千米以上，懂得保护自己 5. 积极参加各类活动，感受浓厚的亲情、友情和民俗、民情，感受家乡的发展变化 6. 感受并喜爱环境、生活和艺术中的美，能用律动或简单的舞蹈动作等方式表现自己的情绪或自然界的情景 7. 在充分感知的前提下，能初步梳理已有的感知经验，发现事物的简单规律，并用语言、图画和符号进行表达与表现
绿色农庄	认识农作物和劳动工具，感知季节变化对农作物生长的影响，感知科技对人们生活的影响，体验劳动过程和探究自然规律的快乐，养成良好的饮食习惯，懂得珍惜粮食，尊重他人的劳动成果，培养幼儿的责任心，尝试利用常见的农作物进行美术创作，感受艺术活动的乐趣	小班	1. 乐意参加劳动，初步体验劳动过程，懂得尊重和珍惜他人的劳动成果 2. 爱护动、植物，尝试照顾动、植物，具有初步的责任心 3. 初步养成良好的饮食习惯，不偏食、挑食，不暴饮暴食，不浪费粮食，喜欢吃瓜果、蔬菜等新鲜的绿色食品 4. 认识常见的农作物，初步了解常见农作物与季节的关系 5. 认识常见的农具，了解其简单的使用方法，并尝试操作农具 6. 尝试利用常见的农作物进行美术创作，初步感受参与艺术活动的乐趣
		中班	1. 积极参与劳动，懂得尊重和珍惜他人的劳动成果 2. 能借助多种工具体验劳动过程，学习简单的种植方法，感受其带来的乐趣 3. 感知与发现动、植物的生长条件及其变化，学会照顾动、植物，发现不同季节与动、植物生长之间的关系 4. 喜欢吃瓜果、蔬菜等新鲜的绿色食品，养成良好的饮食习惯，懂得爱惜粮食 5. 认识常见的农作物，感知和发现农作物的生长条件及变化，体验季节对农作物的影响 6. 初步了解工具的演变过程，感受科学技术给人们生活带来的便利 7. 尝试运用常见的农作物进行简单的艺术创作，感受创作的乐趣

（续）

主题板块	总 目 标	班级	分 目 标
绿色农庄		大班	1. 积极参加各种劳动，体会劳动过程的艰辛，懂得尊重和爱惜他人的劳动成果 2. 能借助多种工具体验劳动过程，学习多种种植方法，感受其带来的乐趣 3. 主动探究动、植物的生长条件及其变化，发现不同季节与动、植物之间的内在关系，主动照顾动、植物，具有一定的责任心 4. 能通过观察、比较与分析，发现并描述不同种类的动、植物的特征及其变化，能积极地动手、动脑，寻找问题的答案 5. 喜欢吃瓜果、蔬菜等新鲜的绿色食品，了解食物的营养价值，懂得珍惜粮食，有节约意识 6. 能发现农作物的外形特征与适应生长环境的关系；了解季节变化具有周期性，感受农作物与季节、气候的关系 7. 了解农具的演变过程，体验使用不同农具带来的劳动感受，体会科学技术给人们生活带来的便利 8. 能运用身边的农作物进行多种形式的艺术创作，感受创作过程带来的艺术体验与快乐
绿色军营	了解军人的职责和军营故事，懂得关心、尊重他人，热爱集体和家乡，有规则意识并能遵守规则，培养基本的生活自理能力，形成良好的生活与卫生习惯，懂得安全防护和自我保护，乐于参加体育运动，具有责任感及勇敢、坚韧的意志品质	小班	1. 认识国旗，知道国歌，初步懂得尊重为自己服务的人，感知他们对自己的关爱 2. 对幼儿园生活好奇，喜欢上幼儿园，喜欢老师和同伴，能逐步适应幼儿园的集体生活 3. 能在较热或较冷的户外环境中坚持体育锻炼 4. 尝试自己的事情自己做，喜欢承担一些小任务，如学习简单地整理床铺、铺平自己的枕巾、收拾自己的玩具等 5. 了解并模仿解放军叔叔站、坐和行走的姿势
		中班	1. 知道自己是中国人，升国旗、奏国歌时，能自觉站好，认识并尊重国旗、国徽 2. 通过观察学习解放军的站、坐、走姿势，经过成人提醒，能保持良好的姿势 3. 能在较热或较冷的户外环境中连续活动半小时左右 4. 自己的事情尽量自己做，不依赖别人，如能自己穿脱衣服和鞋袜、扣纽扣，学习整理床铺、叠被子、整理自己的物品，敢于尝试有一定难度的活动和任务 5. 每天能按时起床和睡觉，并能坚持午睡 6. 能遵守基本的社会规则，知道接受任务要努力完成 7. 利用身边的资源，了解延庆周边历史、文化及军事教育景点（如八达岭、水关、居庸关长城等） 8. 了解延庆的风景名胜、饮食文化等，愿意用自己喜欢的方式表达对家乡的热爱之情

（续）

主题板块	总　目　标	班级	分　目　标
绿色军营		中班	9. 认识经常为自己服务的人，知道尊重他们，珍惜他们的劳动成果；了解有关军队和军人的知识，尊敬和热爱解放军，愿意向军人学习
		大班	1. 了解我国是一个多民族国家，知道自己的民族，懂得民族平等、团结、互相尊重的道理；了解我国的军事成就，懂得解放军保家卫国的重要性，萌生爱国、爱家的真挚情感；积极参加升旗仪式，尊敬国旗，学唱国歌 2. 坚持自己的事情自己做，不依赖别人，如独立整理床铺、叠被子、自己整理物品等 3. 能与同伴协商并制订游戏规则，并按规则完成自己接受的任务 4. 主动承担任务，遇到困难也能坚持，不轻易求助，愿意为集体做事，为集体的成绩感到高兴，有集体荣誉感 5. 了解解放军叔叔站、坐、走的姿势，能保持正确的站、坐、走姿势 6. 能在较热或较冷的户外连续活动半小时以上；养成每天按时睡觉和起床的习惯 7. 关注身边的社会生活及军事、历史、人文景点，能利用身边的资源了解延庆周边的军事及历史、文化教育景点（如八达岭、水关、居庸关长城等） 8. 认识园所周围的公共设施、公共场所及经常为自己服务的人，了解有关军队和军人的知识，尊敬和热爱解放军，愿意向军人学习
绿茵球场	热爱体育运动，积极参加户外体育活动，了解体育活动规则和安全常识，增强自我保护意识和能力，感受运动带来的快乐，增强动作的协调性和灵活性，锻炼综合体能和运动技能，促进身心健康发展，在活动中能与同伴友好相处，能协商解决问题，正确看待比赛结果，有集体荣誉感，养成自主、合作、勇敢、不怕困难的良好品质	小班	1. 能运用抛、接、拍等多种方式玩球，对球类活动感兴趣 2. 积极参与多种体育游戏，提高身体动作的协调性和灵活性 3. 喜欢参与体育活动，在活动中表现出勇敢、坚韧、不怕困难的意志品质 4. 知道体育游戏中的安全常识，具有一定的自我保护意识 5. 愿意与同伴共同参与球类游戏，在成人的提醒下，能遵守游戏规则
		中班	1. 愿意了解各种球类运动，喜欢参与球类活动 2. 在体育运动中能主动躲避危险 3. 学习左右手拍球、投球、运球走、顶球走、夹球走，能完成连续自抛自接球等各种球类运动的基本动作，发展肢体动作的协调性和灵活性，增强身体素质

（续）

主题板块	总　目　标	班级	分　目　标
绿茵球场		中班	4. 愿意与他人交谈，喜欢分享有关球类运动的话题，在游戏中能与他人协商解决问题 5. 能积极地与同伴一起参与各种球类游戏，在游戏中能友好相处 6. 在球类游戏中感受游戏规则的意义并遵守规则
		大班	1. 喜欢参加各种体育运动，玩球时动作协调、灵敏，具有一定的力量和耐力 2. 了解基本的运动卫生常识，在运动中懂得保护自己的同时，不伤害他人 3. 对各种运动有好奇心，喜欢球类游戏并大胆探索其不同的玩法，感受运动带来的快乐 4. 主动参加体育活动，遵守活动规则，有团队意识，养成自主、合作、勇敢、不怕困难的良好品质 5. 在活动中学会用简单的记录表、统计图等做记录，与同伴共同协商、设计运动项目和比赛，能够正确对待输赢，有集体荣誉感

第三节　绿色教育特色课程的原则

一、绿色教育特色课程的特点

绿色教育园本课程的建构本着充分挖掘地域资源中蕴含的教育价值，把握教育契机，积极引导师幼共同建构课程，关注课程各要素的有机统一，发挥课程的育人功能，使课程具有融合性、开放性、适宜性、自主性的特点。

（一）融合性

绿色课程的包容性很强，它可以在多个领域体现融合性，如五大领域的融合、生活与教育的融合、室内外活动的融合、家园共育的融合、个体与集体的融合等。例如，在五大领域的融合中，绿色主题课程可以将科学、社会、健康等多个学科的知识融合在一起，让幼儿在综合性的学习环境中全面发展。生活与教育的融合体现在将绿色生活理念融入幼儿的日常生活，如节约用水、垃圾分类、爱护植物、绿色出行等，培养幼儿的环保意识和绿色生活方式。同时，绿色教育主题课程将室内外活动融合在一起。教师不仅在室内开展绿色主题的教学活动，也组织幼儿参与户外种植、观察自然现象等户外活动，让他们亲身感受大自然的美好，探究大自然的奥秘。在开展绿色教育的主题活动中，教师鼓励家长参与幼儿园的绿色主题课程，注重幼儿的个体发展。同时，通过小组活动、集体讨论等形式，培养幼儿的团队合作精神和社会交往能力。

（二）开放性

绿色教育课程的开放性体现在开放的教育环境、多元的学习资源、五大领域的整合、家园社协调配合及课程开展中教师接纳幼儿开放性的设想、教师组织活动的开放性提问及可持续课程的自我反思和调整，最终达到更好地满足幼儿的发展需求，促进幼儿全面、可持续发展。

（三）适宜性

绿色教育课程的适宜性体现在内容的选择和活动设计上。课程结合幼儿园所处的地理环境和地方文化特色，关注幼儿的健康与安全，贴近幼儿生活，符合幼儿的年龄特点和认知水平，为幼儿提供丰富的实践活动，让幼儿通过直接感知、亲身体验和实际操作获得有益的生活和学习经验。课程设置具有一定的弹性，满足不同幼儿的学习需求，培养他们的责任感和良好的生活习惯，也有助于幼儿园与社区的可持续发展。

（四）自主性

绿色教育课程是基于幼儿兴趣和发展需要建构的园本课程。在课程的实施过程中主要体现幼儿的自主性。幼儿愿意积极地参与活动，在实践探究活动中发展自主学习能力，增强自信心和责任感。课程的自主性主要体现在创设宽松的教育氛围，鼓励幼儿自主表达对活动内容的感受和理解，通过绘画、讲述等方式分享自己的想法；鼓励幼儿在实践活动中主动探索和发现，多提问题，主动寻找答案；提供多样化的探究活动，让幼儿根据自己的兴趣和能力自主选择参与，给予幼儿足够的时间和空间进行自主探究和实践；引导幼儿对自己的学习和行为进行评价和反思，培养他们自我管理和自我约束的能力。

二、绿色教育特色课程的资源

丰富的教育资源可以使课程更加多样化、更具趣味性，从而激发幼儿的学习兴趣和探索欲望。绿色教育课程依托北京延庆地区的自然、文化等特色资源开发园本课程，可以让幼儿更好地了解和感受家乡的独特魅力，培养他们对乡土文化的认同和热爱。课程利用不同类型的资源，更好地满足了幼儿的个体差异和兴趣、爱好，为每个幼儿提供适合他们的学习机会。幼儿园结合绿色教育课程五大板块的内容，将园所资源、社区及周边资源、家庭资源进行融合、梳理，具体内容见表 1-3-1。

表1-3-1 绿色教育特色课程资源表

生态资源	资 源 种 类		资 源 价 值
园所资源	生态环境	树木：银杏树、梓树、栾树、香椿树、松树、桑树、桃树、梨树、李子树、山楂树、海棠树、彬子树、樱桃树、金叶榆、黄杨、柿子树等82棵树木	了解四季，了解自然、树木的生长与人们生活的关系
		花：玉兰花、榆叶梅、玉簪花、菊花、连翘、丁香等	观察、了解各种花的特点及与人们生活的关系
	种植园地	萝卜、南瓜、茄子、黄瓜、豆角、丝瓜、佛手瓜、马铃薯、红薯、葫芦、西红柿等蔬菜及农作物	支持幼儿参与种植、探究、收获
	养殖乐园	兔子、鸭子、鹅、鸡等动物	了解常见动物的生活习性和外形特征，在与动物的互动中建立积极的情感
	绿茵球场	球场，足球、篮球等各种球类	开展各种球类运动，获得健康的体魄和坚强的意志
	小兵乐园	挑战钻洞、爬坡、钻网、索道滑行等训练项目	积极参与运动，克服困难，敢于接受挑战
	泥巴乐园	泥巴、各种玩泥工具	亲近泥土，亲近自然
	农具展览园	碾子、锄头、扁担、耙子、筛子等农具	了解农耕文明发展的历史及农具的演变过程，感受科技进步带来的变化
	戏水乐园	玩水工具、水枪、雨鞋、雨衣等	探究水的特点，爱惜水资源，节约用水
社区及周边资源	社区	康庄商业一条街、康庄开发区	走进社区，了解现代生活和科技的变化
	部队	警犬基地、解放军军营、消防站等	学做解放军，激发爱党、爱国的情感
	基地	野鸭湖、康西草原奶牛场、无人机基地、种植基地（如苹果园、西瓜大棚、稻田）等	走进田野，走进大自然，激发热爱家乡的情感
家庭资源	职业	解放军、消防员、无人机驾驶员等职业	家长走进课堂，支持幼儿学习，丰富幼儿相关职业经验
	特长	手工制作、种植、烘焙等特长	支持幼儿在动手实践中体验，获得相应的发展
其他资源	节日	地球日、植树节、世界粮食日、爱鸟周等社会节日资源	形成绿色出行、废旧物回收再利用、节水、节电、垃圾分类、光盘行动、爱护动植物等良好的生活态度和生活方式

三、绿色教育特色课程实施原则

（一）方向性原则

幼儿园全面贯彻党的教育方针，落实"立德树人"的根本任务，践行"为党育人、为国育才"的使命。幼儿园将园本课程融入幼儿一日生活各个环节中，将习惯养成、品德培养、劳动教育等内容渗透其中，培育幼儿社会主义核心价值观，促进幼儿德、智、体、美、劳全面发展。

（二）安全性原则

《纲要》明确指出："幼儿园必须把保护幼儿的生命和促进幼儿的健康放在工作的首位。"由于幼儿年龄小，缺乏避险意识和自救技能。因此，对幼儿加强安全教育具有非常重要的现实意义。幼儿园在设置和实施园本课程的过程中，将安全教育融入课程，增强幼儿的安全防范意识，提高自我保护能力。

（三）地域性原则

幼儿园依据幼儿的年龄特点，将园所地域文化资源与幼儿的学习活动紧密结合，充分发挥幼儿的自主性，立足地域资源，传承地域文化，浸润幼儿心灵，培育幼儿爱家乡的情感。

（四）整体性原则

幼儿园将园本课程与基础课程相结合，与德、智、体、美、劳全面发展的教育相互渗透，将五大领域有机整合，体现了整体性原则。同时，课程实施过程中，体现了幼儿园与家庭、社区密切合作，对幼儿教育形成合力。

（五）适宜性原则

幼儿园遵循幼儿身心发展规律和学习特点，最大限度地满足幼儿通过直接感知、亲身体验和实际操作获取经验的需要，尊重幼儿的主体地位，给幼儿更多自由选择的机会和自主活动的空间，关注幼儿个体差异，引导和支持每个幼儿在原有水平的基础上获得新的发展。

（六）发展性原则

幼儿园园本课程的设置考虑到幼儿当前的发展水平和已有经验，既有利于幼儿当前发展需要，也服务他们入学乃至人生长远、终身的发展需要，找准每个孩子的"最近发展区"，在幼儿已有经验、知识、能力的基础上，通过课程实施，让他们获得新经验、新发展。

第四节　绿色教育特色课程的主要内容

一、课程体系

《3～6岁儿童学习与发展指南》（以下简称《指南》）强调："幼儿的学习

是以直接经验为基础，在游戏和日常生活中进行的。要珍视游戏和生活的独特价值。"幼儿园绿色教育课程定位为"主张健康发展、注重生态和谐、强调多元维度"，让幼儿在自然的环境中、自然的氛围中自主地发展，自由地成长。绿色教育课程的特色在于从五个维度进行五大领域相融合的课程设计，让幼儿实现认知自然、品行自然、情感自然的目标。绿色教育课程体系的框架展示如下（图1-4-1）：

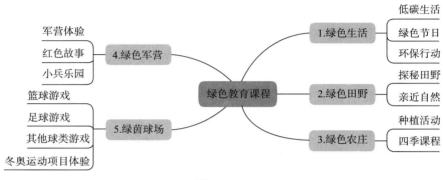

图1-4-1

二、课程主要内容

幼儿园充分利用周边地域资源和园所多种资源，依托园所办园理念，将园所绿色文化有效落地，结合3～6岁幼儿年龄特点和学习方式，充分调动幼儿多种感官，激发幼儿无限的想象力与创造力，促进幼儿德、智、体、美、劳全面发展。幼儿园着力打造绿色教育课程体系，即绿色生活、绿色田野、绿色农庄、绿色军营、绿茵球场五个主题板块，有效开展园本课程实践活动。

（一）绿色生活

绿色生活主题板块以低碳、环保、节约的绿色生活理念为主，依托节约资源、低碳环保、垃圾分类等内容，与周边社区资源、人文资源相结合，形成低碳、环保、节约的生活态度和生活方式，实现可持续发展的主旨。在绿色生活的系列课程中，以"我是生活小能手"——"我是游戏小主人"——"我是环保小卫士"为主线，开展了一系列的教育活动；幼儿园结合爱鸟周、禁烟日、野生动物保护日、地球日、节水日等节日开展实践体验活动，倡导幼儿及家长绿色出行，节约每一滴水、每一张纸、每一度电，参与废旧材料制作、环保时装秀、光盘行动等活动，从小养成节约的好习惯，树立健康的绿色生活理念。

（二）绿色田野

绿色田野主题板块以亲近自然、感受人与自然的和谐共生理念为主，充分挖掘园所周边自然景区及社区等资源，以野鸭湖、康西草原、八达岭长城、稻

第一章 概 述

田、果园等场域开展的实践体验活动为主，培养幼儿适应环境的能力和生活自理能力，激发幼儿爱家乡的情感，大胆地让幼儿走进田野，任其发现和探索，沿着幼儿生活成长的足迹，结合幼儿的兴趣点，开展教育、教学活动，树立"没有围墙的教育"理念。幼儿园充分利用康庄地区丰富的人文资源和自然资源优势，开展"田野探秘、山间寻宝、温室体验、农家做客、大棚种植、奶牛场参观"等探究实践活动，提高幼儿对环境的认识，形成环境保护意识，发现大自然、大社会的奥秘，开辟美食乐园，品味劳动成果，让幼儿走进田野，探索自然界的秘密，感受家乡日新月异的变化。

（三）绿色农庄

绿色农庄主题板块以春耕秋收、感知四季与人类生活密切关系理念为主，深度挖掘班级自然角、户外种植园地等环境资源，与科学探究、劳动教育相结合，形成师幼亲近自然、亲近土地、亲近生命的情感态度和生活经验。在春种、夏耕、秋收、冬藏四季变换的趣味活动中，最大化发挥绿色农庄的教育价值，彰显绿色教育回归农村幼儿生活的特色。幼儿园结合园内种植园，为幼儿提供"播种—采摘—加工—品尝"的真实体验机会，不断整合、规划现有空间，发挥园所资源的最大效能，建设两园（种植园、养殖园）、两角（班级自然角、小动物养殖角）、两廊（瓜廊、花廊）、两区（生活游戏区、艺术创想区），为幼儿提供随时随地感知、体验、操作、探究的环境与机会，丰富幼儿的生活经验，让幼儿体验劳动的快乐。

（四）绿色军营

绿色军营主题板块以勇敢坚毅、传承红色精神、激发爱国情感理念为主，借助周边部队、军营资源及幼儿园小兵乐园，与红色教育、爱祖国、健康运动及安全教育相结合，形成健康运动、拥军爱国、坚强勇敢的意志品格和情感态度。幼儿园充分利用园所周边部队较多、兵种齐全的资源优势，引导幼儿走进军营，参观与体验，了解相关知识，激发幼儿热爱解放军的情感和学做小小兵的愿望；请部队军人入园，与师幼同场竞技，培养幼儿独立、自主的好习惯，开展军体拳展演、整理军容内务、讲述红色故事、唱红歌等活动，在共建活动中，引导幼儿了解革命英雄事迹，获得自信与成长；营造"小兵乐园"，磨练幼儿意志，让幼儿勇敢地迎接挑战，巧妙创设"五区一场"的户外环境，五区即攀爬区、平衡区、投掷区、跳跃区、运行区，一场即拓展挑战场，引导幼儿大胆挑战，通过"我是小小兵"等军事训练游戏培养幼儿坚强、勇敢的意志品质，让幼儿健康、快乐成长。

（五）绿茵球场

绿茵球场主题板块以强健体魄、培养积极向上、健康的幼儿理念为主，以球类游戏、冰雪运动等为依托，培养幼儿健康运动、遵守规则、不怕困难、敢

17

于挑战等良好的学习品质。康庄幼儿园是全国足球特色幼儿园之一。幼儿园借助足球普及运动及开展冬奥冰雪运动项目的社会大背景，倡导以体育活动为主，将幼儿的体能发展与足球、冰雪运动相结合，开展富有特色的绿茵球场主题活动，丰富课程内容建设，将 KT 足球、冰壶球、各种冰车、笸箩车、轮胎车等材料归拢在一起，将体育游戏和竞赛规则设定在活动中，引导幼儿创意玩法，遵守规则，支持幼儿在活动中不断发现问题、分析问题、解决问题，从而获得体能、语言交流、社会交往等多方面能力的发展。

第五节　绿色教育特色课程的组织与实施

一、课程的主要组织形式

幼儿园将绿色教育课程贯穿幼儿一日生活的各个环节之中。在课程安排方面，根据各个年龄班幼儿的年龄特点和实际情况，结合幼儿一日活动安排，规定了一个大致的、原则性的范围和时间，各班组可以根据实际情况进行调整，在保证基础性课程的前提下，每个学期推进 2～3 个主题课程（表 1-5-1）。主题课程要追随幼儿兴趣，满足幼儿发展需要。同时，活动形式灵活多样，关注幼儿个体差异，可以分为集体活动、分组活动、个别活动。在区域活动、户外活动中，力求能够与主题活动巧妙地整合，但又不牵强，以满足幼儿的发展需求为主。

表 1-5-1　绿色教育特色课程设置

课程设置	课程内容	时　间	课程比重
基础性课程	生活活动	幼儿一日生活	占总课程的 45%左右（可以根据课程开展的需要灵活调整）
	区域活动	每天不少于 50 分钟	
	户外活动	每天不少于 2 小时	
	集体活动	小班 10～15 分钟 中班 20～25 分钟 大班 30～35 分钟	
园本课程	班级绿色教育主题课程	活动形式与基础性课程相融合，内容与集体活动、区域活动、户外活动有机整合，在生活活动中渗透	占总课程的 50%左右
特色课程	足球、轮滑活动	每周 1～2 次	占总课程的 5%左右

二、课程实施的步骤与方法

幼儿园的课程建构是一个不断探索、研究和动态调整的过程。教师是实施课程的主体。在整个课程建构和推进过程中，幼儿园自下而上地一起梳理绿色教育课程资源，结合《纲要》和《指南》梳理五大主题板块不同年龄段幼儿的发展目标，再依据幼儿的兴趣和当前发展需要确定班级主题活动内容，经过课程小组审议后，班级教师在实施绿色教育主题活动的过程中结合预设活动和生成活动不断地完善和调整。

（一）挖掘生态资源，梳理绿色教育主题课程内容

幼儿园在对园所及周边生态资源的挖掘后，构建出绿色生活、绿色农庄、绿色田野、绿色军营、绿茵球场五个主题板块的课程内容。

（二）依据幼儿年龄特点，梳理绿色教育主题课程目标

幼儿园依据《纲要》《指南》《幼儿园入学准备教育指导要点》的要求，与绿色教育课程对接，梳理目标，总结课程主题板块，针对每个主题板块可以对接的幼儿核心经验和发展目标进行梳理和提升，在此基础上细化、分解小、中、大班绿色生活、绿色农庄、绿色田野、绿色军营、绿茵球场主题板块的发展目标，将五个绿色主题板块课程内容与五大领域有机整合，促进幼儿核心经验的发展。

（三）尊重幼儿兴趣、需要，构建绿色教育主题课程网络

首先，在课程开展前了解幼儿的前期经验、兴趣、需求，了解幼儿的共性经验有哪些，把握这个年龄阶段幼儿的特点。其次，找准幼儿核心经验，初步构建主题网络。在主题网络建构中，力求贴近幼儿真实生活，面对实际问题，了解幼儿真实的现状，弄清楚幼儿关注的到底是什么，找到真实问题和真实需要。最后，随着课程的进一步开展，逐步完善主题网络，注重观察幼儿在活动中的兴趣点、关注点及幼儿需求，教师在众多的幼儿问题中筛选有教育价值的问题，使问题与主题核心目标对接。在"我是小小消防员"主题活动中，教师从幼儿园里的消防演习开始，发现了幼儿的兴趣点和问题点，师幼共同探索，使主题网络图（图1-5-1）的形成成了一个动态建构和完善的过程。

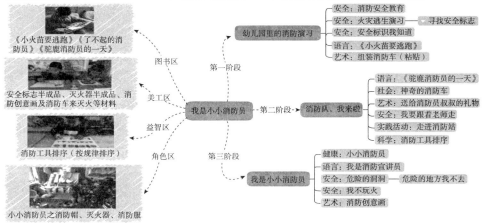

图1-5-1

第六节　绿色教育特色课程的评价

为了保障绿色教育课程实施的质量，幼儿园对课程质量评价指标进行分析、研究，形成了一套完整的课程评价体系，包括对课程设计与实施的评价、对教师的评价、对幼儿的评价三个部分的内容，具体如下：

一、课程评价

幼儿园课程是促进幼儿五大领域全面发展的重要途径，是提升教师专业素养、促进园所保教质量不断提升的重要途径。因此，有效开展课程活动对幼儿园园所发展至关重要。课程评价是检验课程设计与实施水平的最佳依据。幼儿园绿色教育特色课程评价内容详见下表（表 1 - 6 - 1）。

表 1 - 6 - 1　绿色教育特色课程评价内容

序号	指　标	符合	比较符合	一般	不符合
1	每月一次课程审议：由园长、保教干部、骨干教师、班长组成的课程审议小组，每月 5 日前进行班本课程审议，确保课程内容选择有教育价值				
2	每月一次课程评价：由园长、保教干部、教研组长组成的课程评价小组，每月中旬进入班级进行课程评价，了解班本课程开展的进程、课程中幼儿主体性表现、教师观念等方面的内容				
3	每月一篇课程案例：由园长、保教干部对班级教师梳理、分享的课程案例进行评价，从教师理念、观察、倾听、支持幼儿在课程中的发展等方面进行评价				
4	两月一次课程分享：由园长、保教干部组成考核小组，班长从课程的设置、实施、幼儿发展等方面进行展示，考核小组对教师课程实施的有效性进行审议				

二、教师发展评价

为了更好地激励教师对课程建构的热情，评价教师课程设计与实施的优劣，幼儿园依据园所教师发展目标，对教师发展进行评价，以下是评价教师的具体内容（表 1 - 6 - 2）。

表 1-6-2 绿色教育特色课程教师发展评价内容

序号	指　标	符合	比较符合	一般	不符合
1	主题课程中各类活动遵循幼儿的兴趣并符合幼儿年龄特点，与幼儿当下生活紧密联系，具有丰富的教育价值				
2	制订明确的课程实施计划，按照计划开展课程的同时，能依据幼儿兴趣和教育价值灵活调整				
3	绿色教育主题活动的推进情况，每个学期推进2~3个主题活动				
4	班级三位教师共同构建、研发班本课程，每周一次班级会议，研究课程推进方向，交流、研讨课程实施中的问题，不断优化课程实施的过程				
5	主题墙呈现幼儿学习的轨迹，体现五大领域全面发展				
6	能够为幼儿提供充足的食物和材料，调动幼儿利用多种感官去观察、探索和操作				
7	引导幼儿主动发现问题、分析问题和解决问题，让幼儿带着问题去学习，体现自主性和探究性				
8	课程实施与区域活动有机整合，鼓励幼儿到区域中持续发现、操作与探索				
9	课程实施体现地域文化和特点，充分利用家、园、社协同共育，达到三方有机联动				

三、幼儿发展评价

幼儿园从幼儿发展目标出发，从强体魄、慧生活、爱自然、乐探索四个维度对幼儿进行评价，涵盖健康、语言、社会、科学、艺术五个领域的发展目标。以下是幼儿发展评价的具体内容（表1-6-3）。

表 1-6-3 绿色教育特色课程幼儿发展评价内容

序号	指　标	符合	比较符合	一般	不符合
	强　体　魄				
1	具有健康的体态，初步形成正确的站、坐、走姿势				
2	情绪稳定、愉快，具有初步的情绪调节能力				
3	身心健康，热爱运动，具有强健的体魄，动作协调、灵活，具有初步的自我保护能力				
4	生活作息有规律，具有较好的生活自理能力，养成良好的生活与卫生习惯				
5	愿意尝试、挑战各种体育运动项目，遇到困难，能积极应对、解决，不轻易放弃				

（续）

序号	指 标	符合	比较符合	一般	不符合
	慧 生 活				
1	能借助多种艺术创作形式表达对绿色生活的理解，从生活和周围环境中获得美的感受				
2	能自然、礼貌地与人进行交流，并清楚地自我表达，有良好的倾听和阅读习惯				
3	尊重他人，爱长辈，爱老师和同伴，爱集体，爱家乡，爱祖国				
4	能大胆运用多种艺术表现形式（如讲故事、唱歌、表演等），弘扬红色文化，传承革命精神				
5	愿意做力所能及的事情，具有基本的生活自理能力，养成良好的生活与卫生习惯，遵守基本的社会行为准则，知道必要的安全自护常识，学会保护自己				
6	养成良好的饮食习惯，喜欢吃瓜果、蔬菜等新鲜的绿色食品，懂得珍惜粮食，养成勤俭、节约的品质				
7	能够围绕感兴趣的事物或话题，运用多种手段查阅资料，获取相关信息，并清楚地表达				
	爱 自 然				
1	喜欢接触大自然，对身边常见事物和自然现象的特点、变化规律产生兴趣和探究欲望				
2	了解自然环境与人类生活的关系，从身边的小事入手，珍惜自然资源，具有初步的环保意识和行为				
3	在大自然和社会文化生活中，感受和发现自然美，能用自然物表现美和创造美				
	乐 探 索				
1	激发探究兴趣，体验探究过程，发展初步的探究意识和能力				
2	尊重他人的劳动及成果，在活动中培养责任心，爱护动植物，充分感知、观察、操作、探究动植物的生长规律				
3	认识各种农作物及劳动工具，了解劳动工具的演变过程，感受科学技术的进步给人们生活带来的便利				
4	积极参加种植、养殖等多种劳动，体验劳动的乐趣				
5	能运用数学知识解决生活和游戏中的实际问题，感知数学的有用和有趣				

第二章
绿色生活主题活动案例

主题活动一：哇！香皂（小班）

教师：钱保霞　许　可　林可欣

主题活动由来

扫码看彩图 2-1-1

　　一天早晨，小朋友们洗手时，桐桐说："老师，今天的香皂好大！"航航笑着说："那天是白色的香皂，今天是绿色的。"铭璇说："我家香皂是牛奶味儿的！"一时之间，孩子们突然对香皂产生了兴趣，纷纷说起了有关香皂的话题。

　　香皂是人们每天都要使用的生活用品之一。教师要引导幼儿初步了解常见生活用品的用途及与人的关系。寒假过后，孩子们的洗手方法和卫生习惯都需要重新培养。我们结合幼儿的现实情况，开展了"哇！香皂"的主题活动，旨在让幼儿认识香皂，了解香皂在生活中的用途，在一日生活中养成良好的生活卫生习惯，学会健康的生活方式，树立节约意识。

幼儿现状分析

　　寒假过后，由于幼儿好久不来幼儿园，以前养成的生活卫生习惯都忘记了，需要重新培养。本班幼儿对洗手时玩泡泡非常感兴趣，对认真洗手缺乏持之以恒的精神，还没有养成手脏洗手、认真搓泡泡的良好卫生习惯。另外，幼儿洗手时，缺乏节约用水和使用香皂的意识。因此，我们紧紧抓住幼儿对香皂感兴趣的教育契机，设计并开展了"哇！香皂"的主题活动，既满足幼儿兴趣，又能帮助幼儿养成健康的生活方式。

主题活动总目标

　　1. 喜欢香皂，通过多种感官感知和认识香皂，了解香皂在生活中的用途。

2.会用正确的方法洗手，养成良好的生活卫生习惯。

3.喜欢听有关香皂的儿歌和故事，乐意说儿歌，喜欢把自己对香皂的发现讲给别人听。

4.喜欢用多种方式大胆地表现并创意制作香皂。

5.乐意和身边的人分享自制的香皂，感受与人交往的快乐。

主题活动网络图（图 2-1-1）

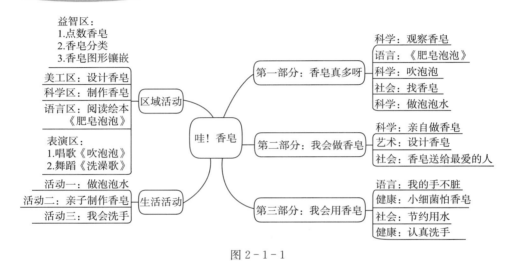

图 2-1-1

主题环境创设

（一）主题墙环境创设（图 2-1-2）

1. 第一部分：香皂真多呀（图 2-1-3）！

图 2-1-2

图 2 - 1 - 3

创设方式：鼓励幼儿在家里、超市里找香皂，利用多种感官，通过看、摸、闻感知香皂，了解香皂在生活中的用途，用拍照的方式记录幼儿的发现，展现幼儿对香皂的初步了解。

2. 第二部分：我会做香皂（图 2 - 1 - 4）。

图 2 - 1 - 4

创设方式：主要通过亲子制作香皂的活动，帮助幼儿在动手制作香皂的过程中，进一步认识香皂，激发幼儿用香皂洗手的愿望，运用照片的形式，帮助幼儿记录制作香皂的材料和过程。

3. 第三部分：我会用香皂（图 2 - 1 - 5）。

创设方式：利用拍照的方式帮助幼儿记录使用香皂洗手后香皂由大到小的变化；通过照片呈现幼儿使用香皂洗手和养成良好卫生习惯的过程。

图 2-1-5

（二）区域环境创设

1. 科学区：制作香皂。

投放材料：皂基、模具、植物香精、植物色素等。

指导要点：

（1）提示幼儿注意手部及模具的清洁与卫生。

（2）提示幼儿制作安全，如制作过程中不要用手摸口鼻，注意不要烫伤。

（3）鼓励幼儿制作自己喜欢的形状（如花朵形状、爱心形状、动物形状等）和气味（如茉莉花香味、玫瑰花香味等）的香皂。

2. 益智区：点数香皂、香皂分类、香皂图形镶嵌。

投放材料：

（1）点数香皂的数量及给香皂分类的材料：幼儿从家里带来的实物香皂若干（图 2-1-6）。

图 2-1-6

（2）香皂图形镶嵌材料：用地垫自制正方形、三角形等大小不同的图形镶嵌玩具若干（图2-1-7）。

图2-1-7

指导要点：

（1）点数香皂：指导幼儿手口一致地点数香皂的数量，并尝试说出总数。

（2）香皂分类：指导幼儿按照颜色、形状、大小等维度给香皂分类。

（3）香皂图形镶嵌：指导幼儿说出香皂的形状，并根据香皂的形状和大小开展图形镶嵌游戏，将不同形状和大小的香皂放入相应的地垫图形镶嵌玩具中。

（4）教师陪伴幼儿游戏，鼓励幼儿分享游戏经验。

3. 语言区：阅读绘本《肥皂泡泡》。

投放材料：绘本《肥皂泡泡》。

指导要点：

（1）指导幼儿一页一页地翻阅绘本。翻阅绘本过程中，注意保护书籍，不折页、不卷边、不撕书。

（2）指导幼儿学会看懂画面内容，能根据画面内容说出图片中有什么、发生了什么事情等。

4. 美工区：设计香皂。

投放材料：香皂轮廓半成品、空白绘画纸若干、蜡笔、水彩笔、剪刀、胶棒、手揉纸若干。

指导要点：

（1）指导幼儿用正确的握笔姿势握笔，绘画香皂设计图。

（2）指导幼儿安全使用剪刀，开展相应的剪纸活动。

（3）关注幼儿游戏的专注度及创意，鼓励幼儿欣赏香皂设计作品并粘贴作品。

5. 表演区：唱歌《吹泡泡》、舞蹈《洗澡歌》。

投放材料：《吹泡泡》音乐、《洗澡歌》音乐，表演用的道具及服装。

指导要点：

鼓励幼儿选择喜欢的表演道具与服装，随着歌曲内容大胆歌唱或做出相应的舞蹈动作。

可利用的教育资源

（一）园所资源

幼儿园为支持班级开展活动，为幼儿提供了制作香皂的工具与材料。

（二）家庭资源

1. 翔翔妈妈和珈齐妈妈有制作香皂的经验，愿意来班里当助教，满足幼儿的制作兴趣，促进幼儿动手能力的发展。

2. 鼓励家长陪伴幼儿到超市观察各种香皂，充分利用多种感官发现香皂的不同种类；鼓励家长陪伴幼儿通过网络搜索、翻阅百科全书查阅有关香皂的知识，探索香皂的秘密；提示家长在家里和幼儿一起按照"七步洗手法"的步骤和方法洗手，养成良好的卫生习惯。

主题系列活动（表2-1-1）

表2-1-1 主题系列活动表

主题活动	教育活动	区域活动	生活活动
第一部分： 香皂真多呀	1. 科学领域：观察香皂 2. 语言领域：《肥皂泡泡》 3. 科学领域：吹泡泡 4. 社会领域：找香皂 5. 科学领域：做泡泡水	1. 益智区： （1）点数香皂 （2）香皂分类 （3）香皂图形镶嵌 2. 美工区：设计香皂	活动一：做泡泡水
第二部分： 我会做香皂	1. 科学领域：亲自做香皂 2. 艺术领域：设计香皂 3. 社会领域：香皂送给最爱的人	科学区：制作香皂	活动一：亲子制作香皂
第三部分： 我会用香皂	1. 语言领域：我的手不脏 2. 健康领域：小细菌怕香皂 3. 社会领域：节约用水 4. 健康领域：认真洗手	1. 语言区：阅读绘本《肥皂泡泡》 2. 表演区： （1）唱歌《吹泡泡》 （2）舞蹈《洗澡歌》	活动一：我会洗手

主题活动案例精选

活 动 （一） 观 察 香 皂

活动目标

1. 认识香皂，通过观察了解香皂的基本特征和用途。

2. 能大胆地表达自己对香皂的发现与想法。

3. 乐于参与探究活动，在游戏中体验成功的喜悦。

活动准备

1. 经验准备：幼儿有用香皂洗手搓出泡泡的经验；幼儿在家里和家长寻找香皂时，初步观察过香皂、闻过香皂的味道。

2. 物质准备：幼儿从家里带来的香皂若干（注意香皂要有不同的形状、颜色、气味）；摸袋一个，里面装着香皂。

活动过程

1. 感知各种各样的香皂，说说自己的发现。

（1）猜一猜。

教师拿出一个装有香皂的摸袋，请幼儿猜一猜袋子里有什么。

教师：猜猜看，袋子里有什么？

幼儿上前，将手伸进摸袋，摸一摸、猜一猜、说一说。

（2）看一看、闻一闻。

教师鼓励幼儿把摸袋里的香皂拿出来看一看。

教师：原来是香皂，快把它们拿出来看一看吧！

教师引导幼儿观察不同的香皂有不同的形状、颜色，闻一闻香皂，发现香皂有不同的气味。

幼儿将摸袋里所有的香皂都拿出来，进行对比观察。

（3）说一说。

教师鼓励幼儿把自己的发现说出来，跟大家分享。

教师：请你说说自己的发现。香皂是什么形状的？什么颜色？什么气味？

幼儿将自己的发现讲给大家听。

2. 说说香皂的用途。

（1）教师：你在什么地方见过香皂？（家里的卫生间、幼儿园的盥洗室、超市的货架上等）

（2）教师：香皂是干什么用的？（清洁、杀菌、消毒）

（3）教师：什么时候会用到香皂？（洗手的时候，如饭前便后、手脏的时候都要洗手；洗澡的时候，香皂可以清洁皮肤；洗衣服的时候，香皂能让衣服变干净、变得香喷喷的等）

（4）小结：香皂有很多用处。香皂能够清洁皮肤，对手上的细菌有杀菌作用，防止病从口入，让我们的身体更健康、更卫生。

3. 边洗手边感知香皂遇水后的变化。

（1）教师：香皂遇到水后，会发生神奇的变化，快来试一试吧！

（2）提示：小朋友们在洗手的时候，可以看看香皂有什么变化。你发现了什么？把你的发现告诉大家吧！

（3）幼儿操作。引导幼儿在洗手时发现香皂的小秘密，如香皂很滑，加水后，用手搓，能产生泡沫，香皂能溶解在水里，能让脏脏的小手变干净等。

（4）小结：香皂能杀死手上的细菌，让小手变干净，防止病从口入，让小朋友的身体更健康，不生病。我们洗手的时候，要爱惜香皂，不要浪费香皂！

活动延伸

科学区：用收集来的各种香皂创设"香皂小屋"的互动材料墙，支持幼儿在游戏中进一步探索并感知各种各样的香皂。

活动反思

本次活动目标基本达成。活动过程中，幼儿兴趣十足，通过看看、摸摸、闻闻，感受不同香皂的颜色、形状和气味。幼儿在使用不常见的香皂洗手时，非常兴奋，更喜欢用香皂洗手了。在活动过程中，教师把所有幼儿带来的香皂都拿了出来，孩子们都想看一看、说一说。教师邀请幼儿一个一个地上前讲述，由于时间有限，没能满足所有幼儿的探究与表达需求，下次可以将此环节调整为小组活动，让每个孩子都有探究与表达的机会。

活动 （二）《肥皂泡泡》

活动目标

1. 能认真倾听故事，理解故事内容。

2. 乐意把自己对故事的理解，大胆地讲给同伴听。

3. 喜欢听老师讲故事，感受肥皂泡泡的奇妙与有趣。

活动准备

1. 经验准备：幼儿用香皂洗过手，知道用手搓香皂会产生泡泡。

2. 物质准备：故事PPT《肥皂泡泡》，装有一块香皂的摸袋。

活动过程

1. 摸袋游戏，激发幼儿参与活动的兴趣。

教师拿出摸袋，引导幼儿猜猜里面装的是什么。

教师：请你摸一摸，猜猜摸袋里面装的是什么。

幼儿伸手摸一摸，猜一猜，说一说。

教师说谜语，激发幼儿猜谜语的兴趣。

教师：小宝宝一丁点儿，香喷喷、滑溜溜，喜欢和水做游戏，脏手一洗就干净。这是咱们生活中常用的物品，请你们猜猜是什么。

幼儿：香皂。

2. 故事讲述。

教师结合故事 PPT《肥皂泡泡》的画面，完整地讲述故事《肥皂泡泡》，鼓励幼儿安静地倾听故事并大胆地表达自己的想法。

教师提问，引导幼儿大胆回答：故事叫什么名字？你喜欢故事里的谁？小动物在做什么？肥皂泡泡是什么样子的？你喜欢肥皂吗？为什么？

幼儿结合自己对故事的理解大胆表达。

3. 看图讲故事。

教师播放故事 PPT《肥皂泡泡》，鼓励幼儿看图跟着教师讲述故事。

教师：谁来啦？它拿了什么？还有谁来啦？它们要干什么呢？肥皂泡泡是什么样子的？

幼儿结合故事画面内容，用自己的话大胆讲述故事。

小结：小动物们用香皂把自己洗得干干净净的、香喷喷的，好开心啊！

活动延伸

语言区：投放故事绘本《肥皂泡泡》，鼓励幼儿看一看、讲一讲。

活动反思

本次活动目标完成得较好。幼儿通过听故事感受到肥皂泡泡的神奇作用。多数幼儿喜欢把自己知道的关于肥皂泡泡的事情大胆地讲给大家听。本次活动是语言活动。教师可以为幼儿提供大量图书，支持幼儿在听完故事后，能够人手一本绘本，大胆地讲述故事。

附故事大意：

肥皂泡泡

有一块奇妙的香皂，小猪拿着它去洗澡。小猪拿着香皂在身上来回搓，搓出来许多的泡泡。泡泡五颜六色，有大的，有小的，还不会破掉。大家都来用香皂洗澡。洗完澡后，小猪变得干干净净、香喷喷的；小熊变得干干净净、香喷喷的；小兔也变得干干净净、香喷喷的。哈哈！奇妙的香皂，大家都喜欢！

（引自《情景阅读——新课程背景下的绘本教学第二版（第一辑小班）》

（应彩云主编）

分册《肥皂泡泡》（冰子写）上海：少年儿童出版社，2009.10）

活动（三）　亲子制作香皂

活动目标

1. 知道由于模具、香精和色素的不同，制作出来的香皂形状、气味和颜色也不同。

2. 学习制作香皂的方法，乐意大胆尝试。

3. 喜欢亲手制作香皂，感受做香皂的乐趣。

活动准备

1. 经验准备：幼儿看、摸、闻、用过各种香皂，对香皂的形状、颜色、气味有初步的感知。

2. 人员准备：邀请幼儿家长到班里参加亲子活动。

3. 物质准备：

（1）幼儿从家里、班里收集的香皂头儿。

（2）制作香皂的工具和材料，包括固体皂基、植物香精、植物色素、模具、搅拌用的一次性木棍、小盆、热水、纸杯、包装袋等。

（3）配班教师提前把香皂头儿和固体皂基熔化成液体皂基，在幼儿做香皂前分别装进纸杯里，供活动时使用。由于皂基熔化成液体，需要时间。因此，需要配班教师在旁边的活动室提前做好准备。

活动过程

1. 谈话导入，激发幼儿制作香皂的愿望。

教师出示幼儿带来的小香皂头儿，引导幼儿说说香皂变小了怎么办。

教师：这是小朋友们带来的小香皂头儿。香皂变小了，怎么办？

幼儿结合生活经验自由表达。

小结：如果香皂变小了，就扔掉，太浪费了！我们要珍惜香皂，不要把它扔掉。小朋友们可以给收集来的香皂头儿加热，把它熔化成液体，再制作出新的大块的香皂，继续使用。今天，大家就一起试一试吧！

2. 介绍制作香皂的材料及方法。

（1）介绍制作香皂的材料：小香皂头儿和固体皂基是制作香皂的主要材料；植物香精能让香皂有各种香味儿，比如，玫瑰花味儿、柠檬味儿等；植物色素能让香皂有各种漂亮的颜色，比如，红色、粉色、绿色等；模具可以用来制作各种形状的香皂；小盆和热水，是用来熔化香皂头儿和固体皂基的。

（2）讲解并示范制作香皂的方法。教师用热水把香皂头儿和固体皂基化成水一样的液体，再将液体皂基分装在不同的纸杯里。幼儿可以选择自己喜欢的香精和色素，滴到液体皂基里，用一次性木棍轻轻地搅拌，搅拌均匀后，再将其倒进模具里。等候几分钟，待液体皂基凝固之后，就做成喜欢的香皂了！

（3）安全提示：液体皂基是热的，容易烫手，不能用小手触碰。请家长帮忙照看并提示幼儿，用纸杯将液体皂基倒入模具后，不要用手触碰，避免烫伤。等一会儿，液体皂基完全凝固了，就会变成能用的、硬硬的香皂了。

3. 鼓励幼儿和家长一起制作香皂。

（1）鼓励幼儿选择自己喜欢的模具，在家长的帮助下，制作属于自己的香皂。

教师：请小朋友们选择喜欢的模具，和家长一起做香皂。

幼儿和家长一起制作香皂。教师巡回指导，提示幼儿和家长注意不要用手触碰液体皂基，避免烫伤。

（2）在等待香皂凝固的过程中，组织幼儿将"七步洗手法"教给家长。

教师：小朋友们都会用"七步洗手法"洗手了，能把自己的小手洗干净。今天，咱们就把"七步洗手法"教给爸爸、妈妈们吧！

幼儿和家长面对面坐好。幼儿边说《七步洗手法》儿歌边做洗手动作，教会家长具体的洗手步骤和方法。

（3）香皂做好了，鼓励幼儿把香皂装进包装袋里，带回家，和家人一起认真洗手，珍惜香皂，不要浪费。

（4）邀请家长和幼儿合影留念。

活动延伸

科学区：在制作香皂的材料里增加不同的材料，如玫瑰花、菊花的干花花瓣等，支持、陪伴幼儿制作不同的香皂。

活动反思

由于本次活动是家长开放日的活动，有家长的支持和帮助，幼儿做香皂时更加开心了！幼儿在体验制作香皂的过程中，感受到做香皂是一件非常神奇的事情，因此，更加喜欢香皂了。教师可以邀请会做香皂的家长志愿者讲解并演示制作香皂的过程和方法，充分发挥家庭资源在课程中的作用。

活动（四）小细菌怕香皂

活动目标

1. 结合儿歌，学习正确的洗手方法。

2. 了解不洗手的危害，养成饭前、便后洗手的好习惯。

3. 乐意学习洗手的正确方法。

活动准备

1. 经验准备：幼儿有洗手的经验。

2. 物质准备：香皂、脏脏的小毛巾，儿歌《七步洗手法》。

活动过程

1. 实物毛巾导入。

教师出示脏脏的小毛巾，引导幼儿知道要认真洗手、讲究卫生。

教师：小毛巾怎么这么脏呀？你们知道是怎么回事儿吗？

幼儿观察小毛巾，讨论小毛巾脏了的原因。

小结：小朋友们要勤洗手，认真搓泡泡，把手洗干净，再用小毛巾擦手，小毛巾才能干干净净的，不变脏。

2. 讨论什么时候需要洗手。

教师：我们什么时候需要洗手呢？

幼儿结合自己的生活经验进行讨论。

小结：饭前、便后、手脏的时候都需要洗手。

3. 学习正确的洗手方法。

教师：怎样把小手洗干净呢？咱们一起来学一学！

教师引导幼儿学习用"七步洗手法"洗手。

📺 附儿歌：

七步洗手法

两个好朋友，手碰手，你背背我，我背背你。

来了一只小螃蟹、小螃蟹，举起两只大钳子、大钳子。

我和螃蟹点点头、点点头，螃蟹对我招招手、招招手。

（引自网络 https://zhidao.baidu.com/question/1996645674831269827.html）

活动延伸

在一日生活环节中，鼓励幼儿边说儿歌边洗手，逐渐养成良好的生活卫生习惯。

活动反思

本次活动目标基本达成。幼儿虽然学习了《七步洗手法》儿歌，但洗手的时候，还是不能完全按照儿歌的步骤洗手，仍然需要教师的关注，指导幼儿使用正确的洗手方法洗手，帮助幼儿逐渐养成认真洗手的好习惯。教师可以通过网络搜索显微镜下手上有细菌的视频，引导幼儿观看，这样更有说服力，能让幼儿明白认真洗手、赶走细菌的重要性。

主题活动反思

"哇！香皂"主题活动属于绿色生活主题板块，整个活动分为三个部分：香皂真多呀、我会做香皂、我会用香皂。幼儿在主题活动过程中，寻找香皂，多感官感知香皂，探索香皂的秘密，用"七步洗手法"洗手，逐渐养成了良好的生活卫生习惯，身心更健康，出勤率更高。可以说，这个主题符合幼儿直接感知、亲身体验、实际操作的学习方式，既让幼儿在认知层面上有所收获，又让幼儿在使用香皂洗手的过程中，感受到香皂遇到水，揉搓后，会起泡沫，香皂还会越用越小，逐渐认识到要用正确的方法洗手，不要浪费香皂，养成绿色、健康的生活方式。

另外，整个主题活动充分利用家庭资源，鼓励家长带领幼儿找香皂、观察香皂；在亲子活动中一起制作香皂；在用正确的洗手方法洗手时，互相提醒，边说儿歌边洗手，逐渐养成良好的生活卫生习惯。本次活动中，家长们积极参与，不但支持、配合了教师的教学活动，而且把幼儿的发展放在首位，为主题活动预期目标的达成助力。

当然，本次活动作为绿色生活板块的主题活动，也让教师有所感悟：

首先，绿色生活方式的养成不是一蹴而就的，而是一以贯之的。班级的三位教师一定要有统一的科学生活方式认知，养成用香皂洗手、不浪费香皂的良好习惯，每次都认真洗手，为幼儿做表率，用积极的话语引导幼儿饭前便后、手脏时洗手。只有日复一日的坚持，才能带动幼儿发自内心地、自然而然地践行健康、绿色的生活方式。

其次，在区域活动配合主题活动的设计中，教师在科学区预设了做香皂的游戏。由于做香皂时皂基的熔化需要用到热水，有一定的安全隐患，需要成人在旁边看护。因此，每天都需要教师重点关注或者家长志愿者的积极参与，才能保证幼儿安全、顺利地开展活动。

主题活动二：小纸盒大用处（中班）

教师：王沐飓 苏 颖 王 昭

扫码看彩图 2-2-1

主题活动由来

区域活动时，超市区的小顾客们围着冰箱讨论着什么。硕硕看到我后，指着冰箱说："老师，咱们的饮料机是用大纸盒做的呀！太厉害了！它还可以从后面打开呢！"子轩赶紧举起自己的作品，说："你看，这是我用纸盒做的坦克。"我说："纸盒的作用可真大！你们再看看，咱们班还有什么是用纸盒做的？"大家开始兴奋地找了起来。纸盒是很好的废旧材料，通过适当的加工就能变废为宝，成为幼儿的玩具、老师的教具、表演的道具。这不仅能增强幼儿的环保意识，也能提高幼儿的想象能力、动手能力、探索能力、运动能力和合作能力。我们根据幼儿当前发展需要与兴趣，结合绿色教育课程中"绿色生活"的教育理念，开展了贴近幼儿日常生活且丰富多彩的"小纸盒大用处"主题活动。

幼儿现状分析

孩子们经过中班上学期的学习，探索欲望更加强烈，他们对身边的事物有着浓厚的兴趣，喜欢用美工区里的纸盒等材料进行组装、创作，能够发现幼儿园里有各种各样用纸盒制作的物品，他们也玩过用纸盒制作的玩具。但是，幼儿对纸盒的功能、如何利用纸盒创造新的物品、纸盒的玩法缺乏了解。

主题活动总目标

1. 初步感知回收废旧纸盒的重要性，建立初步的环保意识，懂得爱惜纸盒及身边的资源，能用废旧纸盒创新制作各种物品，并按照自己的想法探索纸盒的多种玩法，感受玩纸盒的乐趣。

2. 喜欢参与纸盒的探索活动，寻找、观察、探究各种各样的纸盒，发现纸盒有不同的大小、形状、颜色、厚薄等，了解纸盒的种类和用途。

3. 喜欢用纸盒道具做游戏，促进大肌肉动作、手部精细动作的协调性与灵活性。

4. 能利用各种工具、自然物和废旧材料，进行画、剪、贴等美工活动，探索与纸盒主题相关的创作，体验创作的乐趣。

5. 能较清楚地围绕纸盒的话题表达自己的观察、发现及参与过程中所经历的事情，喜欢提问，愿意与同伴分享、交流。

主题活动网络图 （图2-2-1）

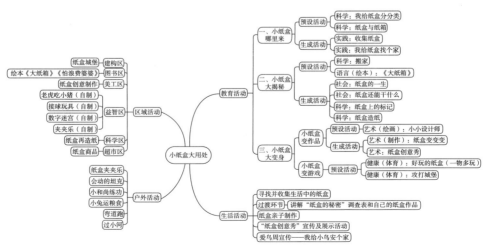

图2-2-1

主题环境创设

（一）主题墙环境创设

主题墙饰"小纸盒大用处"（图2-2-2）分成三个部分，分别是"小纸盒哪里来""小纸盒大揭秘""小纸盒大变身"。

图2-2-2

1. 第一部分：小纸盒哪里来（图2-2-3）。

创设方式：以拍照、绘画的方式呈现幼儿收集纸盒、给纸盒与纸箱分类、发现纸盒摆放太乱的问题并解决问题的过程。

图2-2-3

2. 第二部分：小纸盒大揭秘（图2-2-4、图2-2-5）。

创设方式：以手绘图片、调查表、流程图、自制小书的形式呈现幼儿在活动中对纸盒的不同用处、纸盒上的标记、纸盒的一生进行猜想和验证的过程。

图2-2-4　　　　　　　图2-2-5

3. 第三部分：小纸盒大变身。

创设方式：将幼儿设计的创意纸盒设计图展示在主题墙上（可以随时拿取）。以照片的形式呈现幼儿用纸盒制作的作品、幼儿利用纸盒进行的游戏、纸盒再造纸的过程，如小纸盒变作品、小纸盒变游戏、纸盒坏了怎么办（图2-2-6、图2-2-7）。

图2-2-6   图2-2-7

（二）区域环境创设

1. 美工区：纸盒变变变。

幼儿尝试用纸盒及其他材料大胆地创作（图2-2-8、图2-2-9）。

投放材料：不同颜色、大小、形状的纸盒，丙烯颜料、彩色笔、彩泥、自然物、其他废旧物、剪刀、画笔、双面胶、胶带、幼儿设计图等。

指导要点：引导幼儿根据自己的设计图或自由想象，利用不同的材料（如颜料、自然物、其他废旧物等）装饰、制作纸盒玩具。

图2-2-8   图2-2-9

2. 美工区："纸"趣横生。

幼儿尝试用不同的材料及工具在用纸盒制作的再造纸上大胆地创作（图2-2-10、图2-2-11）。

投放材料：纸盒再造纸，丙烯颜料、水彩笔、彩泥、自然物、废旧物、剪刀、蜡笔、胶带等。

指导要点：引导幼儿利用丙烯颜料、蜡笔、水彩笔等不同的材料在纸盒再造纸上进行绘画创作。

图 2 - 2 - 10

图 2 - 2 - 11

3. 科学区：废盒变宝。

尝试利用破损的废旧纸盒制作再造纸（图 2 - 2 - 12、图 2 - 2 - 13）。

投放材料：破损的废旧纸盒、造纸网框、筷子、颜料、水盆。

指导要点：引导幼儿初步感知如何利用破损的废旧纸盒制作再造纸，进行猜想和验证，了解具体的制作步骤和方法。

图 2 - 2 - 12

图 2 - 2 - 13

4. 益智区：只想"盒"你玩。

利用自制的纸盒玩具进行游戏（图 2 - 2 - 14）。

投放材料："老虎吃小猪"棋盘（自制玩具）、数字迷宫（自制玩具）、接球玩具（自制玩具）、夹夹乐（自制玩具）。

指导要点：引导幼儿了解各种纸盒自制玩具的玩法，并能手眼协调地进行游戏。

5. 语言区：只想"盒"你说。

投放与纸盒、环保相关的绘本图书，引导幼儿阅读，创设"故事剧场"道具，引导幼儿有表情地讲述故事（图2-2-15）。

投放材料：绘本《大纸箱》《怕浪费婆婆》，故事剧场（自制道具）。

指导要点：指导幼儿自主阅读绘本故事，理解故事内容并大胆讲述。

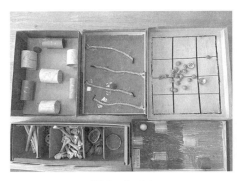

图2-2-14   图2-2-15

6. 建构区：纸盒城堡。

利用纸盒设计并搭建城堡（图2-2-16、图2-2-17）。

投放材料：纸盒、积木。

指导要点：引导幼儿观察纸盒的大小，运用已有搭建经验再现和创作城堡。

图2-2-16   图2-2-17

7. 角色区：快乐超市。

感知纸盒在超市中不同的用处（图2-2-18、图2-2-19）。

投放材料：不同种类的商品包装盒子、纸盒冰箱（自制道具）、饮料自动售卖机（自制道具）。

指导要点：支持幼儿自主收集游戏材料，引导幼儿分类摆放纸盒商品，正确使用纸盒制作的道具。

图 2 - 2 - 18

图 2 - 2 - 19

可利用的教育资源

（一）园所资源

投放各种各样的纸盒，为主题活动提供支持；班级内外作品展示活动场地；班级有用纸盒板材制作的区牌、区规等环境创设图（图 2 - 2 - 20）。

图 2 - 2 - 20

（二）家庭资源

家长协助幼儿寻找并收集生活中各种废旧纸盒；和幼儿一起填写"纸盒的秘密"调查表；家长和幼儿共同制作纸盒创意作品（图2-2-21、图2-2-22）。

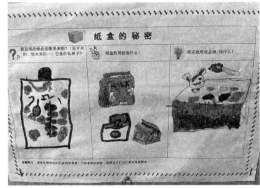

图2-2-21　　　　　　　　　　　　　　图2-2-22

主题系列活动（表2-2-1）

表2-2-1　主题系列活动表

主题活动	教育活动	区域活动	生活活动
第一部分：小纸盒哪里来	1. 科学领域：我给纸盒分分类 2. 科学领域：纸盒与纸箱	超市区：纸盒商品（分类摆放）	活动一：寻找并收集纸盒 活动二：我给纸盒找个家
第二部分：小纸盒大揭秘	1. 语言领域：绘本《大纸箱》 2. 科学领域：搬家 3. 社会领域：纸盒的一生 4. 科学领域：纸盒上的标记 5. 社会领域：纸盒还能干什么 6. 科学领域：纸盒造纸	科学区：纸盒再造纸（创意造纸） 建构区：纸盒城堡 图书区：绘本《大纸箱》《怕浪费婆婆》 益智区："老虎吃小猪"自制棋盘、接球自制玩具、自制数字迷宫、夹夹乐自制玩具	活动一：讲解"纸盒的秘密"调查表

（续）

主题活动	教育活动	区域活动	生活活动
第三部分：小纸盒大变身	1. 艺术领域：小小设计师 2. 艺术领域：纸盒变变变 3. 艺术领域：纸盒创意秀 4. 健康领域：好玩的纸盒（一物多玩） 5. 健康领域：攻打城堡	美工区：纸盒创意制作	活动一：纸盒亲子制作 活动二：讲解自己的纸盒作品 活动三："纸盒创意秀"宣传及展示活动 活动四：爱鸟周宣传——我给小鸟安个家

主题活动案例精选

活动（一）我给纸盒分分类

活动目标

1. 了解不同纸盒的特性及用途。

2. 能够按照纸盒的不同特性给纸盒分类，如纸盒的大小、形状、颜色、图案、用途等。

3. 体验动手操作的快乐，体会分类给生活带来的便利。

活动准备

1. 经验准备：幼儿收集了各种各样的纸盒并堆放在小超市的地面上。

2. 物质准备：各种各样的纸盒、音乐、笔、标记卡，纸盒随意堆放在地上的图片（图 2 - 2 - 23）、纸盒不同用途的图片、纸盒分类表、音乐。

活动过程

1. 情景导入，激发幼儿兴趣。

（1）出示纸盒随意堆放在地上的图片，提出问题。

教师：前几天，小朋友们从家里带来了很多纸盒，放在了小超市的地上。可是，在区域游戏时，小超市出现了问题。请小朋友们看看这张图片，说说问题出在了哪里。

引导幼儿说出纸盒随意堆放在小超市的地上，太乱了，导致幼儿没办法更好地游戏了。

（2）想出好方法，解决问题。

教师：纸盒随意堆放在小超市的地上，都没有地方落脚了，顾客没有办法走到货架前挑选商品，该怎么办呢？（需要整理纸盒，给它们分类，把它们摆放得整整齐齐的）

2. 鼓励幼儿讨论纸盒分类的方法。

（1）引导幼儿讨论如何给纸盒分类，并说出分类的理由。

教师提问：

①你在哪里见过这些纸盒？

②这些纸盒都是干什么用的？它们哪里不一样？（如大小、形状、颜色、图案、功能、用途等）

③这么多的纸盒放在一起，多乱呀！我们需要怎么整理呢？为什么要这样整理？

（2）请幼儿举手发言，引导幼儿自主发现纸盒的大小、形状、颜色、图案、功能、用途等特征。

（3）请发言的幼儿尝试给纸盒分类，其他幼儿仔细观察这样分类是否可以（图2-2-24）。

教师：请你来试一试，并说出你是根据什么给纸盒分类的。

幼儿：我是按照颜色分类的，可以把蓝色的纸盒放在一起，把红色的纸盒放在一起。

小结：整理纸盒时，可以按照不同的特征进行分类。我们可以按照纸盒的用途进行分类，比如，把装食品的纸盒放在一起、把装玩具的纸盒放在一起、把装生活用品的纸盒放在一起等，还可以按照功能（如有提手、可撕拉、半透明等）、大小、形状（如异形、正方形、长方形等）、颜色（如红色、绿色、蓝色等）等进行分类。

图2-2-23　　　　　　　　　　　图2-2-24

3. 纸盒分类游戏。

（1）每张桌子上贴有纸盒分类表。请幼儿自由分组，分别在音乐结束前将纸盒按照桌子上的标记（如大小、颜色、形状、用途等）完成分类。

教师：请你讲一讲，你是按照什么特征来给纸盒分类的？

（2）将纸盒按照不同的用途放在超市区（侧面）的柜子上。

4. 发现生活中纸盒的不同。

教师：今天，我们认识了这么多的纸盒，还给它们分了类。你们知道为什么纸盒会有这么多不一样的形状、大小、颜色吗？

引导幼儿发现纸盒的用处是不一样的，因而形状、大小、颜色也不一样。

教师出示纸盒用途的图片，小结：纸盒可以收纳不同的物品，还可以保护物品不会破损，让我们的生活更加便捷，也更加整洁。除了这些，每个纸盒还有其他的用处，如大的纸盒可以放很大、很多的东西，小的纸盒可以放一些小的物品。我们还能通过纸盒上的标记看出哪些纸盒里面放的是危险物品、哪些是易损物品等。

活动延伸

1. 引导幼儿思考：不同的纸盒可以用来干什么？

2. 教师可以利用日常生活引导幼儿学习分类，比如，可以给超市里的物品按照用途、大小等进行分类，还可以对水果、蔬菜按照颜色、形状等进行分类。

活动反思

本次活动中，幼儿基本上能掌握纸盒分类的方法，他们对纸盒按照颜色、大小分类掌握得较好，但是按照形状分类较困难。有的纸盒形状不是很明显，幼儿不容易区分。在今后的教学活动中，教师可以通过其他方式巩固幼儿给物体分类的能力，也可以在一日活动中引导幼儿多加练习。幼儿在认知方面，知道了给纸盒分类的意义，积累了新的生活经验，也对废旧物再利用有了更深入的认识和了解。

活动（二）　纸盒变变变

活动目标

1. 利用不同形状和大小的纸盒、自然物、其他废旧物等材料制作自己喜欢的玩具和其他物品等。

2. 能根据纸盒的外形进行想象，大胆地运用连接、刷色等方法进行制作。

3. 喜欢参加手工制作活动，感受美工活动带来的乐趣。

活动准备

1. 经验准备：幼儿有利用纸盒制作艺术作品的经验。

2. 物质准备：各种纸盒作品图片，各种各样的纸盒、纸箱，胶棒、胶带、胶枪等粘合物品，彩笔，彩纸，彩泥，各种废旧物和自然物。

活动过程

1. 出示各种纸盒作品图片，引导幼儿欣赏。

（1）欣赏图片。

教师：请你们仔细观察图片，说说小纸盒变成了什么，它是怎么做的。这些大大小小的纸盒、纸箱和辅助材料，你认为可以用它们做什么？

（2）讨论并充分发挥想象力。

①根据不同的纸盒，发挥想象力，说说自己可以将其变成什么。

②谈谈自己打算用哪些材料进行纸盒作品创作。

2. 讨论制作纸盒作品的方法。

（1）教师提问：

①这些物品怎么做呢？（可以给它们大变身，让它们变得更好看）

②如果需要两个纸盒，应该怎么把它们连接在一起？（将它们用胶棒、胶带、胶枪粘起来）

③怎样才能让我们制作的物品更加美观？（可以用彩泥、颜料、废旧物和自然物进行装饰），如塑料瓶、纸筒、水果包装泡沫网、筷子、树枝、松塔等）

（2）小结：要想让这些纸盒大变身，需要用一些工具把它们连接起来，比如，小朋友们常用的胶棒、乳胶、双面胶和胶带。当然，小朋友们也可以请老师帮忙用胶枪进行固定。小朋友们还可以用一些物品装饰作品，让它变得更漂亮！比如，给作品刷上多彩的颜色，用彩泥进行点缀，用松塔、贝壳、小树枝、玉米叶等自然物进行装饰。

3. 讨论合作创作的方式。

（1）教师提问：

①我们应该怎么分工呢？（先讨论并确定创作的内容，再讨论每个人负责干什么）

②如果合作的时候，两个人发生了矛盾怎么办？（两个人可以互相商量，进行分工与合作）

（2）小结：两个好朋友共同创作一个作品，首先，要一起商量做什么、怎么做，然后确定每个人分别干什么，再进行创作。如果两个人发生了矛盾，要互相商量，找到最好的解决办法。

4. 幼儿创作作品，教师巡回指导。

（1）幼儿与同伴友好合作，共同协商，完成作品创作（图2-2-25）。

（2）鼓励幼儿大胆使用辅助材料，正确、安全地使用工具（图2-2-26）。

（3）请幼儿注意作品整体要美观。

图 2-2-25

图 2-2-26

5. 幼儿欣赏彼此的作品，交流自己的感受。

教师：看看其他组小朋友们的作品，你们觉得有哪些值得学习的地方？

引导幼儿发现别人作品中和自己不一样的地方，如使用了废旧物、自然物或者作品的造型很新颖等。

活动延伸

将幼儿作品集中摆放在展示台上展示，把废旧纸盒投放到美工区，引导幼儿继续开展纸盒手工制作活动。

活动反思

我们在"纸盒变变变"创意活动中，着重引导幼儿发挥想象，合作进行创作。通过创意活动，让幼儿在已有经验与水平的基础上，丰富创作经验，提高创作技能。只要幼儿动脑筋思考了，就是最棒的。这次制作中使用的大多是生活中常见的材料，比如，松塔、彩泥、丙烯颜料、纸筒等。不足之处是，活动时，大部分幼儿只是一味地模仿展示的范例来进行制作，缺乏想象力和创意。教师应该把创作作品的主动权还给幼儿，引导幼儿在操作活动中尝试多种制作方法，激发和拓展幼儿的创造性思维。

活动 （三） 搬家

活动目标

1. 知道按照从大到小的顺序可以把大小不一的纸盒套起来。

2. 探索搬运多个纸盒最简便的方法，尝试合作解决问题。

3. 勇于动手、动脑解决问题，乐于大胆表达自己的想法。

活动准备

1. 经验准备：幼儿喜欢摆弄盒子并利用盒子玩耍。

2. 物质准备：纸盒图片、快递图片，不同大小的纸盒 8 个一套，准备 5 套。

活动过程

1. 创设"搬家"情景，引出活动主题。

教师：最近，老师要搬家，需要用很多纸盒来装各种物品。正好，咱们班最近都在跟纸盒玩游戏。请小朋友们帮我想想办法，看看怎么把这么多的纸盒运回家吧！我们先来看一看、说一说，这些纸盒都是什么样儿的？

2. 出示 8 个纸盒，讨论每人可以搬多少个纸盒。

（1）请幼儿搬盒子，每人搬一个，教师用摆放图片的方式进行记录。

教师：班里的纸盒可真多！如果请小朋友们每人搬一个纸盒，看看需要多少个小朋友才能把这些纸盒搬完。（幼儿点数 8 个纸盒）

（2）幼儿每人搬 2 个纸盒，教师用摆放图片的方式进行记录。

教师：刚才，搬纸盒的小朋友人数有点儿多！你们能不能每人一次帮我搬 2 个纸盒？咱们一起数一数，这次需要几个小朋友呢？（4 个）

（3）挑战每人最多可以搬多少个盒子。

教师：搬纸盒的人数还是有点儿多。小朋友们想一想，有没有更方便、更快捷的办法？你觉得一次搬 3（4、5）个盒子的时候，有困难吗？（引导幼儿进行尝试）

3. 提出具有挑战性的问题并解决问题。

（1）引导幼儿积极思考并回答问题。

教师：每个小朋友一次搬 3 到 5 个盒子都很困难。那别的老师肯定不让我带这么多小朋友跟我回家。我得一个人把所有的盒子都搬回家。这下，可难到了我了，小朋友们快帮我想想办法吧！

（2）幼儿分组尝试，一个人怎样把 8 个盒子都搬起来。

幼儿分 3 组进行尝试，每组 8 个纸盒，看看有什么办法能让一个小朋友一下子运走所有的纸盒。

（3）鼓励幼儿自主尝试，也可以寻找教室里的其他材料"帮忙"搬运（图 2 - 2 - 27）。

4. 梳理并总结经验。

（1）分享搬运纸盒的方法。

教师：小朋友们运用自己的聪明才智，想出了很多的好办法。快来说一说并展示一下，你用什么好方法能把纸盒全部运走？（把纸盒一个一个地套在一起，用胶条把纸盒都粘起来；把纸盒竖着摆在一起；用绳子把纸盒捆起来，系在一起……）

（2）师幼共同验证。

①一个一个地套在一起（图 2 - 2 - 28）。

教师：请小朋友们把纸盒一个一个地拿出来，摆成一横排，仔细观察。

教师：你们是按照什么顺序把盒子套在一起的？

②用胶带将纸盒粘在一起。

幼儿用胶带将所有的纸盒都粘在一起并观察。

教师：除了把全部的纸盒都粘在一起，还能怎么做？

③竖着摞在一起。

教师：请你想一想，把纸盒竖着摞起来，需要怎么做，纸盒才不会倒？（将纸盒的开口位置粘好，从小到大地摞在一起，大的放在最下面，小的放在最上面）

（3）总结经验。

教师：你认为搬运纸盒最好的方法是哪个？为什么？（引导幼儿大胆地表达自己的想法）

小结：今天，我们学会了很多搬运纸盒的好方法。我们可以按照盒子的大小，把小盒子装进大盒子里，一个一个地套进去，这样既节省了空间，搬运的速度也更快了；可以将纸盒都粘在一起，这样怎么甩都不会掉；可以把纸盒竖着摞在一起搬走；还可以用绳子把全部的纸盒捆起来。这么多的好方法都是小朋友们想出来的。这说明我们只要动脑筋，敢于动手尝试，一切问题都能解决！

图 2-2-27

图 2-2-28

活动延伸

增加一个或多个异形纸盒，请幼儿继续探究还有什么更好的方法可以一次将多个纸盒搬走。

活动反思

本次活动中，孩子们利用班级物品探索怎样将 8 个纸盒一次全部运走的方法，表现非常专注、认真。他们不断地尝试不一样的搬运方法，不断地调整纸盒摆放的样式，了解了这些物品的不同特性，拓展了思维，丰富了生活经验。教师带领幼儿多次讨论与分享。幼儿通过语言表达思考搬运方法，最终总结了几种方法，丰富了他们的认知和生活经验，提升了解决问题的能力。最后，教师对幼儿尝试的方法进行了小结，让活动又回归了生活，解决了生活中的实际问题，让孩子们通过自己感知、操作形成了搬运物品的经验。

活动（四）纸盒变成纸

活动目标

1. 通过尝试、探究再造纸的制作过程和方法，了解如何将纸盒变成纸。

2. 能够利用精油、树叶、花瓣、颜料等不同材料进行创意再造纸的加工制作。

3. 感受制作创意再造纸的乐趣，增强环保意识。

活动准备

1. 经验准备：

（1）幼儿有初步的造纸经验，知道造纸流程。

（2）第一次造纸完成后，幼儿提出想做不一样的纸，师幼进行了初步的讨论。

2. 物质准备：上次造纸的图片，碎纸屑盒，水、水盆，造纸器、搅碎机，精油、树叶、花瓣、颜料等不同的辅助材料。

活动过程

1. 出示不同的造纸材料，激发幼儿的造纸兴趣。

（1）师幼讨论幼儿提出的创意造纸想法。

教师：上次，咱们学习了再造纸的方法后，有的小朋友提出想做不一样的纸。请你们说说，为什么要做不一样的纸？

幼儿：之前的纸，做出来的颜色比较深，不怎么好看。

幼儿：我发现有的纸盒皮是带颜色的，打碎后，也会在纸上留下很多带有颜色的小亮片。我觉得很好看，也想做有颜色、有花纹的纸。

幼儿：我见过带花瓣的纸。

（2）教师出示不同的造纸材料，引导幼儿大胆猜想这些造纸材料的用途。

教师：这里有很多不一样的造纸材料，都是根据小朋友们的想法收集的。请小朋友们猜一猜，这些材料是干什么用的？

幼儿：颜料是染色的，花瓣是粘在纸上面的，树叶可以打碎后放进去，精油可以让纸变得香香的。

小结：再造纸不是只有一种颜色、一种图案，它也可以是五颜六色的、带有花纹的，还有香香的味道。

2. 回顾幼儿上次造纸的步骤。

（1）教师：想要造出和上次不一样的纸，咱们需要先回顾一下最基本的造纸流程。你们还记得怎么造纸吗？

（2）出示上次造纸的图片，师幼共同看图讲述造纸的基本流程。

①将破损的纸盒挑选出来。

②拆掉纸盒上的塑料皮、棉绳、胶带等其他东西。

③将纸盒撕碎，放进有温水的盆里泡软。

④将变软的碎纸片放入搅碎机，加水，搅成纸浆。

⑤倒出纸浆，再用小棒子等工具搅拌均匀。

⑥把造纸器倾斜，打捞纸浆，两手端着造纸器的两侧，在水里轻轻地晃动，让纸浆均匀地摊平。

⑦慢慢地把纸张从造纸器里提起来，放在温暖、干燥的地方晾晒。

⑧将晒干的纸轻轻地从造纸器里取下来，纸就做好了。

小结：这次，我们增加了新的材料，需要在上次造纸的基础上进行创意。

3. 幼儿自主地制作自己想要的纸。

（1）出示精油、树叶、花瓣、颜料等不同的辅助材料。

教师：请你们仔细观察桌子上的材料，想一想，怎样利用它们做出不一样的纸？

（2）请幼儿按照自己的想法，利用不同的材料创意制作再造纸。

（3）做好后，请幼儿分享自己的再造纸作品。

教师：你增加了什么材料？你是怎么做的？

小结：每个小朋友都非常聪明、能干！你们的制作方法都不一样。在制作彩纸的过程中，有的小朋友将颜料滴进纸浆里，再捞出来，制作了彩色纸（图2-2-29）。有的小朋友是先打捞出纸浆后，再将不同的颜料滴进去，变成一幅画一样的彩纸（图2-2-30），也非常漂亮！在制作花草纸的过程中，有的小朋友将树叶撕碎，掺进纸浆里，再打捞制作。也有的小朋友把花瓣和树叶贴在刚打捞出来的纸浆上，制作了带有整片树叶和花瓣造型的花草纸。在制作香味纸的过程中，大家把精油滴进纸浆里，这样，纸就会变得香香的。最后，还有一些小朋友综合运用了这几种方法，做出来的再造纸既有好看的颜色和浓浓的香味，又有花瓣和树叶，十分漂亮！

4. 结束部分。

（1）请幼儿将制作好的半成品再造纸放在窗台上晾晒。

教师：小朋友们基本上做好了再造纸。那么，一会儿，咱们一起把它晾在咱们班的窗台上。等到明天，大家就可以收集自己制作的纸张啦！

（2）引导幼儿用小抹布清理桌面，保持环境整洁。

图 2 - 2 - 29   图 2 - 2 - 30

活动延伸

1. 鼓励幼儿利用再造纸，通过绘画、拼贴、折叠等不同的方式进行艺术创作。

2. 将造纸工具及材料投放到科学区，引导幼儿继续选用不同的材料尝试造纸。

活动反思

本次活动是孩子们自主生成的。教师通过提出问题，师幼共同探讨，再到给予幼儿支持，引导幼儿大胆探索。活动中，教师始终追随着孩子们的兴趣，引导他们自主解决问题。活动氛围宽松、自由，孩子们自主参与创意再造纸的讨论和制作过程，感受到再造纸不一样的美，体验了自主探索和创意制作的乐趣，增强了幼儿的环保意识，也更加懂得和珍惜来之不易的纸。

活动 (五) 好玩的纸盒

活动目标

1. 在玩纸盒的过程中，练习钻爬、跳跃、走平衡等基本动作。

2. 通过游戏探索纸盒的多种玩法。

3. 在游戏中，能与同伴分享玩纸盒的乐趣。

活动准备

1. 经验准备：幼儿收集了大小不同的纸盒。

2. 物质准备：纸盒若干，音乐《去郊游》《火车开了》。

活动过程

1. 创设情景，激发幼儿兴趣。

(1) 教师带领幼儿随音乐入场，创设去"快乐大本营"游玩的情景。

(2) 引导幼儿自由发现"宝贝"——纸盒，说说它们的用途、大小等。

教师：这些纸盒是用来做什么的？除了这些用途，在操场上，还能用它做什么呢？（做游戏）

2. 探索纸盒的不同玩法。

（1）幼儿自由探索纸盒的多种玩法，也可以结伴游戏，互相学习。

教师：请你自己或者和好朋友一起试一试，看看纸盒能有多少种不同的玩法。

（2）幼儿交流纸盒的多种玩法，与更多的小朋友一起玩游戏，分享快乐。

教师：快来说一说，你想用纸盒玩哪些好玩的游戏？

（3）教师与幼儿共同梳理、总结有趣的纸盒玩法。

小结：纸盒的玩法可真多！我们可以把它们排成一排，绕障碍物"S"形走或跑，跨跳过纸盒，用手脚爬的方式钻过纸盒洞，也可以用网球玩砸纸盒的游戏。

3. 闯关游戏。

（1）安全提示。

教师：小朋友们会玩这么多有趣的纸盒游戏。一会儿，我们再玩游戏的时候，需要注意什么呢？

引导幼儿观察纸盒的大小、软硬等。

①师幼关注、探究纸盒的大小、软硬，看看这些纸盒适合玩哪种游戏。

②走平衡木时不推挤，平衡木上只能有一个小朋友进行游戏。

③钻爬时，注意小手放在地上的位置，避免被其他小朋友踩到。

④跑动时，注意躲闪、避让障碍物和其他小朋友。

小结：在玩游戏时，小朋友们需要根据实际情况选用适合游戏使用的纸盒，比如，太大的纸盒不适合夹在两腿之间玩双脚跳的游戏，要选用小一些的纸盒；在助跑跨跳时，挑选稍硬一些的纸盒摆放，避免被踩坏；在投掷的时候，需要在纸盒里填充一些重物，避免风把纸盒吹倒等。当然，在玩游戏的时候，我们除了要关注纸盒，还要关注其他的小朋友。玩游戏时，要注意观察周围的情况，避免摔倒或撞到其他小朋友。

（2）纸盒游戏。

①过小河（跳跃能力）。

游戏玩法：将许多小纸盒摆成两排，中间当作小河。幼儿从小河的一边跨跳到另一边，跨跳过小河。

②小和尚练功（平衡能力）。

游戏玩法：幼儿将小纸盒顶在头顶，两臂侧平举，在独木桥（平衡木代替）上行走，走过独木桥。过程中，纸盒不能从头顶掉落。

③小兔运粮食（跳跃能力）。

游戏玩法：幼儿双脚夹住纸盒，向前跳跃，从起点跳到终点。过程中，纸盒不能从双脚中间掉落（图 2-2-31）。

④弯道跑（绕障碍跑的能力）。

游戏玩法：将几个大纸盒摆成一排，每个大纸盒间隔一定的距离。幼儿将纸盒当作障碍物，从起点出发，沿"S"形路线绕过纸盒，跑至终点。

⑤小火车钻山洞（钻爬能力）。

游戏玩法：将若干个塞入重物的纸盒垒成一个大山洞。第一名幼儿当作火车头，其他幼儿扮作车厢，跟在第一名幼儿身后，一起手膝着地爬，钻过山洞。

⑥攻打城堡（投掷能力）。

游戏玩法：幼儿往大纸盒里塞入重物，用若干个纸盒垒成一座城堡。幼儿站在距离城堡不同的位置，用网球击打城堡，直至城堡被打倒（图2-2-32）。

图2-2-31　　　　　　　　　　　图2-2-32

4. 放松活动。

教师和幼儿一起听音乐，随着音乐节奏拍拍胳膊、捏捏腿，放松身体各部位。

活动延伸

教师利用户外活动时间，引导幼儿继续将纸盒作为体育材料，探索纸盒的多种玩法。

活动反思

在活动中，孩子们活动兴趣较高，他们充分发挥了自己的想象力，自主探索了很多不同运动类型的纸盒游戏和创新玩法。教师对绕纸盒跑动的游戏规则讲得不够详细，导致幼儿一开始没有明白游戏规则。后续再开展类似的活动时，教师可以先示范一遍游戏玩法，再引导幼儿游戏。教师通过本次体育活动，发现幼儿的创造力是无限的。今后，教师会根据孩子们探索的多种纸盒游戏玩法，组织并实施相关的教学活动，充分发挥这些游戏的价值。

主题活动反思

在本次"小纸盒大用处"的主题活动中，教师注重园本课程"绿色生活"

主题板块中环保理念的融入，帮助幼儿积累生活经验，通过与幼儿对话了解幼儿兴趣，引导幼儿收集废旧纸盒，将其作为活动载体。这不仅激发了孩子们对身边的废旧材料的好奇心，也让他们树立了环保意识，学会利用废旧材料创编体育游戏。在主题活动开展后，教师结合主题网络"小纸盒哪里来""小纸盒大揭秘""小纸盒大变身"三个部分，引导幼儿深入了解纸盒具有多功能性及如何利用这些材料有效地开展创造性活动，使主题活动有了清晰的逻辑顺序，便于幼儿理解和参与。

　　主题活动一共开展了6周的时间。在此过程中，教师将活动内容的选择权交给幼儿，让幼儿在各个环节积极参与和表现，通过游戏和实际操作，发挥幼儿的想象力和创造力，锻炼幼儿的动手能力和合作能力。如在"纸盒分类"的活动中，幼儿通过观察、对比，尝试对纸盒进行分类，不仅了解了纸盒的不同特性，还知道了纸盒在生活中的用处很大。在"纸盒创意秀"的活动中（图2-2-33～图2-2-36），幼儿将纸盒变废为宝，动手制作了不同创意的纸盒手工作品，发挥了想象力和创造力，提高了他们感受美、表现美的能力，树立了初步的环保意识。幼儿在班级内外展示和介绍作品的同时，锻炼了语言表达能力，也充分体验到了成功的喜悦，获得了满足感和自豪感。幼儿在家里和家长一起进行了纸盒创意亲子制作。这不仅激发了幼儿创作的欲望和灵感，而且增进了亲子之间的感情。此外，本次主题活动还借助纸盒开展了创造性小游戏，让孩子们体验到利用纸盒进行运动的乐趣，锻炼了体能，提高了身体的灵活性与协调性，感受到纸盒也可以当作体育游戏的材料。今后，教师可以尝试创设更多与纸盒有关的游戏情景，引导幼儿从不同的角度和层面去探索和思考。

图2-2-33

图2-2-34

　　本次活动的不足之处是，教师虽然引导幼儿探索了如何区分纸盒与纸箱，但是当幼儿遇到大的纸盒和小的纸箱时，还是分不清楚。在下次开展主题活动前，教师应该引导幼儿更深入地了解纸箱与纸盒的定义，通过生动的探索活动让幼儿明白两者之间的区别。在主题墙环境创设方面，由于班级教室的主题墙过高，导致幼儿无法更多地与主题墙互动。今后，可以考虑在班级的其他位置创设主题环境，增加幼儿与主题墙互动的机会。

图 2-2-35

图 2-2-36

主题活动三："纸"想和你一起玩（大班）

教师：陈芳馨　刘　洋　王跃铮

主题活动由来

扫码看彩图 2-3-1

　　开学以来，美工区里人员爆满，孩子们都非常喜欢用纸剪剪、画画。每次区域活动结束后，桌子上、地上都会有大量的碎纸屑，还有一些只画了一点儿、剪了一点儿的纸被团成团儿扔掉了。我们能够理解幼儿的创作热情，也愿意支持幼儿进行创作。但是，看到幼儿每天要扔掉大量的彩纸，感到很可惜，这也是一种浪费。因此，我们结合幼儿对纸类活动的兴趣及浪费纸张的现象，依据幼儿的年龄特点和发展目标，结合园本绿色教育课程中"绿色生活"的教育理念，设计并开展了贴近日常生活且丰富多彩的"'纸'想和你一起玩"主题活动。

幼儿现状分析

　　《指南》中指出：5～6岁幼儿能"积极参与艺术活动，有自己比较喜欢的活动形式。能用多种工具、材料或不同的表现手法表达自己的感受和想象"。本班幼儿都很喜欢参加美术活动，尤其对绘画和剪纸的艺术活动感兴趣，他们动手能力强，喜欢利用各种美术工具和材料剪剪画画、粘粘贴贴，表现自己心中所想，创作出各种美术作品，并且愿意大胆地向同伴展示、分享自己的作品。

主题活动总目标

1. 有初步的环保意识，懂得节约用纸。
2. 了解纸的制造过程，感受纸及纸制品给人们生活带来的便利。
3. 喜欢探究纸的秘密，能运用折、剪等方法进行美术创作。
4. 观察周围环境和生活中的美好事物，能利用纸装饰生活用品，美化环境。
5. 认识各种各样的纸，探究纸的不同用途。

主题活动网络图（图2-3-1）

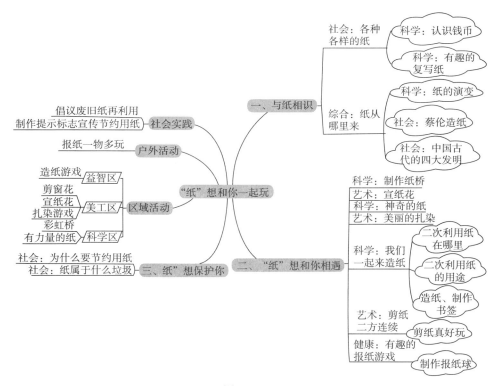

图 2 - 3 - 1

主题环境创设

（一）主题墙环境创设

主题墙饰"'纸'想和你一起玩"（图2-3-2）分为四个部分，分别是与纸相识、"纸"想和你相遇、"纸"想保护你、妙剪生花。

图 2-3-2

1. 第一部分：与纸相识（图 2-3-3）。

创设方式：幼儿在家里搜集各种各样的纸，把它们带到幼儿园，与同伴分享这些纸是在哪里找到的、干什么用的，并分类展示。了解不同材质的纸具有不同的用途，如复写纸、宣纸、厨房用纸等。

2. 第二部分："纸"想和你相遇（图 2-3-4）。

创设方式：幼儿通过猜想纸是从哪里来的到调查制造纸的方法，了解蔡伦造纸及纸的演变过程，尝试使用造纸机玩具用废纸制造新的纸张。

图 2-3-3

图 2-3-4

3. 第三部分："纸"想保护你（图 2-3-5）。

创设方式："生活中，我们怎么做才能节约用纸？那些用过一次的纸还可以干什么？可以用这些纸玩什么游戏？怎么玩？"教师通过一系列的问题激发幼儿爱惜纸张、节约用纸的情感，引导幼儿学会充分利用废旧纸张做更多的事情。

4. 第四部分：妙剪生花（图2-3-6）。

创设方式：幼儿用可以二次利用的纸剪了一张窗花，从而引出了一系列延伸活动。教师追随幼儿对窗花的兴趣，引导幼儿开展了探究剪出各种样式的窗花。

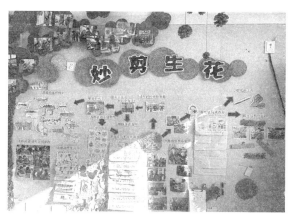

图2-3-5   图2-3-6

（二）区域环境创设

1. 美工区："纸"想变身。

投放材料：不同颜色、大小、形状的纸，宣纸、剪刀、画笔、双面胶、胶带、剪纸、扎染颜料、丝带。

指导要点：鼓励幼儿尝试用不同的材料及工具大胆地创作，利用益智区的造纸机，制造新的纸，再用它制作书签（图2-3-7、图2-3-8）、绘制晕染的花卉作品（图2-3-9）、创作扎染作品（图2-3-10）。

图2-3-7   图2-3-8

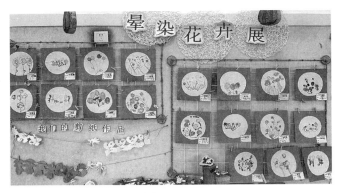

图 2 - 3 - 9

图 2 - 3 - 10

2. 益智区：我们来造纸。

投放材料：收集到的可以二次利用的纸、在美工区收集的碎纸屑、造纸机玩具。

指导要点：鼓励幼儿多次尝试造纸，探究需要撕多少张二次利用的纸、需要把纸撕成多大的纸屑方便后续制作纸浆。幼儿在挤压纸浆中的水分和最后倒扣脱模时感到有难度。教师可视幼儿操作情况提供适当的帮助，鼓励幼儿利用废旧纸探索造纸的过程和方法（图 2 - 3 - 11、图 2 - 3 - 12）。

3. 科学区：纸中探秘。

投放材料：卫生纸、报纸、绘画纸、颜料、记录表、一次性透明塑料杯。

指导要点：鼓励幼儿大胆猜想哪种纸可以将一个杯子里的颜料传递到另一个空杯子里，在多次操作、观察后，引导幼儿初步理解纸里有细小的纤维，颜料可以顺着纸张的纤维移动到另一个杯子里。不同纸张的纤维粗细不同，因此，观察到的实验结果也不同。教师应鼓励幼儿进行猜想，完成验证过程并记录。

图 2 - 3 - 11　　　　　　　　　　　　　　图 2 - 3 - 12

可利用的教育资源

（一）园所资源

1. 园内保健室、保教室、后勤办公室等部门的教师支持、配合幼儿开展收集可以二次利用的纸的活动，热情地回应幼儿的宣传，并帮忙收集可以二次利用的纸，让幼儿体验合作解决问题的成就感。

2. 园内保洁阿姨支持并配合幼儿将宣传画贴在园内公共盥洗室的墙壁上（图 2 - 3 - 13），支持幼儿想要收集擦手纸的想法，为幼儿提供相应的收纳纸箱。

（二）家庭资源

教师通过班级微信群和家长们建立联系，使其了解班级近期准备开展有关"纸"的主题活动，发动家长和幼儿一起搜集各种各样的纸，了解这种纸的用途，再将纸带到班里，和其他幼儿分享。最终，幼儿收集到了卫生纸、抽纸、厨房用纸、锡箔纸、复写纸、吸油纸、宣纸、包装纸、报纸等（图 2 - 3 - 14）。

图 2 - 3 - 13　　　　　　　　　　　　　　图 2 - 3 - 14

主题系列活动（表2-3-1）

表2-3-1 主题系列活动表

主题活动	教育活动	区域活动	生活活动
第一部分：与纸相识	1. 社会领域：各种各样的纸 2. 综合活动：纸从哪里来	美工区：剪窗花、宣纸花、扎染游戏	活动一：寻找家里和幼儿园里的纸
第二部分："纸"想和你相遇	1. 科学领域：制作纸桥 2. 艺术领域：宣纸花 3. 科学领域：神奇的纸 4. 艺术领域：美丽的扎染 5. 科学领域：我们一起来造纸 6. 艺术领域：剪纸（二方连续） 7. 健康领域：有趣的报纸游戏	科学区：彩虹桥、有力量的纸	活动一：收集可以二次利用的纸
第三部分："纸"想保护你	1. 社会领域：为什么要节约用纸 2. 社会领域：废纸属于什么垃圾	益智区：造纸游戏	活动一：送窗花 活动二：帮园长妈妈贴窗花

主题活动案例精选

活动（一） 纸从哪里来

活动目标

1. 大胆猜测纸的来源和生产过程。

2. 了解纸的来源，尝试利用废纸制作再生纸。

3. 对纸的制造过程感兴趣，体验科学探究的乐趣。

活动准备

1. 经验准备：有折纸、剪纸的经验，收集过各种各样的纸，参与过"纸从哪里来"大调查活动。

2. 物质准备：各种各样的纸、调查表（图2-3-15）、彩色笔、古代造纸步骤图片、造纸机玩具、水、磨浆桶、搅浆框、尼龙网、夹板等。

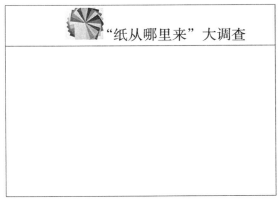

"纸从哪里来"大调查

图 2 - 3 - 15

活动过程

1. 谈话导入，引发幼儿兴趣。

（1）出示幼儿带来的各种各样的纸，调动幼儿参与活动的兴趣。

教师：小朋友们，你们从爸爸、妈妈那里了解到纸是从哪里来的？

幼儿搜集了纸币、一寸照片、厨房用纸、吸油纸、复写纸、宣纸、面巾纸、纸袋等。

（2）分享调查表的内容，梳理并总结。

教师：哪位小朋友想要介绍一下自己的调查表？

教师：你搜集了什么纸？你在什么地方搜集的这些纸？这些纸是干什么用的？

幼儿：我在烤箱旁边找到了锡箔纸，妈妈烤鸡翅的时候会用。爷爷的房间里有宣纸，是写毛笔字用的……

小结：小朋友们找到的纸张种类可真多！每种纸都有独特的"本领"和用途。神奇的复写纸，写一次可以让三张纸上都有字，还有能把油吸走的纸，能进烤箱的纸……你们知道了这些纸张的名字，还知道它们有什么不同之处吗？

（3）运用多种感官观察、比较不同的纸，探索不同的纸的特点。

教师：看一看，这些纸有什么不同？

教师：摸一摸，这些纸有什么不一样？

教师：撕一撕，这些纸会怎样？有什么不同？

2. 了解造纸工艺的发展过程。

出示古代造纸步骤图片，讲解古时候造纸的方法，介绍现代化的造纸工厂如何造纸。

教师：小朋友们，你们看一看，古时候是怎么造纸的？现在又是怎么造纸的？

3. 尝试用造纸机玩具造纸。

（1）介绍造纸机玩具如何使用，对比古代造纸的方法，看看有哪些相同的地方，如都需要制作纸浆，都需要进行过滤、压制、晾晒等。

（2）幼儿分组，尝试用造纸机造纸，感受造纸过程的有趣。

造纸机玩具玩法：

①将磨浆桶内倒入清水，清水的高度约占桶高的 1/2。然后，将一张可以二次利用的 A4 纸撕成碎片，把撕碎的纸片放入磨浆桶内，装好桶盖和磨浆磨，按照顺时针的方向旋转桶盖，使扣位扣住，不松脱。一手扶稳磨浆桶，一手抓住摇把，顺时针方向转动摇把 8 分钟，就可以将碎纸片磨成纸浆了。再按照逆时针的方向旋转桶盖，将其打开。

②将造纸机座水池内倒入清水，清水高度约占水池总高度的 2/3。将搅浆框放入水池内，再将下夹板（带有穿孔的那件）放入搅浆框内，然后，在下夹板上面铺上一张尼龙网。

③将磨好的纸浆倒在水池内的尼龙网上，用手指将纸浆均匀地铺在尼龙网上。然后，在纸浆上面再铺上一张尼龙网，再将上夹板放在尼龙网的上面。当上夹板摆放好后，将整个搅浆框从水池中捞起，同时，用两手的大拇指分别压住上夹板，将其翻转过来，再拿开搅浆框。

④将夹有纸浆的上下夹板一起送到造纸机上两个滚筒中间，转动旋钮，让两个夹板从滚筒中间穿过，挤出纸浆里的水分。

⑤将已挤出水后的夹板及尼龙网分别拿开，取出已成形的 A5 纸（一张 A4 大小的纸浆可以制作一张 A5 纸），放在水平放置的玻璃上或桌面上或夹板上（夹板一定要干燥），等待制作好的 A5 纸完全干透。

活动延伸

1. 幼儿将搜集来的纸进行分类并展示在主题墙面上。

2. 教师将造纸机玩具和操作步骤图投放到科学区，鼓励幼儿继续探索并尝试自己造纸。

活动反思

幼儿通过前期的"纸从哪里来"调查问卷，以询问家长、上网查阅的方式了解了纸是怎么来的。有的家长还告诉幼儿造纸术是中国古代的四大发明之一。我们又借着这个话题，通过网络查阅图片帮助幼儿拓宽了相关知识，让幼儿了解了中国古代的四大发明分别是什么。孩子们了解了造纸术后，对造纸很感兴趣。当他们利用造纸机玩具制造出一张可以画画的纸时，都很兴奋。本次活动很好地调动了幼儿自主探究的兴趣。

活动（二）收集可以二次利用的纸

活动目标

1. 了解废纸是可以回收再利用的，积极参与讨论，敢于表达自己的想法。

2. 能与小组成员分工、合作，共同完成收集可以二次利用的纸的宣传任务。

3. 树立环保意识，形成"保护环境，从我做起"的观念。

活动准备

1. 经验准备：幼儿会玩造纸机玩具。

2. 物质准备：彩纸、彩笔、废报纸、废画纸、打错的打印纸、收纳筐。

活动过程

1. 了解废纸是可以回收再利用的。

（1）讨论废纸的去向。

教师：孩子们，你们看，这是什么？（教师出示废报纸、废画纸等废纸）你们会把这些东西放在哪里呢？

幼儿：我会把废纸扔进垃圾桶。

幼儿：我会把废纸放进美工区的收纳筐里。

（2）讨论收集废纸的方法。

教师：造纸机玩具需要更多的废纸。我们可以去哪里搜集更多的废纸呢？

幼儿：美工区每天都有废纸，老师的桌子上也有。

小结：在楼道的公共卫生间里，有的小朋友发现每次有人洗完手，就会用一张擦手纸。这些擦手纸擦了干净的水，就被扔掉了，很可惜，可以将这些擦过手的纸收集起来。还有的小朋友提出，可以去问问保健医老师，看看她们的办公室里有没有没用的纸。当小朋友们把办公室的纸收集回来后，发现有的纸只有一面有字，另一面是空白的。对于这样的纸，有的小朋友说可以用来画画，也可以用来练习折纸、剪纸，这样就能少浪费点儿纸了。

2. 鼓励幼儿积极参与废纸回收活动，讨论怎样分工。

（1）讨论怎样分工。

教师：今天，大家都来做个废纸回收员吧！废纸回收员具体可以做哪些事情呢？

幼儿：画宣传画。

教师：宣传画上要画些什么呢？

幼儿：画上我们需要用过的擦手纸，还需要老师打印时打错了的纸，还需要准备一个收纳筐，用来装废纸。

幼儿：可以去办公室问一问老师，看看有没有不用的纸。

（2）幼儿自由选择相关项目，进行相应的准备。

3. 收集废纸的活动分工。

（1）擦手纸组：幼儿在公共盥洗室的墙上贴上收集擦手纸的宣传画（图2-3-16），摆好装用过的擦手纸的收纳筐。

（2）打印纸组：幼儿到办公室询问老师有没有不用的纸，进行废纸回收。

4. 完成收集任务。

打印纸组从老师们的办公室带回废纸。擦手纸组到公共盥洗室端回装有用过的擦手纸收纳筐（图2-3-17）。

小结：孩子们，你们的办法真不错！你们收集了这么多可以二次利用的纸。

图 2-3-16

图 2-3-17

活动延伸

幼儿对收集来的废纸进行分类，有的废纸适合玩造纸游戏，有的废纸适合放在美工区画画或者练习折纸用。

活动反思

在造纸游戏中，幼儿发现班里的废纸用完了，没有纸可以用来玩造纸的游戏了。哪里可以找到更多的废纸呢？幼儿讨论后进行分工，分出擦手纸组和打印纸组，经过收集，他们有了很大的收获，收集了很多废纸，也体验到了成功的喜悦。在活动中，教师和孩子们一起发现问题、解决问题。全班幼儿积极、自主地参与了整个活动，提高了语言表达能力、分工与合作的能力和解决问题的能力。

活动（三）有趣的报纸游戏

活动目标

1. 尝试探索废旧报纸一物多玩的方法。

2. 利用废旧报纸练习跑、跳跃、投掷等基本动作，提高身体的协调性和灵活性。

3. 愿意参与体育活动，体验报纸游戏的快乐。

活动准备

1. 经验准备：幼儿喜欢参与体育活动，有一物多玩的经验。

2. 物质准备：废旧报纸若干、锥形筒、筐、音乐。

活动过程

1. 导入部分。

（1）师幼一起跟着音乐做头部、肩部、手腕、膝盖、脚踝各部位的热身运动。

（2）教师出示废旧报纸（图 2 - 3 - 18），引导幼儿回忆用报纸玩过哪些游戏。

教师：孩子们，你们以前在班里跟不同的纸做了很多的游戏。有的小朋友说还想和报纸玩游戏。今天，咱们来到操场上，可以尽情地和报纸玩游戏啦！

教师：咱们可以和报纸玩哪些游戏呢？

小结：我们可以把报纸拿在手里，举过头顶，跑起来；也可以把报纸团成球，扔着玩；还可以把报纸顶在头顶上，单脚站立，保持身体平衡，不让报纸掉下来。

2. 自主探索废旧报纸的多种玩法。

（1）幼儿自发地玩报纸游戏。

教师：你想和报纸玩什么游戏呀？想一想，试一试吧！

幼儿：我想和报纸一起跑起来。

幼儿：我想试试单脚站立，顶着报纸玩儿。

幼儿：我想把报纸团成球，扔着玩儿。

教师：谁想给大家展示一下你的玩法？一起试试吧！

（2）个别幼儿为大家展示自己的玩法。

有的幼儿喜欢将报纸贴在胸前，跑着玩儿（图 2 - 3 - 19）；有的幼儿把报纸团成球，扔着玩儿。

图 2 - 3 - 18　　　　　　　　　　　图 2 - 3 - 19

3. 报纸游戏比赛。

教师：刚才，小朋友们说喜欢和报纸一起跑和用报纸来投掷的游戏。现在，咱们进行比赛，好不好？

（1）"吸"纸接力跑。

玩法：幼儿分为 4 组。请每组第一名幼儿站在起跑线后，将报纸贴在胸前，听到教师发出"开始"的口令后，快速地"吸"着报纸跑，跑到对面的锥形筒位置后，围着锥形筒绕一圈后，再跑回起跑线。与第二名幼儿击掌后，第二名幼儿快速"吸"纸跑。游戏依次进行。每组最后一名幼儿跑回起跑线后，小排头举手示意，表示完成"吸"纸接力跑。哪组最先完成，哪组获胜。

（2）投掷纸球。

玩法：幼儿分为 4 组。每个幼儿将一张报纸团成球。每组幼儿前面 3 米处放置一个筐。每组从第一个幼儿开始，依次将手中的报纸球投进筐里。投掷完成后，教师和幼儿一起清点投进筐里的报纸球数量，投进数量多的组获胜。教师可以根据幼儿投掷的情况，适当调整筐与投掷线之间的距离。

（3）小青蛙跳跃。

玩法：幼儿分为 4 组，每组前后两名幼儿为一组，每人手拿一张报纸，当作小荷叶。前面的幼儿（幼儿 1）将手中的报纸平铺在地上，从报纸上跳过去。后面的幼儿（幼儿 2）快速地走到幼儿 1 的前面，将另一张报纸铺在他的前面。幼儿 1 继续跳跃。两名幼儿按照这种方式从起点跳到终点。返回时，幼儿 1 和幼儿 2 交换角色。两人返回起点后，下一组幼儿继续。直到每组幼儿都完成游戏任务，比赛结束。哪组最先完成游戏任务，哪组获胜。

4. 结束部分。

幼儿听音乐放松身体，游戏自然结束。

活动延伸

教师将报纸投放在户外自选材料区。幼儿可以根据自己的兴趣玩报纸游戏。幼儿也可以将报纸和轮胎相结合，将报纸团成球，放进轮胎里，从起点出发，推滚轮胎，到达终点，中途不能让报纸球从轮胎里掉出来。

活动反思

本次活动中的自主探索环节是最重要的环节。幼儿在初次探索报纸游戏的玩法时，教师鼓励幼儿想出单人报纸玩法；再次探索游戏时，教师引导幼儿探索报纸的合作游戏玩法。幼儿通过自主探索和合作游戏，对报纸有了更深入的了解，也为后续利用报纸开展一物多玩的活动积累了相关经验。

主题活动反思

本次主题活动，教师始终追随幼儿兴趣，生成了幼儿喜欢的主题活动。教师结合本次主题活动开展的情况，进行了如下反思：

（一）幼儿发展

1."与纸相识"活动。

幼儿通过收集生活中各种各样的纸，了解各种纸的名称及用途。在与同伴、教师分享的过程中，提升了幼儿语言表达能力，拓展了幼儿对各种纸的认知。如，幼儿认识了宣纸，知道宣纸是用来写毛笔字或者画水墨画的。幼儿第一次接触复写纸，在游戏中体验到了复写纸的有趣和神奇。有的幼儿带来了一元钱的纸币，我们追随幼儿对钱的兴趣，开展了认识钱币的活动，并创设了"一间杂货铺"活动区，引导幼儿尝试用点赞卡代币进行货品买卖及代币兑换游戏。

2."'纸'想和你相遇"活动。

在猜想纸从哪里来的环节，孩子们猜想常见的海棠果、好吃的菜都是可以制造纸的原料。教师追随幼儿的兴趣，引导幼儿和家长开展了一系列"纸从哪里来"的调查活动。在分享调查结果的过程中，有的幼儿能直接讲出造纸的过程，如浸泡、搅碎、过滤、压制、晾晒等。为了满足幼儿想要造纸的愿望，班里投放了造纸机玩具。教师引导幼儿尝试探究自己造纸。造纸机玩具的原料是废纸。于是，教师和幼儿讨论到哪里可以找到更多的废纸或者可以二次利用的纸。幼儿绘制了宣传收集废纸的海报，在园内公共盥洗室的水池旁贴了收集擦手纸的图标并摆放了收纳筐，还向办公室发放了收集可以二次利用的纸的宣传海报。在此过程中，幼儿的语言表达能力、胆量都得到了提升。这些可以二次利用的纸不仅满足了幼儿造纸游戏的需求，还为幼儿探究剪纸、折纸提供了大量的材料支持。

3."'纸'想保护你"活动。

纸的主题从生活中来，又回到生活中去。幼儿通过本次活动了解了如何节约用纸，知道节约资源也是保护环境的一种方法。幼儿将节约用纸迁移到日常生活和游戏中，尝试规划手工制作和绘画用纸，将剪下来的大块边角料纸张用来压花，或者如果只想印一朵花，就不再选择整张的彩纸等。幼儿改变了以往的做法，学会了节约用纸。

（二）教师发展

本次主题活动开展过程中，教师始终追随幼儿感兴趣的事物，不仅幼儿获得了发展和成长，教师也获得了成长和教学经验，不再用自己的思路牵着幼儿走，而是真正让幼儿成为活动的主体，敏锐地发现幼儿新的兴趣点及其中的教育价值，及时、恰当地生成活动，让主题活动变得有趣、有用、有意义。

第三章
绿色田野主题活动案例

主题活动一："趣"野餐（小班）

教师：张　叶　张绍莹　卜桐桐

扫码看彩图 3-1-1

主题活动由来

在"五一"假期后的一次谈话活动中，果果分享了假期和家人一起去郊游的事情，包括户外野餐、钓鱼等。孩子们的话匣子一下子被打开了，关于野餐的话题一直在持续，野外的趣事也深深地吸引着孩子们。

教育家陈鹤琴先生认为，大自然、大社会才是活的书、直接的书，应该向大自然、大社会学习。为了满足幼儿的需要、追随幼儿的兴趣，让幼儿在亲近自然、感受野餐趣味的同时，提高社会交往能力及语言表达能力，我们结合园本课程"绿色田野"主题板块的教育理念，开展了"'趣'野餐"的主题活动。

幼儿现状分析

孩子们或多或少都有过野餐的经历。孩子们能够在野餐游戏中再现自己经历的或熟悉的生活场景。本班幼儿对野餐有着极大的兴趣。教师在班级开展与野餐相关的活动，能引导幼儿亲近大自然，了解大自然并爱护大自然。野餐的过程不仅是幼儿参与准备食物的过程，也是观察野生动、植物的最好时机，就看我们怎样去寻找、去发现、去感受了。

主题活动总目标

1. 愿意和同伴一起野餐，在野餐过程中，初步懂得分享，遵守规则，形成初步的环境保护意识。

2. 喜欢听和野餐有关的故事，能看懂画面表达的意思，能根据画面说出野餐途中发生了什么事情。

3. 不挑食、偏食，喜欢吃水果、蔬菜等新鲜食物。

4. 喜欢接触大自然，感知和体验天气对野餐活动的影响。

5. 喜欢观看花草树木等大自然中美好的事物。

主题活动网络图 （图3－1－1）

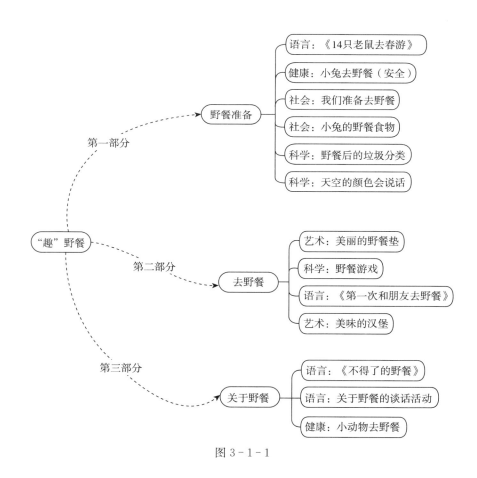

图3－1－1

主题环境创设

（一）主题墙环境创设 （图3－1－2）

1. 第一部分：野餐准备 （图3－1－3）。

创设方式：幼儿与家长共同调查去野餐需要准备的物品，在野餐调查表中以绘画的形式呈现，将幼儿关于野餐的绘画作品展示出来。

图 3-1-2   图 3-1-3

2. 第二部分：去野餐（图 3-1-4）。

创设方式：以活动现场照片的形式展示幼儿在园野餐、和家长野餐等的活动过程，并将幼儿的照片与绘画作品相结合，粘贴在野餐垫上，再现野餐场景。

3. 第三部分：关于野餐（图 3-1-5）。

创设方式：以谈话文字记录、幼儿的绘画作品和野餐活动过程照片的形式呈现幼儿关于野餐的想法、感受及其他幼儿想要表达的内容。

图 3-1-4   图 3-1-5

（二）区域环境创设

1. 图书区。

投放材料：《14 只老鼠去春游》《完美的野餐》《第一次和朋友去野餐》

《不得了的野餐》等绘本（图3-1-6）。

指导要点：通过绘本故事引导幼儿了解野餐途中发生的趣事，激发幼儿对野餐的兴趣。

图3-1-6

2. 表演区。

投放材料：关于野餐的音乐、律动，如《我们去野餐》《野餐之歌》。

指导要点：引导幼儿跟随音乐节奏做出简单的律动动作，鼓励幼儿大胆表现，学会尊重他人的表演和表达方式，体验与他人沟通、交往的快乐。

3. 益智区。

投放材料：穿肉串儿（图3-1-7）、野餐图形对对碰玩具（图3-1-8）。

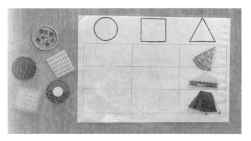

图3-1-7　　　　　　　　　　　　图3-1-8

指导要点：

（1）穿肉串儿：引导幼儿仔细观察不同形状的积木珠子（代替肉块）的排列规律，并按照图卡上的提示，将不同的肉块穿成串儿，锻炼幼儿手部小肌肉的发展。

（2）野餐图形对对碰：幼儿将野餐时可以吃到的食物图卡，分别按照相似的图形摆放在相应的表格里，巩固幼儿对食物及图形的认知。

4. 美工区。

投放材料：野餐垫半成品（图 3-1-9）、用彩泥制作好的野餐食物。

指导要点：了解野餐过程中需要使用的物品、可以做的事情、可以吃的食物等，鼓励幼儿按照自己的想法大胆地表现出来，制作野餐垫，在表格中画出野餐需要准备的物品及可以做的事情。

5. 建构区。

投放材料：帐篷，彩色软积木，马路、小花、小树等自制材料（图 3-1-10）。

指导要点：引导幼儿运用围拢、叠高、延长等方法搭建露营地，并尝试自行搭建帐篷，培养幼儿对建构活动的兴趣。

图 3-1-9

图 3-1-10

6. 娃娃家。

投放材料：野餐垫、仿真食物、帐篷（图 3-1-11）。

指导要点：教师调动幼儿已有经验，鼓励幼儿在娃娃家中继续玩有关野餐的游戏，在游戏情景中运用生活经验，积极、主动地学习生活技能。

图 3-1-11

可利用的教育资源

（一）园所资源

利用园所提供的野餐游戏材料，如帐篷、餐具、仿真食物等，在园所内适宜的野餐场地，如室外操场、草坪、娃娃家等，多次进行野餐活动，帮助幼儿在真实的游戏情景中获得发展（图 3-1-12、图 3-1-13）。

图 3-1-12　　　　　　　　　　　　　图 3-1-13

（二）家庭资源

鼓励家长与幼儿搜集野餐时需要的物品，如帐篷、野餐垫、适合野餐的食物等，并与幼儿一起到户外野餐，感受花草树木等大自然中美好的事物。在此过程中，鼓励幼儿大胆表达自己对野餐的想法（图 3-1-14、图 3-1-15）。

图 3-1-14　　　　　　　　　　　　　图 3-1-15

（三）社会资源

充分利用社会资源，幼儿园、家庭周边的大型公园或适宜野餐的其他场所，如大营公园、野鸭湖、玉渡山、康西草原等，带领幼儿感受野餐带来的乐趣。在野餐过程中，引导幼儿尝试分享食物，遵守规则，树立初步的环境保护意识（图 3-1-16、图 3-1-17）。

图 3-1-16   图 3-1-17

主题系列活动（表 3-1-1）

表 3-1-1 主题系列活动表

主题活动	教育活动	区域活动	生活活动
第一部分：野餐准备	1. 语言领域：《14 只老鼠去春游》 2. 健康领域：小兔去野餐（安全） 3. 社会领域：我们准备去野餐 4. 社会领域：小兔的野餐食物 5. 科学领域：野餐后的垃圾分类 6. 科学领域：天空的颜色会说话	美工区： 1. 野餐路上的风光 2. 为小兔准备野餐食物	活动一：野餐准备…… 活动二：野餐玩什么
第二部分：去野餐	1. 艺术领域：美丽的野餐垫 2. 科学领域：野餐游戏 3. 语言领域：《第一次和朋友去野餐》 4. 艺术领域：美味的汉堡	科学区：野餐图形对对碰	活动一：幼儿园里的野餐
第三部分：关于野餐	1. 语言领域：《不得了的野餐》 2. 语言领域：关于野餐的谈话活动 3. 健康领域：小动物的野餐	角色区：和宝宝去野餐	活动一：关于野餐，我想说…… 活动二：舞蹈《我们去野餐》

主题活动案例精选

活动（一）《14 只老鼠去春游》

活动目标

1. 通过绘本故事了解野餐需要准备的物品。

2. 仔细观察画面，大胆描述自己观察到的画面内容。

3. 体验阅读故事的乐趣，感受野餐的有趣。

活动准备

1. 经验准备：有过野餐的经历。

2. 物质准备：《14 只老鼠去春游》故事 PPT 及大绘本、背景音乐。

活动过程

1. 谈话导入，引导幼儿回顾野餐的经历。

出示图片，请幼儿说一说假期与家人野餐的经历，分享自己春游的经历，引出故事。

教师：小朋友们，春天来了。放假的时候，你有没有跟爸爸、妈妈、爷爷、奶奶出去野餐？你看见了什么？玩了些什么？

教师鼓励幼儿调动已有经验，大胆表达。

教师：小老鼠们也出去野餐了。请你们看一看，发生了什么事情吧！

2. 看绘本封面认识老鼠的一家。

教师引导幼儿看绘本《14 只老鼠去春游》的封面，认识老鼠的一家。幼儿跟随教师一起阅读绘本，边看图片边讲述自己的发现。教师适时地抛出问题，引发幼儿思考。

（1）认识老鼠的一家。

教师：老师要给小朋友们讲一个故事，是一个关于野餐的故事。你们看，它们是谁？

教师：老师讲的故事名字就叫"14 只老鼠去春游"。咱们先来认识一下小老鼠的一家。这位是老鼠爸爸。谁来找一找老鼠妈妈？老鼠爷爷和老鼠奶奶在哪儿？

请幼儿仔细观察绘本封面与封底，认识小老鼠的一家。

（2）讲述故事，提出问题。

教师一页一页地翻开大绘本，给幼儿讲述故事，为幼儿提供充足的时间，引导幼儿观察故事画面。

教师：一起来看看，它们去野餐，都遇到了哪些好玩的事情呢？

教师：它们带了什么东西？

教师：它们遇见了谁？

教师：你们见过这种植物吗？小老鼠做了什么？

教师：老鼠发现了什么花？你们在现实生活中有没有见过这些花呢？

3. 回忆并分享自己之前野餐的经历。

教师鼓励幼儿调动已有经验，回顾自己野餐的场景，激发幼儿对野餐的兴趣。

教师：你和家人一起去野餐时，看到了什么？吃了什么东西？做了什么事情？

活动延伸

1. 将故事绘本投放到阅读区，鼓励幼儿继续阅读，发现画面中的细节并与好朋友分享。

2. 鼓励几个小朋友约好和家长们一起去野餐。

活动反思

本次活动通过绘本直观、形象的画面呈现了小老鼠去野餐的场景，让幼儿有充足的时间观察画面内容，体会去野餐的乐趣，了解外出野餐需要准备哪些物品，感受到故事甜美的意境。

活动 （二） 野餐后的垃圾分类

活动目标

1. 认识分类垃圾桶，知道野餐后要给垃圾分类，再扔进相应的垃圾桶里。

2. 初步了解垃圾分类的方法。

3. 有初步的环保意识。

活动准备

故事《草地上的绿色小屋》、图片"谁对谁错"、4 种分类垃圾桶模型、纸质教具（包括小羊、小狗、小熊、小猴胸卡）。

活动过程

1. 欣赏故事，引出活动内容。

教师讲述故事《草地上的绿色小屋》并提问。

教师：小动物们在干什么？它们遇到了什么麻烦事儿？

教师：小兔子跑回家做什么？它为什么要做绿色的小屋？

教师：小动物们看到绿色的小屋后，做了什么事情？

小结：小动物们在草地上野餐。它们吃东西的时候，随手把垃圾扔在了地上，不仅把自己绊倒了，也把草地弄脏了。因此，小兔子做了一个垃圾桶，让大家把垃圾扔进垃圾桶里。这样，草地就变干净了。

2. 完整地讲述故事，帮助幼儿进一步熟悉故事内容。

教师：接下来，我们看着图片，一起讲故事吧！

3. 出示图片"谁对谁错"，引导幼儿判断图片中行为的对错，了解野餐时文明与不文明的行为。

出示图片：摘花、浇水、在树上刻字、乱扔垃圾。

教师：图片上的人在做什么？

教师：谁做得对？谁做得不对？为什么？

小结：花草树木是我们的好朋友，我们不应该摘花、践踏草坪或者在树上刻字、画画，要爱护它们，想办法照顾好它们。

4. 出示 4 种分类垃圾桶模型，初步了解垃圾分类的方法。

教师：我们要爱护环境，不乱扔垃圾。其实，每种垃圾都有自己的家。咱们一起来认识一下吧！

（1）出示可回收垃圾桶，引导幼儿初步了解可回收垃圾的类型。

教师：可回收垃圾桶喜欢"吃"可回收垃圾。请你想一想，哪些垃圾属于可回收垃圾？说一说。

鼓励幼儿大胆猜测，若幼儿提到其他类别的垃圾，教师可以带领全班幼儿做出简单的判断。

教师：一起来看看，可回收垃圾桶喜欢"吃"的可回收垃圾有哪些？

教师一边出示图片，一边引导幼儿说出物品名称。

小结：可回收垃圾桶喜欢"吃"玻璃罐、纸箱、旧书本、旧衣服和塑料瓶。这些可以收集起来再利用的垃圾，属于可回收垃圾。我们在生活中遇到了这些垃圾，一定要把它们送给蓝色的可回收垃圾桶哦！

（2）出示厨余垃圾桶，引导幼儿初步了解厨余垃圾的类型。

教师：你们知道哪些垃圾属于厨余垃圾吗？

教师：咱们来看一看，哪些垃圾属于厨余垃圾呢？厨余垃圾桶说"我最喜欢吃……"

教师一边出示图片，一边引导幼儿说出厨余垃圾的名称。

小结：厨余垃圾桶喜欢"吃"剩菜、苹果核儿、骨头、落叶和残花，这些容易腐烂的垃圾都叫"厨余垃圾"。因此，我们可以把这些厨余垃圾扔进绿色的厨余垃圾桶里。

（3）出示有害垃圾桶，引导幼儿初步了解有害垃圾的类型。

教师：你们想一想，有害垃圾有哪些呢？

教师：请有害垃圾桶跟我们分享一下它爱吃的是什么吧！

教师一边出示图片，一边引导幼儿说出有害垃圾包括哪些物品。

小结：红色的有害垃圾桶喜欢吃过期的药品、体温计、废旧电池和旧灯泡。这些垃圾不仅对人体有毒、有害，也会对环境造成污染。它们都是有害垃圾。

（4）出示其他垃圾桶，引导幼儿初步了解其他垃圾的类型。

教师：黑色的垃圾桶是什么垃圾桶呀？

教师：一起来看看，它爱吃的其他垃圾有哪些吧！

教师一边出示图片，一边引导幼儿说出其他垃圾包括哪些物品。

小结：除了你们认识的可回收垃圾、厨余垃圾、有害垃圾之外，剩下的垃圾都属于其他垃圾。比如，旧的毛绒玩具、铅笔头、无法再次利用的脏卫生纸、塑料包装袋等，这些都属于其他垃圾。

教师：野餐后，会产生很多的垃圾，如香蕉皮、鸡蛋壳、零食包装袋、用过的餐巾纸等。小朋友们扔这些垃圾之前，一定要仔细想一想，应该把它扔进哪个垃圾桶里。

活动延伸

1. 在语言区，投放故事《草地上的绿色小屋》图片并装订成册，制作成故事书，供幼儿阅读与讲述。

2. 在科学区投放垃圾分类玩具，鼓励幼儿尝试进行垃圾分类。

活动反思

"野餐后的垃圾分类"是社会领域的一次活动，其核心目标在于引导幼儿在野餐过程中有意识地爱护环境，将垃圾带走，并学习简单的垃圾分类方法，将野餐后产生的垃圾分类扔进不同的垃圾桶。活动整体效果良好，在生动的情景中，幼儿认识了4种分类垃圾桶，并尝试为不同的垃圾分类，活动目标基本达成。

附故事：

草地上的绿色小屋

小熊家门前有一片绿油油的草地。草地上开满了五颜六色的小野花。小熊想：这真是野餐的好地方，又舒适，又美丽！于是，它约了小猴、小狗和小羊，第二天和它一起在草地上野餐。

第二天，天气晴朗。朋友们都来了，每人拎着一个塑料袋，袋子里装着许多好吃的东西。它们准备在草地上美餐一顿。小熊和它的朋友们一起唱呀、跳呀，玩得可开心了！瞧，它们一会儿玩"开火车"的游戏，一会儿玩"捉迷藏"的游戏，真有趣！

到了吃午饭的时候，小动物们纷纷打开自己带来的食物，和大家分享。吃饱之后，大家又玩了起来。小猴子在草地上打滚，身上却沾满了果壳。小羊一跑，不小心踩在香蕉皮上，滑倒了。小狗跑去踢球时，脚被塑料袋缠住了，怎么也踢不掉……绿色的草地上白一块、黄一块的，到处都是垃圾。小熊在一旁看见了，心想：怎样才能不把草地弄脏呢？噢，有了！小熊拍了拍自己的脑袋，一溜烟儿地跑回家，拿出了垃圾桶。朋友们都玩累了，躺在草地上休息，这才发现小熊不见了。大家你问问我、我问问你，可是谁也不知道小熊去哪儿了。

正在这时，只见小熊抱着一个垃圾桶，走了过来。朋友们看着草地上的垃圾，再看看小熊手里的垃圾桶，脸都红了。它们赶紧把草地上的垃圾拾起来，扔进了垃圾桶。

真是人多力量大！不一会儿工夫，草地又变成一片绿色。那个垃圾桶静静地站在那里，认真地听着小熊和朋友们快乐的歌声："绿草地，是我家，人人都来爱护它。"

（故事引自"幼师贝壳"微信小程序《草地上的绿色小屋》）

活动 (三) 小兔的野餐食物

活动目标

1. 了解哪些食物适合野餐时食用。

2. 能用正确的方法撕纸。

3. 在"为小兔准备野餐食物"的故事情景中感受活动的乐趣。

活动准备

1. 经验准备：会使用胶棒，有撕纸经验。

2. 物质准备：小兔半成品绘画纸、各种适合野餐的食物（如三明治、巧克力、蛋挞等）图卡、操作纸、胶棒、便当盒图卡、收纳筐、展板。

活动过程

1. 情景引入，激发幼儿兴趣。

（1）出示小兔半成品画纸（图3-1-18）。

图3-1-18

教师：小兔子要去野餐了，可是它的食物还没有准备好。你们愿意帮帮她吗？鼓励幼儿讨论自己野餐时所带的食物或是幼儿喜欢吃的食物。

（2）教师出示操作纸，请幼儿细致观察。

出示各种适合野餐的食物图卡，如三明治、巧克力、蛋挞等，请幼儿说一说哪些食物适合野餐时食用、哪些不适合。

2. 幼儿为小兔准备野餐的食物，教师示范正确的撕纸方法。

（1）复习撕纸方法。

教师：两只手的大拇指和食指变成小手枪，分别捏住纸的一端，一只手向前撕，一只手向后撕。注意，撕的时候，眼睛要看着自己的小手，要轻轻地撕，慢慢地撕。

（2）教师示范如何撕三明治。

教师：两只小手变成小手枪，捏住纸张，沿着三明治的边缘慢慢地撕，一边撕，一边转动纸张。

（3）将撕好的三明治图片贴在便当盒图卡上。

教师：拿出小胶棒，把小胶棒的帽子打开，放进收纳筐里，慢慢地拧出胶棒的胶，将撕好的食物粘贴在便当盒图卡上。

3. 幼儿操作，教师适时指导。

（1）如果撕歪了，也没关系，鼓励幼儿继续尝试，不要着急。

教师：小兔子不着急，小朋友们也不要着急，可以一点儿一点儿地慢慢撕。

（2）关注幼儿撕纸和粘贴的方法，对能力较弱的幼儿进行个别指导。

教师：咱们为小兔准备食物的时候要有耐心，这样小兔吃的时候才会更高兴！

（3）鼓励幼儿收放材料，把不用的纸扔进垃圾桶，保持桌面、地面整洁。

教师：制作食物时要保持环境干净、整洁。请把制作食物时产生的垃圾扔进垃圾桶里。

4. 幼儿欣赏作品，激发后续游戏兴趣。

（1）在展板上张贴并展示幼儿作品。

（2）邀请幼儿欣赏、评价作品，鼓励幼儿大胆表达。

活动延伸

将本次活动的材料投放到美工区，鼓励幼儿继续游戏，满足幼儿的游戏需要和兴趣。

活动反思

孩子们在情景游戏中练习撕纸，增加了活动的趣味性。幼儿在撕完各种野餐食物后，还想做更多的食物，他们对撕纸制作食物非常感兴趣，撕纸的能力也有了明显的提升。

活动（四）天空的颜色会说话

活动目标

1. 了解应该选择什么样儿的天气去野餐。

2. 知道天空、云朵的颜色代表的天气状况。

3. 萌发观察天空的兴趣，感受大自然的奇妙。

活动准备

1. 经验准备：知道天气会对我们的生活产生影响。

2. 物质准备：PPT 课件。

活动过程

1. 提出问题，引出活动内容。

教师：前几天，我们开展了野餐活动。你们知道，应该选择什么天气去野餐吗？

教师：什么天气适合外出野餐？什么天气适合待在家里，不外出呢？

鼓励幼儿进行讨论，并大胆地表达自己的想法。

2. 云朵的颜色。

出示 PPT 课件中的组图"云朵的颜色"，引导幼儿了解不同颜色的云朵代表的天气状况。

（1）教师：你们观察过云朵吗？云朵有哪些颜色？

（2）教师：蓝蓝的天，白白的云，说明天气是怎样的（图 3-1-19）？

（3）教师：白白的云朵变成了灰黑色，说明天气是怎样的（图 3-1-20）？

小结：蓝蓝的天，白白的云，说明天气晴朗；当白白的云变成灰黑色时，说明天要下雨了或者天要黑了。

图 3-1-19　　　　　　　　　　　　图 3-1-20

3. 天空的颜色会说话。

出示 PPT 课件中的组图"颜色会说话"，引导幼儿了解不同颜色的天空代表的天气状况或时间。

（1）了解不同颜色的天空代表的天气状况。

教师出示晴天、阴天、雨天、雪天等图片。

教师：图片上的天空是什么颜色的？说明天气是怎样的？

小结：蓝色的天空，说明天气晴朗；灰色的天空，说明是阴天；灰黑色的天空，说明是阴雨天。

（2）了解不同颜色的天空所代表的时间。

教师出示白天、夜晚的图片。

教师：图片上的天空是什么颜色的？你知道这是什么时间吗？

小结：蓝色的天空中有一抹淡淡的黄色，说明时间可能是早晨或黄昏；漆黑的天空有月亮或星星，说明时间是晚上。

4. 极端天气。

教师出示 PPT 课件中的组图"极端天气"，引导幼儿初步了解极端天气时天空的颜色。

教师：图片上的天空是什么颜色的？这些颜色代表了什么天气？

教师：这些极端天气对我们的生活有什么影响？

幼儿：影响人们的出行安全或人身安全，不利于身体健康，容易引发疾病。

教师：极端天气可以外出野餐吗？

小结：极端天气是一种非常少见的天气现象。极端天气有雾霾、龙卷风、沙尘暴等。极端天气对我们的生活影响非常大，比如，可能会造成交通事故、房屋倒塌等。因此，一定不能外出，更不能去野餐。

活动延伸

在午饭后或者户外活动时，教师带领幼儿观察天空及云朵的颜色。

活动反思

孩子们通过观察天空、云朵的颜色了解了不同的天气，还认识了什么是极端天气，并且知道应该在什么样儿的天气去野餐。在活动过程中，孩子们能够积极、大胆地表达自己的所知、所想，实现了本次活动的目标。

活动 （五） 美丽的野餐垫

活动目标

1. 尝试用纸团自由拓印，装饰野餐垫。

2. 感知拓印画带来的色彩美、图案美。

3. 感受准备野餐物品的快乐，激发对野餐的兴趣。

活动准备

1. 经验准备：有拓印作画的经验。

2. 物质准备：空白野餐垫图片（图3－1－21）、拓印画野餐垫成品图片、报纸或皱纹纸（人手一份）、颜料、小盘子。

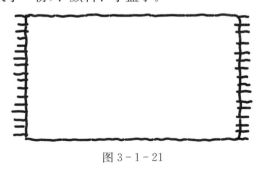

图 3－1－21

活动过程

1. 情景导入。

出示情景图片"小熊猫的野餐垫"，引导幼儿认识野餐垫。

教师：小熊猫的手里拿的是什么？你是怎么看出来的？

教师：小熊猫的野餐垫上有哪些颜色？给你的感觉怎么样？是硬硬的，还是软软的？

教师：你家里有野餐垫吗？它是什么样儿的？

小结：野餐垫是一种很柔软、很舒服的小毯子，它的上面一般会印有各种颜色和图案，可以供我们在户外使用。

2. 示范拓印画野餐垫。

出示拓印画成品图片"我的野餐垫"及拓印画材料，教师示范拓印野餐垫，激发幼儿的创作兴趣。

（1）出示拓印画成品图片，激发幼儿想要了解拓印画的兴趣。

教师：小熊猫的野餐垫真漂亮！老师也学着印了两条野餐垫。你们看，好看吗？

教师：你们想不想知道老师是怎么做出这么漂亮的野餐垫的？一起来看看吧！

（2）出示拓印画材料——报纸、颜料、小盘子、野餐垫底纸，示范拓印的过程，激发幼儿创作拓印画的兴趣。

①将报纸变成拓印用的纸团。

教师：快看，老师手里是什么？（一张报纸）

教师：变变变，团团团，报纸变成了什么？（小纸团）

教师：小纸团有魔法，会把我的"野餐垫"变漂亮哦！

②用报纸团蘸颜料，拓印在野餐垫的底纸上。

教师：小纸团点点颜料，在野餐垫上踩一踩，一下、两下……漂亮的野餐垫就画好啦！

（3）请幼儿尝试操作，并请个别做得好的幼儿进行示范。

3. 幼儿创作，教师指导。

教师发放材料，如野餐垫、报纸、颜料等，鼓励幼儿拓印自己的野餐垫。

教师：你的野餐垫是什么样儿的呢？请你用拓印的方法把它做出来吧！

幼儿创作，教师巡视并指导。

活动延伸

1. 组织幼儿将作品野餐垫集中在一起，拼成一张大野餐垫，感受集体创作的乐趣。

2. 在美工区继续投放空白的野餐垫底纸，鼓励幼儿继续创作。

活动反思

孩子们能够使用报纸团自由拓印，还有部分幼儿用棉签蘸上颜料，点印野餐垫进行装饰。孩子们所呈现的野餐垫各不相同。当他们把作品放在一起展示后，不由得发出惊叹："野餐垫好美啊！"

主题活动反思

经过本次野餐主题活动，教师发现："生活处处皆课程。"孩子们通过游戏亲身体验到了野餐的快乐，了解了什么样儿的天气适合野餐，能够在日常生活中关注到天气的变化，及时增减衣物，知道要选择适合的天气出行。在准备野餐食物的过程中，他们也明白了要考虑营养均衡、荤素搭配，有肉、有菜、有主食、有水果等，健康饮食对身体有好处。在装饰野餐垫的过程中，幼儿学会了欣赏美、表现美、创造美好的事物。在野餐过程中，幼儿观察和发现了大自然的美好，并愿意大胆地表达自己关于野餐的想法。幼儿通过本次主题活动，不仅获得了能力上的提升，还在潜移默化中培养了良好的生活习惯与品德，如愿意与同伴分享自己的食物、玩具，初步了解了垃圾分类，懂得一些废旧物品可以再利用，知道要保护环境等。

在孩子们成长的过程中，教师也和孩子们共同成长。在本次主题活动开展之前，孩子们对野餐活动不曾如此深入的了解，这就是主题活动的魅力吧！相信"'趣'野餐"这个主题活动对于孩子们来说，一定会留下一份美好的回忆。

主题活动二：田野中的宝贝（中班）

教师：路　敏　丁艳杰　鲁亚娟　王　倩

扫码看彩图 3-2-1

主题活动由来

随着人们生活水平的不断提高，各种电子产品充斥着现代生活，也改变着我们的生活，让孩子们越来越远离田野、远离大自然的怀抱。我们幼儿园地处北京市延庆区康庄镇，有着丰富的自然资源。这里的孩子们大多数也是身处农村，或多或少都有机会接触大自然。春天，家长去挖野菜，孩子就有机会品尝各种野菜制作的美食；夏天，家长常常带着孩子到附近的野鸭湖、康西草原避暑、游玩；秋天，家长带着孩子到玉米地、果园里采摘玉米和各种水果……当野菜被家长摆上餐桌时，孩子对野菜也有了一些懵懂的认识，提出了一系列的问题，如"所有的野菜都能吃吗""野菜是什么味道的""为什么要吃野菜"等。在日常生活中存在着很多教育契机，教师应该关注、支持和引导幼儿自发地进行各种有意义的探究，也要引发幼儿对某些有趣的事物和现象的关注，支持引导幼儿进一步探究。为了满足幼儿强烈的探究欲望，顺应班级前期开展的各种田野寻宝活动，我们抓住春天的季节特征，结合中班幼儿的年龄特点，依据《指南》《幼儿园保育教育质量评估指南》的精神和园所的绿色教育课程理念，设计了"田野中的宝贝"主题活动，使幼儿对野菜、泥土、石头、树枝等自然物有了更详尽的认知和了解，通过丰富多彩的活动促进幼儿主动学习，获得终身受益的学习品质和探究能力。

幼儿现状分析

中班幼儿思维主要以具体形象思维为主。孩子们通过前期开展的春游、野餐、寻宝等各种实践活动，对野菜、泥土、石头等自然物有了粗浅的认知。从幼儿的积极表现和言语、行动不难看出，他们对周围的事物充满了好奇心和探究欲，非常愿意亲近大自然。

主题活动总目标

1. 认识几种常见野菜、泥土、石头、树枝等自然物，了解其名称、外形特征、用途，感受它们的独特之处。

2. 大胆发现和提出问题，探究和解决问题，愿意参与各种实践活动，了解相关的环保知识，热爱家乡的一草一木，有初步的环保意识。

3. 喜欢利用泥土、石头、树枝等自然物进行多种形式的艺术创作，提高想象力和创造力。

4. 尝试合作设计简单的野菜食谱，能在教师的指导下进行简单的烹制，体验角色游戏带来的快乐。

5. 愿意表达自己的想法和发现，主动交流有关田野中"宝贝"的趣闻和趣事。

6. 喜欢吃野菜等绿色健康食物，积极参与户外活动和体育锻炼，养成绿色、健康的生活方式。

主题活动网络图（图 3-2-1）

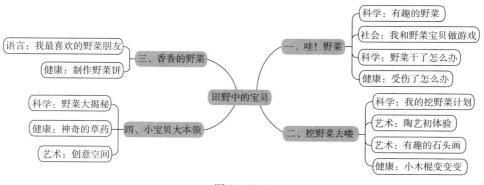

图 3-2-1

主题环境创设

图 3 - 2 - 2

（一）主题墙环境创设（图 3 - 2 - 2）

1. 第一部分：哇！野菜（图 3 - 2 - 3）。

创设方式：展示班级幼儿在幼儿园第一次发现野菜的过程性照片及在挖野菜、收集野菜的过程中遇到的各种问题和解决办法，借助绘画或拍照的方式进行记录，梳理、总结相关的关键经验。

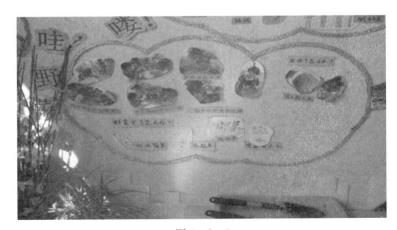

图 3 - 2 - 3

2. 第二部分：挖野菜去喽（图3-2-4）！

创设方式：以提问的方式呈现孩子们的挖野菜计划表、使用工具的照片、幼儿挖野菜活动过程性照片、初次发现野菜的外形特征和生长秘密的绘画表征等内容。

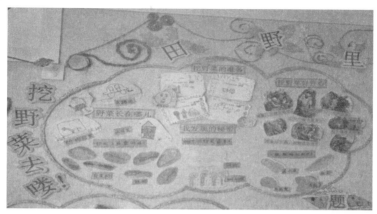

图3-2-4

3. 第三部分：香香的野菜（图3-2-5）。

创设方式：开展科学及社会实践活动，以幼儿的绘画作品和照片的形式来呈现野菜的外形特征、烹饪方法和班级角色区游戏的过程。

图3-2-5

4. 第四部分：小宝贝大本领（图3-2-6）。

创设方式：幼儿在学习与讨论各种野菜的相关知识后，借助各种常见野菜的实物图片和幼儿绘画表征的方式形象地展示各种野菜，梳理并总结常见野菜的功效及独特价值。

图 3-2-6

（二）区域环境创设

1. 角色区：香香茶吧（图 3-2-7）、**农家美食屋**（图 3-2-8）。

投放材料：各种野菜茶、茶具，制作野菜饼的工具（如打蛋器、盆、饼铛、一次性餐盘、叉子等），实物材料（如米、面、油、鸡蛋、野菜等），纸巾、小围裙、抹布等。

指导要点：学会泡野菜茶，了解养生茶对身体健康的好处。会正确使用制作野菜饼的工具，学习做鸡蛋野菜饼的方法，了解文明礼仪及友好交往的社会服务常识。

图 3-2-7

图 3-2-8

2. 图书区。

投放材料：搜集各种关于野菜的图书、宣传手册、绘本故事；布置"我会讲故事"的小剧场，张贴剧场规则；幼儿自制的手偶玩具蒲公英及绘本《蒲公英去旅行》。

指导要点：帮助幼儿将收集来的野菜图片配上文字，师幼共同完成自制图书《野菜大全》的制作；自制故事角色手偶蒲公英，指导幼儿借助手偶玩具讲述故事《蒲公英去旅行》；观察绘本画面，自主阅读故事。

3. 自然角。

投放材料：乌龟养殖箱，乌龟，喂养乌龟的食物及养殖工具；不同种类的种子和种植工具；野菜茶，如蒲公英茶、茵陈茶等。

指导要点：观察植物在不同生长条件下是否有所不同，学会照顾植物；关注班级自制养生茶（如蒲公英茶和茵陈茶等）的变化；观察乌龟，针对乌龟的一些生活现象进行猜想和验证。

4. 美工区（图 3-2-9、图 3-2-10）。

投放材料：泥巴类材料（泥巴，玩泥模具、摔泥巴垫等玩泥工具）；自然物类材料（包括石头、玉米皮、玉米芯、高粱秆、松塔、果壳、木块、树皮、树枝、树叶、小木条等）；废旧物类材料（如瓶盖、纸筒芯、酸奶盒、纸箱等辅助材料）；水粉颜料、彩色绘画纸、各类手工纸及可以二次利用的纸等。

指导要点：个人或小组进行创意活动，利用废旧物类材料和自然物类材料进行艺术创作，尝试拼摆、组合、粘贴和创意绘画等。

图 3-2-9　　　　　　　　　　　图 3-2-10

5. 科学区（图 3-2-11、图 3-2-12）。

投放材料：泥巴类材料（泥巴、摔泥巴垫等玩泥工具），沙子、水、磁铁及科学探究自制玩具。

指导要点：指导幼儿探索各种和泥的方法，通过摔泥制作泥制品，如泥瓦罐、泥碗等，鼓励幼儿使用辅助材料创意装饰泥塑作品；探索沙、水、磁铁等的奥秘。

6. 拼摆区（图 3-2-13、图 3-2-14）。

投放材料：废旧物类材料（包括瓶盖、纸筒芯等）；自然物类材料（包括树枝、树叶、小木块、小木条、玉米芯、石头等）。

指导要点：指导幼儿设计自己的拼摆图案并完成拼摆；尝试与好友合作拼摆，共同完成自己或两个人的创想，通过成功拼摆图案体验制作的乐趣及成功的喜悦。

图 3-2-11

图 3-2-12

图 3-2-13

图 3-2-14

可利用的教育资源

（一）园所资源

幼儿园为支持班级活动的深入开展创建了户外种植乐园、泥巴乐园、戏水乐园、沙池探秘等活动场所，打造了美术教室"泥巴乐翻天"的区角，为全园幼儿提供更加便捷的游戏场所。

（二）家庭资源

1.家长与幼儿共同收集野菜、泥土、石头、沙子、树枝等自然物，以及各种辅助材料和小工具，便于幼儿来园开展实践活动。

2.鼓励家长参与班级挖野菜、玩泥巴等亲子实践活动。幼儿园将邀请经验丰富的家长担任家长助教，为幼儿进行讲解，丰富幼儿的生活经验。

3.鼓励家长支持幼儿到大自然中去游戏、去探索、去发现。家长利用周末休息时间，带领幼儿走进田野，融入自然，与幼儿共同感受大自然的美妙与神秘。

（三）社会资源

挖掘园所周边可以挖野菜的公园、田野、湿地等场所，联系野鸭湖、康西草原等景区，为幼儿提供走进田野和大自然的机会，拓展与田野主题相关的知识，提高幼儿实践能力。

主题系列活动（表 3-2-1）

表 3-2-1　主题系列活动表

主题活动	教育活动	区域活动	生活活动
第一部分： 哇！野菜	1. 科学领域：有趣的野菜 2. 社会领域：我和野菜宝贝做游戏 3. 科学领域：野菜干了怎么办 4. 健康领域：受伤了怎么办	角色区：香香茶吧	活动一：挖野菜好开心 活动二：自制蒲公英茶
第二部分： 挖野菜去喽	1. 科学领域：我的挖野菜计划 2. 艺术领域：陶艺初体验 3. 艺术领域：有趣的石头画 4. 健康领域：小木棍变变变	角色区：农家美食屋 科学区：泥巴摔摔乐、神秘沙盒 美工区：石头变变变 拼摆区：拼摆小天地	活动一：挖野菜去喽（亲子活动） 活动二：泥巴乐园（户外活动） 活动三：沙池探秘（户外活动）
第三部分： 香香的野菜	1. 语言领域：我最喜欢的野菜朋友 2. 健康领域：制作野菜饼	语言区：野菜故事吧	活动一：美食坊（游戏室）
第四部分： 小宝贝大本领	1. 科学领域：野菜大揭秘 2. 健康领域：神奇的草药 3. 艺术领域：创意空间	益智区：野菜接龙、老虎吃小猪	活动一：去野餐（亲子活动）

主题活动案例精选

活动（一）农家美食屋

活动目标

1. 了解美食屋厨师、服务员、收银员等人员的工作职责，会根据自己扮演的角色，完成相应的分工任务。

2. 为班级美食屋角色区制订游戏规则，能在游戏时遵守相应的规则。

3. 喜欢参与角色游戏，愿意为他人服务，有初步的责任感。

活动准备

1. 经验准备：担任过茶吧服务员，有相关工作经验；在家参与过做饭的流程。

2. 物质准备：幼儿在"农家美食屋"角色区游戏视频片段、迎宾员的绶带、野菜、鸡蛋、饼铛、小吃票据、抹布等游戏道具。

活动过程

1. 视频导入，回顾美食屋游戏经验。

教师播放幼儿在"农家美食屋"角色区游戏视频片段，引导幼儿回顾游戏过程。

教师：你觉得他们玩得怎么样？哪里好？哪里有问题？

教师：小厨师和服务员在美食屋里到底应该做些什么呢？

教师：顾客应该怎样就餐呢？

师幼共同梳理美食屋中人员的分工和具体职责，如服务员应该礼貌地接待客人、介绍美食、及时上菜、收费等；小厨师会制作菜单上的各种美食等。

2. 分组讨论角色区游戏规则。

教师：你们想制订怎样的游戏规则？可以先跟身边的小朋友讨论一下。

教师：请各组小朋友分别说一说。

教师：你们都同意这组小朋友制订的游戏规则吗？不同意的小朋友可以提出自己的看法。

小结：小朋友们要明确自己所扮演的角色，不能随意变换角色，遵守游戏规则。扮演顾客的小朋友应该按照就餐的流程到美食屋中就餐。扮演服务员的小朋友要主动、热情、有礼貌地招待顾客，向顾客介绍美食、及时上菜、收费。扮演小厨师的小朋友制作美食的速度既要快，又要保证质量，让顾客满意。

3. 幼儿游戏，教师指导。

（1）引导幼儿根据自己的喜好选择所扮演的角色，与同伴轮流游戏。

教师：请小朋友们选好自己的角色，进行装扮吧！没有机会选到服务员角色的小朋友，可以明天继续来美食屋参与游戏。

（2）引导参与美食屋游戏的全体幼儿根据自己所扮演的角色站在相应的位置，做相应的事情。

教师：请小厨师、服务员各就各位，美食屋的营业时间马上到了，顾客马上就要来了！

4. 回顾游戏内容，共同梳理、点评。

教师：请你们说一说，美食屋的厨师、服务员、收银员分别做了哪些事情？你喜欢哪个角色？为什么？

教师：你想在下次游戏时增加哪些游戏情节和材料？

活动延伸

1. 在农家美食屋活动区游戏时，引导幼儿按照所选角色进行游戏，并遵守游戏规则。

2. 家长带领幼儿外出就餐时，提示幼儿注意观察饭店服务人员和就餐人员的行为，了解哪些行为是文明的、哪些行为是不文明的，借此机会教育幼儿学习文明礼仪和礼貌用语。

活动反思

本次活动能够结合幼儿前期角色游戏时出现的真实问题进行设计，并将解决问题的权利交给孩子们，由他们共同商量、制订属于班级角色区的游戏规则，为后续更好地开展游戏打下基础。

活动（二） 自制蒲公英茶

活动目标

1. 主动探究晾晒蒲公英茶的各种方法，大胆猜想并通过实验进行验证。

2. 通过连续记录的方式，比较各种晾晒方法哪种最适宜，获得相关的生活经验。

3. 喜欢动手制作蒲公英茶。

活动准备

1. 经验准备：有挖蒲公英、制作与品尝蒲公英食物和蒲公英茶、晾晒蒲公英的前期经验、在自然角活动时，有连续观察记录的经验。

2. 物质准备：《挖野菜》视频（展现幼儿挖蒲公英、吃蒲公英食物的精彩瞬间）、成品蒲公英茶、新鲜的蒲公英、各种工具及材料（如剪子、塑料刀子、盘子、筛子、篦子、袋子、报纸、保鲜膜等）、幼儿实验记录单。

活动过程

1.《挖野菜》视频导入活动。

教师播放《挖野菜》视频，引导幼儿观看，说一说，蒲公英除了可以制成各种美食，还可以做什么？

教师：我们挖了那么多的蒲公英，好开心！请小朋友们想一想，回到班级后，咱们除了吃各种蒲公英美食，还能用蒲公英做什么？

2. 观察成品蒲公英茶，讨论制作方法。

（1）出示成品蒲公英茶，引导幼儿观察。

教师：小朋友们，你们快来看一看，我手中的是什么茶？谁想到前面来闻一闻、尝一尝?

（2）幼儿分组讨论晾晒蒲公英的好方法。

教师：如何将我们挖回来的蒲公英晾晒成干的茶叶呢？请大家快来讨论一下吧！

（3）个别幼儿代表发言。

教师肯定幼儿的各种想法，鼓励幼儿大胆尝试、验证。

（4）请每个幼儿填写实验记录单，将自己选择的方法画出来。

教师：请小朋友们将自己的好方法用绘画的形式简单地记录下来吧！

（5）搜集每组幼儿制作蒲公英茶需要的各种工具、材料（如剪子、塑料刀子、盘子、筛子、袋子、报纸、保鲜膜等）。

教师：大家可以把家里带来的、班级区域里现有的材料找出来。如果还需要老师的帮助，可以随时提出来。

3. 幼儿晾晒蒲公英茶，教师适时帮助。

（1）提示幼儿注意安全及室内卫生，及时清理垃圾。

教师：孩子们如果需要站在椅子上挂东西或去户外晾晒，一定要告诉老师。掉在地上的垃圾也要及时地捡起来，扔进垃圾桶。

（2）幼儿开始按照自己的意愿进行制作活动，教师适时帮助。

教师关注制作难度较大的环节幼儿完成的情况，并及时帮助和指导能力较弱的幼儿。

（3）提示幼儿将自己的记录单与蒲公英茶放在一起，便于后续开展观察、记录活动。

4. 鼓励幼儿连续观察和记录蒲公英茶晾晒的情况。

小结：今天，小朋友们通过自己的猜想，晾晒了好喝的蒲公英茶。今后每天，小朋友们一有时间，就可以去观察、记录，看看谁的方法最好，晾晒的蒲公英茶没有发霉、长虫，叶形保持完整，晾晒出既营养、品相又好看的蒲公英茶。

活动延伸

1. 每天的过渡环节，教师提示幼儿观察自己晾晒的蒲公英茶有哪些变化并及时记录。

2. 幼儿和家长一起尝试共同晾晒野菜茶并进行记录，可以将做好的野菜茶成品带到幼儿园，与同伴、教师分享。

活动反思

本次活动是挖野菜实践活动后的一次延伸活动。孩子们对晾晒蒲公英茶的方法有一定的前期经验。本次活动中，幼儿通过大胆探究、实际操作，见证并记录了晾晒蒲公英茶的全过程。这个过程较为漫长。在此过程中，培养了幼儿耐心等待、坚持的学习品质。

活动（三）陶艺初体验

活动目标

1. 欣赏精美的陶艺作品，感受陶艺的魅力。

2. 尝试发挥想象力，大胆制作陶艺作品，运用简单的装饰方法对作品进行装饰。

3. 了解民间传统艺术——陶艺的制作方法，对陶艺创作感兴趣。

活动准备

1. 经验准备：幼儿有过玩泥巴的经验。

2. 物质准备：各种陶艺作品实物，陶泥、陶艺工具若干，陶艺课件，陶笛音乐《故土》。

活动过程

1. 出示陶艺作品实物，激发幼儿兴趣。

教师：孩子们，你们快来看一看，猜猜老师手里拿的泥巴作品和咱们班区角里玩的泥巴一样吗？

小结：陶泥是一种制作陶器用的黏土，和小朋友们平时玩的泥巴可不一样。中国的陶瓷艺术举世闻名。

2. 出示陶艺课件，引导幼儿欣赏陶艺作品。

（1）出示课件第一页原色陶艺花瓶图片。

教师：小朋友们，你们看，这像什么？

幼儿：我觉得像个花瓶。

幼儿：我觉得像爸爸喝酒的瓶子，就是颜色不一样。

（2）出示课件第二页彩色陶艺花瓶图片。

教师：现在，它又发生了什么变化？

幼儿：这个花瓶的颜色好漂亮！

教师：它的颜色是怎样的？

幼儿：它的颜色像彩虹一样，五颜六色的，真漂亮！

幼儿：我觉得这个花瓶有了颜色，就像变了一个样儿，比刚才的花瓶颜色好看多了！

（3）出示课件第三页立体装饰后的陶艺花瓶图片。

教师：现在，它又变成什么样子了？

幼儿：这个花瓶上有捏出来的花朵和叶子。

幼儿：还有一些漂亮的花纹。

教师：陶艺花瓶上装饰的花纹是什么样子的呢？

幼儿：我猜是用泥工刀刻出来的，就像老师上次用彩泥做的花纹一样好看。

小结：哦，原来还可以在陶艺花瓶上装饰蜗牛线、波浪线、小圆点和小爱心，让它有这么多漂亮的花纹呢！一会儿，你们可以继续尝试更多的装饰方法！

3. 欣赏精美的陶艺作品，感受陶艺的魅力。

出示多种陶艺作品实物，让幼儿观察、触摸、欣赏。

教师：小朋友们，这里有很多的陶艺作品，一起来看看吧！

教师：你最喜欢哪个作品？它是什么样儿的？

引导幼儿观察和欣赏陶艺作品的形状和花纹。

4. 幼儿创造性地装饰陶艺作品。

（1）教师播放陶笛音乐《故土》，引导幼儿分组进行陶艺作品的创作。

教师指导幼儿进行陶艺花瓶或其他陶艺作品的制作。

（2）幼儿装饰陶艺作品。

教师指导幼儿对自己的陶艺作品大胆地装饰，鼓励幼儿充分利用陶艺工具进行装饰。

5. 欣赏与交流。

（1）作品欣赏。

教师：小朋友们快到前面来介绍一下自己独一无二的陶艺作品吧！

（2）同伴之间交流与评价。

教师：这个小朋友的作品哪里最有创意？哪里改进一下会更好？

活动延伸

1. 美工区：延续本次活动内容，为幼儿提供一些陶艺工艺品实物、大师陶艺作品图片，供幼儿欣赏并模仿制作。教师对每个幼儿的陶艺创作过程有针对性地指导。

2. 家园共育：鼓励家长带领幼儿走进陶艺博物馆或艺术馆，让幼儿有机会欣赏更多的陶艺作品。如果条件允许，家长也可以和幼儿一起进行陶艺亲子体验活动。

活动反思

幼儿对本次活动非常感兴趣，陶艺作品实物和图片为孩子们带来了全新的艺术视觉冲击。教师第一次开展陶艺体验活动，也存在一些不足，比如，幼儿前期经验不足、创作时间不够等。后续，教师会不断调整和完善教学活动环节，将欣赏环节和创作环节变为两次活动，分开进行。

活动（四）有趣的石头画

活动目标

1. 学习运用颜料或其他辅助材料装饰石头，创作有趣的石头画。

2. 能大胆地进行各种石头的组合，创造出新颖的形象。

3. 喜欢参与石头艺术创作活动，体验在石头上作画的乐趣。

活动准备

1. 经验准备：见过石头装饰画，有简单的装饰经验。

2. 物质准备：PPT 课件，各种形状的石头（已洗净，晾干并分类），大小不同的纸盒、油画棒、棉签、牙签、橡皮泥、皱纹纸、彩色纸、毛线、假花、双面胶、吸管、稻草、瓶盖等，每组一块抹布。

活动过程

1. 出示 PPT 课件中的石头创意作品图片，引导幼儿观察并讨论。

教师：你们觉得这块小石头像××吗？

2. 引导幼儿看看、想想、说说石头像什么。

教师：每个小朋友去挑选一块自己喜欢的石头，看看、想想、说说它的形状像什么，可以变成什么。

教师：快和你的同伴说一说，你的石头可以变成什么？为什么？

教师：如果将石头组合起来，你觉得它又像什么？

3. 师幼结合创作石头画作品的难点，讨论制作方法。

教师：请你猜一猜，要制作这种组合的石头作品，应该怎么做呢？（幼儿讨论）

小结：先在纸盒里组合石头，再对石头进行装饰，然后用双面胶或胶枪将石头固定在纸盒上，最后对纸盒进行装饰，完成作品。

4. 幼儿创作石头画，教师巡回指导。

（1）幼儿大胆想象，尝试利用各种大小不同的石头创作单独的石头作品或石头组合作品，呈现出各种不同的造型。

（2）鼓励幼儿选择各种辅助材料及工具进行创意。

教师关注使用大块石头进行创作的幼儿安全，及时帮助部分幼儿固定石头。

5. 幼儿作品展示与交流。

幼儿互相欣赏作品，同伴之间交流与评价。

活动延伸

1. 教师为幼儿提供更加丰富的石头材料及其他辅助材料，请幼儿到美工区继续进行石头创意制作，创作如海底世界、企鹅一家、一盆仙人掌等立体石头作品。

2. 鼓励家长协助幼儿继续收集石头及其他废旧物品，引导家长带领幼儿进行亲子石头创意制作，如亲子手绘石头一家人进行比赛的场景等。

活动反思

本次活动通过石头创意制作，丰富了幼儿的艺术经验。孩子们通过艺术创作的形式充分地表现了对石头的喜爱之情。美中不足的是固定石头的环节需要教师的帮助，大部分幼儿无法独立完成。

活动（五）小木棍变变变

活动目标

1. 积极参与体育锻炼，发展身体动作的灵活性和协调性。

2. 探索木棍的多种玩法，游戏中能够积极思考，初步尝试两人或多人合作游戏。

3. 喜欢参与木棍一物多玩的户外体育游戏，提高想象力和创造力。

活动准备

1. 经验准备：在班级拼摆区玩过小木棍拼摆的游戏；幼儿有跨跳、双脚连续跳等运动经验。

2. 物质准备：长短、粗细不同的小木棍，各种绳子、毛根、皮筋等，热身及放松音乐。

活动过程

1. 用木棍做热身运动，激发幼儿游戏兴趣。

教师：小朋友们，快来看一看，老师手上拿的是什么？（小木棍）一会儿，老师要带着小朋友们一起用木棍做游戏，看看谁想出来的玩法多。现在，每人手拿一根小木棍，跟着音乐先动起来吧！（重点活动下肢）

2. 利用长短、粗细不同的木棍，进行一物多玩的游戏。

（1）幼儿分散开，大胆探索如何利用木棍一物多玩，鼓励幼儿尝试两人或多人合作游戏。

教师：小朋友们快来比一比，谁的玩法最多、最特别？

（2）教师及时关注并指导需要帮助的幼儿，如需要捆绑、悬挂木棍等。

（3）集中讨论木棍的创意玩法。

教师：哪个小朋友想来说一说你的玩法？你可以边展示边介绍哦！

幼儿展示各种创意玩法，包括跨跳、跳远、双脚连续跳、跳房子、"S"形绕障碍跑等。

（4）尝试体验别人的玩法。

教师：请小朋友们也来试一试刚才学到的新玩法吧！

3. 选择适宜的玩法进行组合，幼儿分三组进行闯关游戏。

（1）教师带领幼儿布置游戏场地，将幼儿的各种玩法组合起来，分为三组，进行闯关游戏。

（2）教师与幼儿一起体验闯关游戏。

（3）讨论：哪个组设计的游戏好玩？哪些玩法设计得不合理？咱们可以怎样调整？

4. 调整游戏玩法后，再次进行游戏。

教师：孩子们，现在，请大家再次对游戏玩法进行调整。咱们再玩一次！

5. 放松活动，重点放松下肢。

教师：孩子们，你们今天的创意玩法真是让我大吃一惊！希望你们不仅可以在室内用小木棍玩拼摆游戏，还能用它开展各种户外体育游戏。现在，快来跟着音乐节奏，放松一下身体吧！

活动延伸

1. 回班后，继续与幼儿讨论，优化小木棍闯关游戏设计，并在户外活动环节时再次尝试。

2. 后续户外分散游戏时，教师继续投放长短不一、粗细不同的木棍，邀请幼儿参与小木棍一物多玩的创意游戏。

活动反思

本次活动让幼儿感受到小木棍可以成为户外体育运动材料，用来锻炼身体。幼儿还能通过创意设计有关木棍的一物多玩游戏，激发想象力和创造力。

主题活动反思

在美丽的春季，我们开展了"田野中的宝贝"这一主题活动。我们班围绕着田野里的宝贝——野菜，展开了一系列有趣的活动。活动中，教师为幼儿创造条件，鼓励他们运用自己的感官，通过看一看、摸一摸、比一比、闻一闻、画一画等形式亲近大自然，了解大自然中植物的生长变化，感受大自然的神奇，从而萌发热爱大自然的情感。整个活动开展得有声有色。

我们还将真实的草、木、沙、石、泥等自然物融入班级环境创设中，让幼儿感受到浓郁的田野气息，同时，也将绿色生态教育融入环境，将幼儿利用自然物创作的艺术作品布置在班级教室里，让幼儿产生成就感，增强自信心，进一步激发他们的想象力和创造力。

在主题活动实施过程中，为了能让幼儿亲近自然、感受大自然的神奇，我们带着孩子们走进田野，让他们与自然亲密接触的同时，认真观察幼儿，抓住幼儿想要认识各种植物的兴趣点，以好吃的野菜为切入点，结合中班幼儿参与活动的自主性逐渐增强、活动更有计划性和目的性的年龄特点，鼓励孩子们带着问题去认识野菜，了解各种野菜的食用价值、挖野菜、亲子制作野菜食物、品尝野菜等，生成了一系列的活动。尤其是了解各种野菜食用价值的环节，幼儿发现原来在我们身边这些看似平常的野菜，很多都是药店里的中草药，有的可以去火，有的可以治疗便秘，有的可以祛斑美容，还有的可以降血压。这不仅激发了幼儿探究自然界秘密的欲望，更是让幼儿感受到自己所在的农村如此美好，增强了幼儿爱家乡的情感。整个活动中，教师始终关注幼儿经验的获得，尊重和满足幼儿的好奇心和求知欲，能够最大限度地支持幼儿通过直接感知、亲身体验和实际操作获取知识与经验，帮助幼儿养成积极主动、认真专注、敢于尝试和探究、乐于想象和创造的良好的学习品质，也让幼儿提高了受益终身的学习能力。

主题活动三：大树，你好（大班）

教师：张颖欣　訾运桐　陈　胜

扫码看彩图 3-3-1

主题活动由来

随着天气越来越冷，幼儿园里的树木也发生了变化，树叶变黄了，纷纷飘落下来，银杏果也开始慢慢变黄，掉落下来。小朋友们在户外活动时，闻到了一股臭烘烘的味道，是什么呢？他们的小鼻子全力搜索着，随着味道越来越浓，大家一起来到了银杏树下。"老师，这是银杏果坏了，发出了难闻的味道。"其他小朋友也一起凑近闻了闻，"老师，银杏果为什么会这么臭呢？""老师，幼儿园其他的树怎么没有臭味？"孩子们七嘴八舌地议论起来。此时的我也不知道为什么银杏果会发出这样的臭味。就这样，我们带着问题，一起回班查阅了资料。

在日常生活中存在着很多教育契机，教师应该关注、支持和引导幼儿自发地进行各种有意义的探究，也要引发幼儿对某些有趣的事物和现象的关注，支持、引导幼儿进一步探究。《幼儿园入学准备教育指导要点》中也提到：要"为幼儿提供广泛接触自然和社会的机会。经常带领幼儿接触大自然，参加一些有意义的活动，帮助幼儿开拓视野，积累丰富的感性经验，培养广泛的兴趣。"随着孩子们对幼儿园树木的兴趣逐渐高涨，我们结合园本绿色教育课程的理念，设计并开展了"大树，你好"的主题活动。在一系列的探究活动中，让幼儿了解有关树木的丰富知识，懂得如何保护树木，理解树与人类、自然环境的关系，树立初步的环保意识。

幼儿现状分析

随着大班幼儿年龄的增长和心理方面的发展，幼儿不再满足于追随、服从成人，而是有了自己的想法和主见。幼儿通过小班、中班阶段的学习，对大树有了一些初步的了解，但是，对大树的基本结构、落叶的原因、叶子变色的原因、大树与人类的关系等内容还不了解。班里只有少部分幼儿有连续观察、记录的经验，并掌握了利用简单符号进行记录的方法。大部分幼儿喜欢和同伴一起游戏，并在个别活动中尝试过初步的合作。部分幼儿喜欢参加科学探究活动，并愿意在活动中与同伴分享自己的发现和感受。

因此，对于本班幼儿来说，开展"大树，你好"的主题活动符合幼儿兴趣和发展需要，相信通过不断地看、听、摸、闻等多种感官和操作活动能够让幼儿进一步探索、了解这个主题，将绿色教育课程理念融入幼儿绿色环保的实际行动中。

主题活动总目标

1. 了解树木是人类的好朋友，懂得如何保护树木，知道树与人类、自然环境的关系，有初步的责任感及环保意识。

2. 通过观察、比较、分类、探究等方法，初步了解常见树木的名称、种类、外形特征及主要作用。

3. 通过参与各种与大树有关的实践活动，了解树与人类的关系，建立初步的环保意识和节约资源的意识。

4. 喜欢看图书、听故事，能用各种图形、符号记录大树的变化过程，有初步的前阅读和前书写能力，能用形象的语言创编有关大树的诗歌、故事等文学作品。

5. 能够运用多种艺术形式大胆地创作各种各样的树，表现其形态与特征，能利用树枝、树皮、树叶等自然物进行艺术创作，表达自己的情感和体验。

6. 通过制作、绘画、表演等多种活动，激发幼儿的想象力，鼓励幼儿大胆表现与创作。

7. 喜欢吃各种果实，了解树木、果实与人类健康的关系。

主题活动网络图（图 3 - 3 - 1）

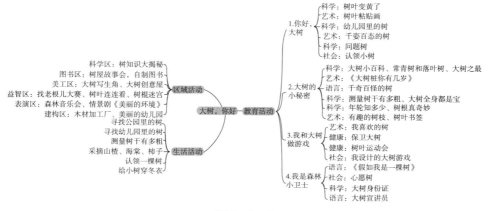

图 3 - 3 - 1

主题环境创设

（一）主题墙环境创设（图3-3-2）

图3-3-2

1. 第一部分：你好，大树（图3-3-3）。

认识幼儿园里各种各样的树，如银杏树、松树、柿子树等，了解这些树的作用；知道常见树的树叶、树干、果实等各部分的名称、外形特征及作用，幼儿能够按照从上到下的顺序观察大树。幼儿能够运用不同的绘画方式来表现不同的树木，在大树记录表上记录幼儿园里树的名称及数量（图3-3-4）。

图3-3-3

图3-3-4

2. 第二部分：大树的小秘密（图3-3-5）。

幼儿通过此部分内容了解大树的基本结构及作用，如树叶、年轮、树皮、树根等（图3-3-6～图3-3-9）。通过"树的秘密大搜集"活动，寻找与树有关的知识，同伴之间分享关于大树的秘密，并运用不同方式大胆创作各种各样的树。

图 3-3-5

图 3-3-6

图 3-3-7

图 3-3-8

图 3-3-9

3. 第三部分：我和大树做游戏。

　　幼儿通过这部分的内容知道和大树能做不同的游戏，在游戏中体验与同伴、教师、家长合作的乐趣，通过开展"好玩的树叶大比拼"活动，以竞赛的形式开展拔老根儿、树叶贪吃蛇、树枝拼摆等活动。

4. 第四部分：我是森林小卫士（图3-3-10）。

幼儿通过这部分的内容能知道为什么要爱护大树，以及怎样保护大树，与同伴探讨如何让大树变漂亮，激发幼儿爱护树木的情感；通过大树知识宣讲活动，让幼儿了解为什么要给树木穿新衣；开展"我是森林小卫士"等一系列实践活动（图3-3-11～图3-3-15）；上网查询有关大树的资料并协助幼儿搜集各种树的图片，引导幼儿随时观察并记录幼儿园里大树的变化；让家长与幼儿聊一聊大树的秘密，并一起填写大树调查表。

图3-3-10

图3-3-11

图3-3-12

图3-3-13

图3-3-14

图3-3-15

（二）区域环境创设

1. 科学区：树知识大揭秘。

投放材料：各种树叶、树皮、树枝、大小不同的树干切片、各种探究工具等。

指导要点：

（1）师幼共同收集各种树木的树叶、树皮、树枝等自然物。

（2）鼓励幼儿大胆探索有关大树的秘密，如叶绿素、年轮等。

（3）关注幼儿的新发现，引导幼儿持续探索有关大树的问题。

2. 阅读区：树屋故事会。

投放材料：图书《落叶跳舞》《儿童百科全书》《十万个为什么》《植物王国》《植物园地》。

指导要点：

（1）师幼共同收集各种与树木有关的故事、图书、资料。

（2）鼓励幼儿互相介绍书里的内容（图3-3-16）。

（3）引导幼儿从书中获得更多关于大树的知识和经验。

图3-3-16

3. 美工区：大树写生角、大树创意屋。

投放材料：提供室内外两套写生工具，如画板、各种画纸、笔、颜料等。幼儿可以自由选择地点开展写生绘画活动。教师为幼儿提供各种材料，如树皮、木片、麻绳、松塔、落叶、树枝、乳胶等材料，供幼儿进行艺术创作。

指导要点：

（1）引导幼儿观察各种大树的外形特征及树枝、树叶、果实等的特点，尝试给大树写生。

（2）鼓励幼儿采用不同的艺术表现方式（图 3 - 3 - 17），大胆创意绘画有关大树的艺术作品（图 3 - 3 - 18）。

（3）引导幼儿发现大自然的美，感受艺术创作带来的乐趣。

图 3 - 3 - 17　　　　　　　　　　　　　　图 3 - 3 - 18

4. 益智区：拔老根儿比赛、树叶连连看、树枝迷宫、树叶排序。

投放材料：提供塑封后的各种树叶、自制树枝迷宫、树叶的叶柄、计时器等材料。

指导要点：

（1）幼儿能够准确地识别常见的树木和树叶，利用树叶玩树叶排序或连连看的游戏。

（2）鼓励几名幼儿共同协商，制订游戏规则。

（3）引导幼儿两人一组，进行拔老根儿比赛（图 3 - 3 - 19、图 3 - 3 - 20），并学会计时及简单地记录比赛结果（图 3 - 3 - 21）。

图 3 - 3 - 19　　　　　　　　　　　　　　图 3 - 3 - 20

5. 表演区：森林音乐会、情景剧《美丽的环境》。

投放材料：提供自制环保服饰、音乐、乐器、头饰等。

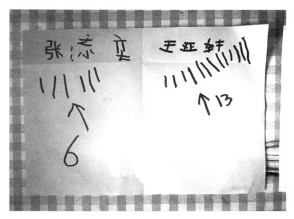

图 3 - 3 - 21

指导要点：

（1）引导幼儿根据图示创编环保歌曲的舞蹈动作。

（2）引导幼儿根据音乐节奏进行简单的打击乐演奏。

（3）鼓励幼儿用肢体语言大胆地表现对音乐作品的理解。

6. 建构区：木材加工厂、美丽的幼儿园。

投放材料：提供自制的树木与花草模型等辅助材料。

指导要点：

（1）引导幼儿仔细观察幼儿园的建筑，了解其外观及结构特点。

（2）指导幼儿使用搭高、围拢、装饰等技巧搭建美丽的幼儿园。

（3）鼓励儿名幼儿分工与合作，围绕主题共同完成作品搭建任务。

可利用的教育资源

（一）园所资源

1. 幼儿园户外自然环境中的各种树木。

2. 幼儿提前录制宣传爱护树木的相关视频，由教师帮忙生成二维码，制作二维码卡片，挂在大树上，供来园参观的家长、教师扫码观看。

3. 提供给大树穿冬衣的材料，如防寒保温布、黑色塑料袋、粗麻绳等。

（二）家庭资源

1. 家长带领幼儿在幼儿园外寻找大树，发现不同种类的大树，了解其相关知识（图 3 - 3 - 22、图 3 - 3 - 23）。

2. 家长和幼儿一起通过网络搜索、观看电视节目、阅读书籍等方式收集有关大树的信息，帮助幼儿探索大树的秘密。

3. 家长和幼儿一起走进公园、社区，寻找特别的树，及时拍照记录。

图 3 - 3 - 22   图 3 - 3 - 23

（三）社会资源

1. 家长利用节假日、周末的时间，带领幼儿走进幼儿园周边的野鸭湖、世界园艺博览会、夏都公园等，发现并了解更多不同种类的大树，知道爱护树木。

2. 走进社区，参与植树活动。

主题系列活动（表 3 - 3 - 1）

表 3 - 3 - 1　主题系列活动表

主题活动	教育活动	区域活动	生活活动
第一部分： 你好，大树	1. 科学领域：树叶变黄了 2. 艺术领域：树叶粘贴画 3. 科学领域：幼儿园里的树 4. 科学领域：问题树 5. 艺术领域：千姿百态的树 6. 社会领域：认领小树	益智区： 1. 大树、小树翻翻乐 2. 树枝迷宫 3. 拔老根儿大赛	活动一：填写大树调查表 活动二：寻找公园里的树
第二部分： 大树的小秘密	1. 科学领域：大树小百科 2. 科学领域：常青树和落叶树 3. 科学领域：大树之最 4. 科学领域：测量树干有多粗 5. 语言领域：千奇百怪的树 6. 科学领域：年轮知多少	科学区： 1. 树叶贪吃蛇 2. 树知识大揭秘	活动一：认领一棵树

（续）

主题活动	教育活动	区域活动	生活活动
第三部分： 我和大树做游戏	1. 艺术领域：我喜欢的树 2. 健康领域：保卫大树 3. 健康领域：树叶运动会 4. 社会领域：我设计的大树游戏	美工区： 1. 大树写生角 2. 大树创意屋 拼摆区：树枝拼摆乐	活动一：采摘山楂、海棠、柿子
第四部分： 我是环保小卫士	1. 语言领域：《假如我是一棵树》 2. 艺术领域：心愿树 3. 科学领域：大树身份证 4. 语言领域：大树宣讲员 5. 科学领域：我为小树穿冬衣	表演区： 1. 森林音乐会 2. 情景剧《美丽的环境》 科学区：给小树挂名牌	活动一：给小树穿冬衣

主题活动案例精选

活动（一） 大树身份证

活动目标

1. 自主设计大树身份证，并依据身份证上面的图示、符号按顺序、较连贯地讲述大树的主要信息。

2. 愿意当众表达，能够自然、自信、清楚地大胆讲述。

3. 喜欢与同伴分享有关树木的知识，体验作为大树宣讲员的快乐。

活动准备

1. 经验准备：

（1）幼儿填写过大树调查表并制作过大树身份证，掌握了幼儿园各种树木的相关知识。

（2）会运用简单的符号进行记录。

（3）参与过小喇叭广播、升旗仪式等活动，开展过相应的宣传。

2. 物质准备：每个幼儿自带一根绳子，如棉纱绳、毛线绳、纸绳等，利用这些绳子作为游戏材料，分组做好准备；前期班级幼儿参与升旗仪式的宣讲活动视频；大树宣传内容记录单、白纸、水彩笔、展板等；电子设备、记分牌、宣讲员绶带若干。

活动过程

1. 提问导入，激发幼儿参与宣传活动的兴趣。

（1）提问：孩子们，我发现其他班级的小朋友们都在围观我们之前做的大树身份证。他们对大树身份证上的内容非常感兴趣，但是又不知道上面画的到底是什么意思。你们有什么好办法让他们了解吗？（幼儿自由讨论）

（2）小结：你们刚才想到的给弟弟、妹妹讲述的办法很棒！现在，就让我们一起成为小小宣讲员吧！

2. 师幼讨论介绍大树身份证的好方法及注意事项。

（1）讨论介绍大树身份证的好方法。

教师：大树身份证上有这么多内容！你们在给弟弟、妹妹们讲述的时候，怎样才能做到不忘记呢？（幼儿自由讨论）

小结：记录的方法可以是多种多样的，讲话的顺序也可以按照自己习惯的说话方式讲述。我们可以对大树身份证上的信息进行简单的记录，记住关键词。只要记住这些关键词，就能提示自己要讲什么内容了。

（2）讨论宣讲时的注意事项。

教师：除了要讲这些内容以外，在宣讲时，我们还需要注意一些什么呢？（幼儿自由讨论）

（3）播放班级幼儿升旗仪式时宣讲"立冬"节气知识的视频。师幼结合视频内容展开讨论。

小结：宣讲时，要先做自我介绍，身体站直，面带微笑，声音洪亮，说普通话，还可以适当加入动作和宣传口号等。

3. 幼儿分组尝试用多种方法记录宣传内容并多加练习。

（1）出示各种记录材料，引导幼儿自选材料后，自由分组并记录，教师巡回指导。

教师：你们说了这么多好办法！快来试一试吧！

（2）幼儿对照记录单进行练习，教师进行个别指导。

教师重点指导：

①关注采用符号记录法的幼儿，看看他们是否能有序、完整地讲述。

②关注绘画小组幼儿讲述的语言是否有条理、重点是否突出。

③关注幼儿讲述时的声音、表情、动作等，是否自信。

④关注能力不同的幼儿的讲述过程，教师及时给予肯定、鼓励和指导。

（3）小组之间进行交流及展示。

①小组内进行大树宣讲员的展示与交流，同伴之间互相点评。

教师：小朋友们可以根据大树宣讲员的声音是否洪亮、语言是否流畅、有没有表情和动作等来推选小组优秀的代表，宣讲大树身份证的相关信息。

②各组推荐代表轮流宣讲。师幼共同点评（点评标准：要求说出对方宣讲时的表现、亮点及优势）。

教师：小组与小组之间的优秀代表再次进行比赛。最终，由全班的小朋友投票选出"最佳大树宣讲员"。

4. 投票推选"最佳大树宣讲员"。

（1）每个幼儿可以先在小组内进行练习。教师鼓励幼儿参与竞选活动。

（2）各组幼儿选派代表参加全班小组之间的比赛。教师帮忙记录分数。

（3）全体幼儿按顺序依次投票，并说出投票的理由。

活动延伸

幼儿尝试走出幼儿园，作为大树宣讲员，为周围的居民或路人宣传、介绍有关大树的知识，让更多的人了解大树给我们的生活带来的好处，帮助人们树立爱护树木的意识，形成保护植物的行为。

活动反思

孩子们能够借助图示、符号等多种方法记录需要宣传的关键信息，突破了宣讲活动的难点，最终完成了宣讲任务。随后，孩子们面向其他班级幼儿开展大树宣讲活动的同时，收获到的不仅是语言表达能力和前书写能力的提升，而且社会交往能力、环保意识、学习品质、情感表达等也获得了发展。

活动（二）　常青树和落叶树

活动目标

1. 了解常青树和落叶树的基本特征，初步知道它们的不同点。

2. 能够运用观察、比较的方法，辨认几种常见的常青树和落叶树。

3. 体验探究活动的乐趣，愿意在集体面前大胆表达。

活动准备

1. 经验准备：对大树有一定的了解。

2. 物质准备：PPT课件（常见的常青树和落叶树图片），银杏叶、茶花叶，两串树叶图片挂件（分别是常青树树叶的图片和落叶树树叶的图片），每人一碗树叶（内有两片落叶树的树叶、两片常青树的树叶），两块顶端有挂钩的黑板。

活动过程

1. 谈话导入。

教师根据幼儿的回答进行小结，并以图文并茂的形式进行记录，主要记录是否落叶和变色。

教师：秋天到了，各种各样的树会发生许多变化。你们想知道哪些与树有关的问题呢？

幼儿：树叶为什么会落下来呢？为什么有的树叶还是绿色的呢？

小结：秋天到了，树叶发生了变化，有的树叶变黄了，落了下来，有的树叶还是绿色的。

2. 认识常青树和落叶树。

教师：我为大家准备了两片树叶，分别是银杏叶和茶花叶。请大家比一比、看一看、摸一摸，对着光照一照，看看这两片树叶有什么不同。

幼儿操作、比较，集体交流与分享。

小结：有一种树，一年四季树叶都是绿色的，人们把这种树叫"常青树"。还有一种树，像银杏树那样，到了秋天就会落叶的树，叫"落叶树"。

3. 考考你。

教师出示 PPT 课件，提问："这片树叶是绿色的，可能会是哪种树的树叶？"引导幼儿先看一看图片，然后猜猜是哪种树，最后出示答案。一共五片树叶，分别是绿色的、黄绿色的、厚的、软的、粗糙的。

4. 分辨常青树和落叶树的树叶。

（1）教师引导幼儿认识两串树叶图片的挂件，分别是落叶树的和常青树的树叶图片挂件。教师发给幼儿每人一碗树叶，里面有四片树叶，两片落叶树的树叶、两片常青树的树叶。

（2）出示两块黑板，上面挂着两行钩子，引导幼儿分别将两串树叶图片的挂件挂到相应的位置。

5. 检查对错并拓展。

（1）幼儿检验悬挂的树叶挂件是否正确，然后纠正放错位置的图片，如松针，松树的叶子叫松针，它是尖尖的、硬硬的，它属于常青树的树叶。

（2）看 PPT 图片，欣赏一些常见的常青树和落叶树。常青树包括柏树、松树等；落叶树包括柿子树、枫树、柳树、杨树等。

教师：你还看到过哪些常青树和落叶树？

教师：为什么一到秋天，有些树就会落叶呢？

（3）先请幼儿猜测，然后播放 PPT 课件，介绍为什么一到秋天有些树会落叶的科学原理。

提问：你们听清楚了吗？为什么会落叶呢？

小结：什么是落叶树呢？落叶树为什么一到秋天，就会落叶呢？那是因为落叶树的叶片大，上面有气孔，水分会从气孔排出，树叶失去水分后，就会从树上落下来。什么是常青树呢？常青树叶子的表面有一层亮亮的东西，是蜡质，它能保护树叶里的水分不蒸发。

活动延伸

请幼儿将常青树和落叶树的知识讲给自己的爸爸、妈妈听，引导家长带领幼儿去公园或在小区里寻找常青树和落叶树，让幼儿加深印象，学会分辨这两种树。

活动反思

孩子们通过活动能知道常青树和落叶树的概念，他们在愉快、轻松的氛围下学习、感知，既满足了他们的好奇心，又培养了他们的观察、比较、语言表达、倾听、探究与发现的能力。

活动（三）我为小树穿冬衣

活动目标

1. 了解树木在冬天需要保护的原因及其必要性。
2. 掌握利用多种材料给小树穿冬衣的方法。
3. 初步树立爱护树木的环保意识。

活动准备

1. 经验准备：了解大树穿冬衣的相关知识；在小组内会根据任务内容与要求进行分工与合作。
2. 物质准备：PPT 课件（包括园丁给小树穿冬衣的图片或视频）、记录表、水彩笔、黑色塑料袋、麻绳、废旧布条、棉被等。

活动过程

1. 情景导入。

教师：孩子们，之前，咱们了解了冬天要给小树穿冬衣的知识。今天，老师准备了很多的材料。一会儿，咱们就试一试如何给小树穿冬衣。

2. 猜测小树过冬的方法。

（1）引导幼儿通过自己过冬保暖的方法联想到小树过冬的方法。

教师：冬天的天气是怎样的？你们是怎么过冬的？是不是都穿上了厚厚的棉衣呢？

教师：哪位小朋友先来说一说？

教师：冬天，天气寒冷。我们为了过冬，想出来许多保暖的方法。幼儿园里的小树也害怕寒冷，有什么办法给它们保暖呢？

教师：我们人类有棉衣穿。小树可以怎么办呢？

（2）幼儿大胆猜想什么材料适合给小树保暖。

教师：你们已经搜集了很多材料。现在，讨论一下，哪种材料更适合给小树保暖？

教师：请你说一说，你为什么会选择这个材料呢？

幼儿分享讨论的结果，教师同时出示相关材料，如黑色塑料袋、麻绳、废旧布条、棉被等。

幼儿：我选择麻绳。我觉得麻绳很结实。多给小树缠几圈，就会很厚，应该可以保暖。

幼儿：我选择棉被。因为一到冬天，我们就会盖上厚厚的棉被，感觉很暖和。

幼儿自由选择材料，并根据选择的材料分为四组，分别是黑色塑料袋组、麻绳组、废旧布条组、棉被组。

3. 验证与实施。

（1）小组分享，幼儿发现这些材料都可以作为小树的冬衣。

（2）出示园丁为小树穿冬衣的图片及视频，让幼儿知道小树穿冬衣的正确方法。

（3）小结：生活中给小树穿冬衣的材料有很多种。以前用得比较多的是稻草，现在用塑料薄膜和无纺布的比较多，既方便，又保暖。给小树穿冬衣时，不能缠得太紧。在冬天到来之前，就需要给小树穿上"棉衣"。等到天气暖和了，再把"棉衣"给拆下来。

4. 总结。

总结：今天，我们开展了"给小树穿冬衣"的活动。小树也像我们人类一样，也需要在寒冷的冬天穿上厚厚的棉衣。今后，我们在户外游戏时，也要随时关注小树的情况，不要让风把它的"棉衣"吹跑了，要保护好小树，让它度过一个温暖的冬天。

活动延伸

引导幼儿和家长上网搜索一下，看看还有哪些自己不知道的给小树穿冬衣的方法及相关的、好玩的事情，引导幼儿将搜集到的知识和趣闻带到幼儿园，分享给身边的小伙伴。

活动反思

本次活动中，孩子们能够通过小组合作一起给小树穿冬衣。活动前期，孩子们已经知道给小树穿冬衣的相关知识，知道冬天冷了，小树也要穿上厚厚的"棉衣"才能过冬。整个过程中，孩子们你一言、我一语地大胆表达自己的想法。在操作过程中，他们的动手能力也大大提高了。

活动（四）大树医生

活动目标

1. 了解啄木鸟的特殊本领，知道它是益鸟。

2. 知道大树生病的原因。

3. 知道啄木鸟是我们人类的好朋友，树立保护益鸟的意识，萌生爱鸟、护鸟的情感。

活动准备

1. 经验准备：幼儿知道保护大树的常识。

2. 物质准备：啄木鸟及其他鸟类（如燕子、喜鹊等）图片若干、PPT课件、啄木鸟给苹果树治病的视频。

活动过程

1. 创设情景，激发幼儿兴趣。

教师：今天，老师带来了一棵苹果树。这棵树怎么了？为什么大树的身上有洞？猜一猜，苹果树该怎么办呢？

教师：苹果树生病了。许多小虫子钻进了它的树干里，咬得它好难受！它要请鸟医生给它看病。许多鸟都来了，要给苹果树看病。猜一猜，什么鸟会飞来？

教师：啄木鸟、丹顶鹤、喜鹊、燕子都说自己会捉虫。苹果树应该请谁给自己看病呢？

2. 了解啄木鸟是如何给树看病的。

教师：为什么苹果树要请啄木鸟来给自己治病？

教师：看看啄木鸟是怎么给苹果树治病的吧！

教师播放啄木鸟给苹果树治病的视频，引导幼儿观看。

教师：啄木鸟是怎么给苹果树治病的？

小结：啄木鸟的嘴巴又尖又硬，爪子很锋利，它的尾羽有支撑作用，能让自己牢牢地站在树干上。啄木鸟医生站在树上，敲敲这里，敲敲那里，确定小虫子藏在哪里之后，就会用它那尖尖的嘴巴给树动手术，把树皮啄开，从树洞里把害虫捉出来。

教师：现在，苹果树还疼吗？你觉得啄木鸟医生给大树带来了哪些好处？

3. 引导幼儿爱护大树和小鸟。

（1）教师：你们喜欢大树吗？为什么说树对我们人类来说很重要？

（2）教师：如果这个世界没有了树，会给我们的生活带来哪些麻烦？

（3）教师：你们觉得啄木鸟是我们人类的好朋友吗？为什么？

（4）教师：像这样为我们人类做出贡献、帮助我们人类的鸟类，叫作"益鸟"。我们应该怎样保护益鸟呢？

（5）小结：孩子们，小鸟会捉虫，能够保护庄稼，是我们人类的好朋友。那我们也要学会保护小鸟，做小鸟的好朋友！

活动延伸

请幼儿和家长借助网络搜集关于啄木鸟的故事，阅读故事，了解更多有关啄木鸟的知识。

活动反思

本次活动中，幼儿始终积极参与活动，兴趣十分浓厚，能在活动中跟随教师的思路思考问题并解答。本次活动的目标基本达成。幼儿知道了大树医生是谁、都有哪些鸟、啄木鸟是如何为大树治病的，在了解这些知识的基础上，幼儿也树立了爱护树木、保护小鸟的环保意识。

主题活动反思

整个主题活动是由幼儿发现问题、分析问题，最后再由幼儿自己解决问题。孩子们经过一系列活动对大树有了一定的认知和了解。幼儿结合幼儿园里的大树，开展了大树宣讲员的活动。孩子们根据前期自己对树的了解，录制了大树宣讲视频。在此过程中，幼儿不仅增加了词汇量，提高了语言表达能力，发展了人际交往能力，还以大树为主题创作了很多美术作品，如树叶粘贴画、年轮画、纸黏土树皮创意制作等，孩子们创意十足，兴趣浓厚，充分发挥了自己的想象力与创造力。孩子们还学习了歌曲《大树桩你有几岁》《爱护小树苗》，借此表达自己要保护小树苗、珍惜大树资源的意愿和想法。其中，有一个活动是让孩子们了解身边的哪些物品是用树木制作的。孩子们一一列举了他们知道的木制品，进而懂得了大树资源的宝贵，了解到要珍惜和保护大树资源。

总之，整个主题活动的开展以幼儿为主导，是依据幼儿的兴趣和需求开展和延伸的。在此过程中，孩子们的语言表达、人际交往、探究与发现、思维逻辑、艺术创意与制作等能力都有所增强。其实，主题活动只是媒介，教师能做的就是利用好这个媒介，让幼儿通过一系列的主题活动都能有所收获。

主题活动四：风筝趣事（大班）

教师：李 娜 郭 鸽 王 颖

扫码看彩图 3-4-1

主题活动由来

冬去春来，春暖花开。春天是万物复苏的季节。在北京延庆的夏都广场、延庆北广场、田野里，经常能看到空中有很多的风筝。孩子们周末外出游玩，来到幼儿园后，提出了很多的问题："天上的是什么？""风筝为什么能飞到天上去？""它的尾巴有什么作用？"我们在调查、统计有关风的游戏时发现，对风筝感兴趣的幼儿人数较多。《指南》指出："幼儿科学学习的核心是激发探究兴趣，体验探究过程，发展初步的探究能力。""应注重引导幼儿通过直接感知、亲身体验和实际操作进行科学学习。"大班幼儿对探究活动感兴趣，为了提高他们的探究能力，让他们走进大自然，体验探究大自然奥秘的快乐，我们设计并生成了主题活动——"风筝趣事"。

幼儿现状分析

风筝是一种民间艺术品，也是一种民间玩具，是世界上公认的最早的重于空气的航空器。活动前，我们通过调查了解到，部分幼儿之前与父母一起放过风筝。放风筝是一种户外活动。幼儿喜欢户外活动，他们思维活跃，想象力丰富，动手欲望强烈，对任何事物都有好奇心。同时，放风筝是幼儿生活中常见的现象，易于观察、发现，有着丰富的教育价值，能激发幼儿的好奇心和探究欲望，提高幼儿的探究能力和动手能力，丰富幼儿的生活经验。

主题活动总目标

1. 感受大自然中风与人们生活的关系，激发幼儿探究自然奥秘的兴趣，培养幼儿发现问题、解决问题的能力，幼儿能积极动脑，尝试用各种方法"制造"风。

2. 初步感知风筝的结构与特征，了解放飞风筝的科学原理，发现风筝飞行的条件，激发幼儿的好奇心和探究欲望。

3. 通过欣赏各种各样的风筝，感受风筝的色彩美与形态美。

4. 能够运用剪、贴、画等手工制作方法大胆制作风筝，进行艺术表现和创造，富有个性地表达自己的情感和体验。

5. 利用园所周边的自然环境（如野鸭湖、夏都广场、延庆北广场等）开展放风筝亲子活动，体验大自然的无穷魅力，激发幼儿亲近自然的美好情感。

6. 能用语言表达对风筝的认识，讲述自己放风筝的所见、所闻，能大胆地与同伴交流，分享自己的发现。

7. 喜欢放风筝，能听指令向指定方向跑，能协调、灵敏地躲闪，提高运动能力和快速反应能力，增强身体素质。

主题活动网络图（图 3-4-1）

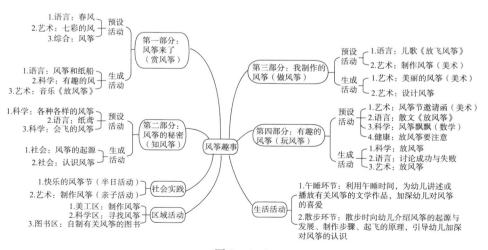

图 3-4-1

主题环境创设

（一）主题墙环境创设（图3-4-2）

图3-4-2

1. 第一部分：风筝来了（赏风筝）。

创设方式：

（1）用幼儿制作和收集的风筝布置"美丽的风筝"主题墙，引导幼儿欣赏与交流。

（2）引导幼儿亲自探究并将自己的发现用照片的形式来呈现，创设"我制造的风"（图3-4-3）、"风从哪里来"（图3-4-4）等板块。

图3-4-3

图3-4-4

（3）调查并收集有关12级风力不同现象的图片（图3-4-5），引导幼儿了解风的级别与速度，对调查结果进行展示与分享。

（4）提供有关风筝的图片、书籍、标记等，引导幼儿观察，从书中、网上寻找相关的资料，引导幼儿用图文的方式记录有关风筝的调查活动，呈现"我的小调查"板块内容（图3－4－6），展出幼儿带来的海报、VCD等，包括自制12级风力展示图等。

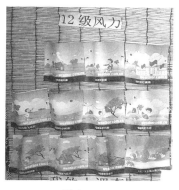

图3－4－5

图3－4－6

2. 第二部分：风筝的秘密（识风筝）。

创设方式：

（1）与幼儿一起用各种不同形式的绘画作品丰富主题环境，体现幼儿对风筝的认识和表征轨迹。

（2）布置"风筝的秘密"主题墙饰（图3－4－7），展示风筝的结构图，引导幼儿了解风筝的各个组成部分，用幼儿绘画的风筝和手工制作的风筝作品装扮教室。

（3）创设"风筝的来源"主题绘画作品展示，张贴幼儿表征的作品（图3－4－8）。

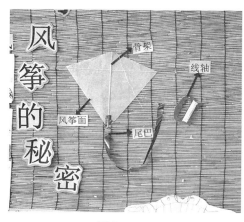

图3－4－7

图3－4－8

3. 第三部分：我制作的风筝（做风筝）。

创设方式：

（1）幼儿尝试设计自己想要制作的风筝图纸，搜集制作风筝用的材料。

（2）开展制作风筝的亲子活动，并将作品展示在班级教室的墙壁上（图3-4-9）。

图 3-4-9

4. 第四部分：有趣的风筝（玩风筝）。

创设方式：

（1）幼儿尝试放飞自己制作的风筝，体验放风筝的乐趣。

（2）开展亲子活动制作并放飞风筝，感受风筝飞上天的自豪感。

（3）创设"快乐的风筝节"，引导幼儿将收集到的、与风筝节有关的图片张贴在宣传栏里，或者制作成海报，进行展示，让幼儿参观并交流，感受风筝节的传统文化习俗。

（4）布置"好玩的风筝"墙饰，张贴幼儿自己设计的风筝，引导幼儿感知风筝的多样性。

（二）区域环境创设

1. 科学区。

投放材料：竹蜻蜓、塑料袋、记录表、自制火箭玩具、羽毛、各种制造风的工具（包括电风扇、扇子、硬纸板、手按风扇等）。

指导要点：

（1）幼儿两人一组，进行各种材料（包括竹蜻蜓、塑料袋、自制火箭玩具、羽毛、气球等）飞上天的比赛，并记录比赛结果。幼儿在比赛过程中，能够自主记录比分，体验竞技比赛中激烈的对抗方式和状态。

（2）幼儿利用各种工具制造风，探究风力的大小，并记录实验结果。

（3）引导幼儿探索风筝飞翔的原理，利用不同的材料制作风筝，进行对比实验，并记录好实验结果。

2. 美工区。

投放材料：剪刀、胶棒、风筝的骨架、风筝面、风筝线轴、风筝的半成品。

指导要点：

（1）了解制作风筝所需材料，能用剪、粘、画的制作方法将风筝面做成翅膀的样子（图3-4-10、图3-4-11）。

（2）能将不同粗细的线条、花纹等有序组合，用左右对称的方法表现蝴蝶、蜻蜓、燕儿风筝的翅膀。

（3）能将风筝的骨架、风筝面、风筝线轴组装在一起，按照自己喜欢的图案装饰风筝面，注意风筝面上的图案要对称（图3-4-12）。

（4）尝试放飞风筝（图3-4-13），根据放飞风筝的状况适当调整风筝骨架的位置和风筝的重量。

图3-4-10

图3-4-11

图3-4-12

图3-4-13

3. 图书区。

投放材料：关于风筝的图书及自制图书。

指导要点：

（1）指导幼儿能用完整的语言讲述有关风筝的故事，并根据故事内容创编情景剧。

（2）能用较完整的语言讲述放风筝时的情景，感受放飞风筝带来的快乐，体验风筝飞走时焦急的心情。

（3）与同伴合作制作有关风筝的图书，大胆地交流自制图书的内容。

可利用的教育资源

（一）园所资源

1. 幼儿园操场宽阔，可以在操场上放风筝（图3-4-14）。幼儿两人一组，互相比赛，看看谁的风筝飞得高、飞得远（图3-4-15）。

2. 为幼儿提供制作风筝的半成品、风筝骨架、风筝面等材料。

3. 丰富区域活动的材料。

图3-4-14   图3-4-15

（二）家庭资源

1. 请家长帮助幼儿收集有关风筝的知识，丰富幼儿对风筝的认知；引导幼儿将收集到的风筝知识带到幼儿园，与其他小朋友分享。

2. 鼓励幼儿把放风筝时的快乐告诉家长。

3. 家长带领幼儿到户外去放风筝，进行多种户外活动，锻炼体能。

4. 家长和幼儿共同制作风筝、放风筝（图3-4-16、图3-4-17）。

图3-4-16   图3-4-17

（三）社会资源

幼儿园可以利用园所周围的野鸭湖、夏都广场、田野等宽敞的空间，开展放风筝的亲子活动（图3-4-18、图3-4-19），通过生动、有趣的活动丰富幼儿经验，激发其亲近大自然、热爱大自然的情感。

图3-4-18

图3-4-19

主题系列活动（表3-4-1）

表3-4-1　主题系列活动表

主题活动	教育活动	区域活动	生活活动
第一部分：风筝来了（赏风筝）	1. 语言领域：风筝和纸船 2. 科学领域：有趣的风 3. 语言领域：春风 4. 艺术领域：七彩的风	科学区：寻找风筝	活动一：调查风筝的小游戏
第二部分：风筝的秘密（知风筝）	1. 社会领域：风筝的起源 2. 社会领域：认识风筝 3. 科学领域：各种各样的风筝 4. 语言领域：纸鸢 5. 科学领域：会飞的风筝	科学区： 1. 各种材料飞上天比赛 2. 风速测试	活动一：搜集各种不同的风筝
第三部分：我制作的风筝（做风筝）	1. 艺术领域：美丽的风筝 2. 艺术领域：设计风筝 3. 艺术领域：制作风筝 4. 语言领域：儿歌《放飞风筝》	语言区：自制有关风筝的图书 美工区：制作风筝	活动一：制作风筝（亲子活动）

（续）

主题活动	教育活动	区域活动	生活活动
第四部分：有趣的风筝（玩风筝）	1. 艺术领域：风筝节邀请函 2. 健康领域：放风筝要注意 3. 科学领域：风筝飘飘 4. 语言领域：讨论成功与失败 5. 语言领域：散文《放风筝》	户外活动： 1. 我们一起放风筝 2. 弹射风筝	活动一：快乐的风筝节（半日活动）

主题活动案例精选

活动（一）有趣的风

活动目标

1. 能积极动脑，尝试探索用各种方法制造风。

2. 了解风速的不同，感受风力大小与物体的关系并记录。

3. 知道风给人们的生活带来的好处与危害，愿意与同伴交流自己的发现与收获。

活动准备

1. 经验准备：吹过电风扇，用过空调，用过扇子。

2. 物质准备：风车、卡纸片、羽毛、木块、石块等，室内自主寻找制造风的材料，记录表，音乐《大风车》，PPT课件。

活动过程

1. 谜语和实物风车导入，吸引幼儿的注意力。

（1）谜语导入。

教师：今天，我给大家猜个谜语。抓不住它的身子，看不见它的影子，有时会摇动树枝，有时会推动房子。打一种自然现象，是什么呀？

教师：是风。随着天气的变化，气温越来越低，天气渐渐转凉，经常会有刮风的现象。许多小朋友们感到风很神奇。今天，咱们就一起玩一玩风。

教师：老师先来问问小朋友们，风有颜色吗？风是什么形状的？风是什么样子的？

小结：风是没有颜色的，它看不见，也摸不着，但是我们能够感觉到风来了。比如，我们看到树枝在摇动，国旗飘飘，感觉到冷，这些都是风引起的。

（2）出示风车，引起幼儿兴趣。

教师：你们再看一看，今天，老师带来了什么？（风车）

教师：风车能转吗？风车为什么能转动？

小结：因为有风吹，所以风车才能转起来。

2. 自主探索。

（1）引导幼儿用身体制造风。

教师：怎样用我们的身体制造风呢？

幼儿：用手扇出风。

幼儿：用嘴巴吹出风。

（2）引导幼儿用嘴吹气制造不同大小的风，带动风车转动，观察风力不同对风车转动速度的影响。

教师：你每次用嘴吹出来的风，风力大小一样吗？

教师：风车转动的情况一样吗？怎么不一样？风力大小和风车转动的速度有关吗？

小结：当吹出来的风大，风车就转得快；当吹出来的风小，风车就转得慢一些。

（3）幼儿尝试探索风力大小与卡纸片、羽毛、木块、石块等物体之间的关系并记录。

教师：这些东西是不是都能被风吹动呢？哪个物体，只要很小的风，就能被吹动？第二个被吹动的物体有可能是什么？哪个物体需要用最大的风才能吹动？请你到后面的桌子上，操作一下，把实验结果记录在记录表上。

①认识记录表，理解记录表中的信息。

教师：我们先认识一下这张记录表。这张表告诉了我们什么信息？

②幼儿尝试操作，教师巡回指导。

教师：老师给你们每人准备了一份材料。请把盒子里的东西放在桌子上，整齐地摆成一排，朝它们吹气，仔细观察，认真比较，吹动哪个物体时用的风力最小，哪个物体用的风力最大？请你将吹动它们所需风力大小按照从小到大的顺序排好，把它们一一画在格子里。

③集体验证：你的实验结果是什么？为什么？

教师边听幼儿讲述边将幼儿的实验结果记录在记录纸上。

教师：你们同意这个小朋友的实验结果吗？说说你们的理由。

小结：风吹不同的物体时，重的物体要很大的风才有可能被吹动；轻的物体只要较小的风就能被吹动了。

3. 了解风给人们的生活带来的好处与危害。

（1）幼儿讨论。

幼儿结合已有的生活经验，讨论刮大风的时候该如何保护自己。

教师：有时会刮很大的风，你会怎样保护自己？

（2）教师播放 PPT 课件，引导幼儿了解风的好处与危害。

教师：小朋友们，你们喜欢和风做游戏吗？风除了在热的时候，能让我们感觉到凉快，它还有什么好处？

（3）教师出示课件并小结。

教师：小朋友们，你们看，因为有风，风筝才能飞得更高、更远，风车才能转得更快；因为有风，风力车能为我们发电；因为有风，帆船才能远航；因为有风，蒲公英的种子才能飘到更远的地方，长满山坡。

教师：风给我们的生活带来了这么多美好的事物，但是，有时，风也会给我们带来一些危害。什么情况下，风会给我们带来危害呢？我们怎么做，才能减少这些危害呢？

小结：我们可以加强天气监测并及时预报，提醒大家在不好的风来临之前做好防范措施，还可以多植树，树能够挡住一些风，这样就能让风力减弱。从现在开始，我们要好好学习知识，等小朋友们长大了，可以做科学家，利用风制造出更多、更好的东西，改善人们的生活条件，防止不好的风破坏我们的美好家园。现在，请你们和风一起做个游戏吧！

4. 结束环节：律动《大风车》。

教师播放音乐《大风车》，幼儿手持风车或羽毛，随着音乐节奏做律动动作。

活动延伸

户外活动时，和幼儿一起感受风，探究风力的级别。

活动反思

幼儿在活动中能够积极参与，大胆尝试，他们在班级教室里寻找与风有关的材料，探究哪些材料产生的风大、哪些材料产生的风小。在感受风的同时，幼儿也知道了哪些级别的风会给我们的生活带来好处和危害，了解了风的作用。

活动（二）风筝的起源

活动目标

1. 初步了解古代风筝的起源及作用。

2. 能够大胆地在同伴面前表达自己的情感。

3. 感受我国民间艺术的魅力，增强民族自豪感。

活动准备

1. 经验准备：见过放风筝的场景。

2. 物质准备：利用幼儿带来的风筝，将教室布置成"风筝展"，龙形风筝图片，《风筝的起源》视频，各种风筝的图片。

活动过程

1. 请幼儿介绍自己带来的风筝。

（1）幼儿和教师在活动室内欣赏班级创设的风筝展。

教师：孩子们，这些都是你们带来的风筝。快跟小朋友们介绍一下你带来的风筝吧！

（2）幼儿介绍自己带来的风筝。

请幼儿说出风筝的特点，说说风筝哪里漂亮、哪里与其他小朋友的风筝不一样，增强幼儿的自豪感。

2. 幼儿了解古代风筝的起源及作用。

（1）教师出示龙形风筝的图片。

提问：这是什么样儿的风筝？（龙形风筝）龙代表什么？（代表中国）

小结：没错，龙是我们中华民族的象征，我们都是龙的传人。风筝就诞生在我们中国，是我们的祖先发明创造的。

（2）教师播放视频《风筝的起源》，引导幼儿观看，了解风筝是怎么来的。

提问：是谁发明了风筝？在古代的时候，风筝有什么作用？后来，风筝成了什么？

小结：风筝是很久以前一个叫"墨子"的人发明的。风筝是具有中国特色的民间艺术品。

3. 幼儿欣赏各种风筝的图片。

教师：很多年过去了，到了现在，每当春天来临的时候，人们还是喜欢到田野里、空旷的广场放风筝。你们放过风筝吗？老师这里有一些风筝的图片，一起来欣赏一下吧！

（1）幼儿欣赏各种风筝的图片。

教师：这是一个什么样儿的蝴蝶风筝？（图3-4-20）（五颜六色的、好看的……）它的翅膀上的图案左右是一样的，有什么特点？（对称）是的，这是一个五颜六色的对称的蝴蝶风筝。

教师：这串风筝有几个小人的造型？这种像糖葫芦一样由几个造型穿在一起的风筝叫"串形风筝"（图3-4-21）。

教师：这个风筝很特别！它的上面有什么？（一亮一亮的小灯）这叫"夜光风筝"（图3-4-22）。它适合在白天放，还是晚上放？（晚上）为什么？（晚上能看到风筝上小灯的亮光）

图 3-4-20

图 3-4-21

教师：这个风筝长不长？这是世界上最长的风筝（图 3-4-23），有 7 250 米长。这样的风筝，一个人能放起来吗？（不能）怎么办？（需要很多人帮忙，合作放风筝）那平时，我们做事情，想把事情做得更好，也要怎么样？（合作）

图 3-4-22

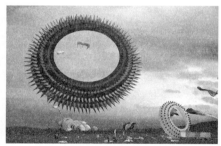

图 3-4-23

教师：你们看，这是世界上最小的风筝（图 3-4-24），只有几厘米长。

教师：你们知道世界上最长的风筝和最小的风筝是谁做出来的吗？都是咱们中国人制造的。你觉得中国人怎么样？（聪明、能干……）作为一名中国人，你有何感想？（骄傲、自豪……）是的，我也为自己是一名中国人而感到骄傲和自豪。

（2）幼儿说说自己见过的风筝。

教师：看了刚才的风筝，请你说说，你还见过和它们不一样的风筝吗？

幼儿畅所欲言，在分享中，自然结束活动。

图 3 - 4 - 24

活动延伸

居家时，幼儿根据自己了解的风筝，与家长一起搜集其他造型、功能独特的风筝图片，拓展知识面，也可以与家长一起尝试制作风筝并放飞风筝。

活动反思

活动中，幼儿对风筝非常感兴趣，通过观看视频，了解了风筝的起源、知道最早的风筝叫什么、什么时候有的风筝、是谁发明的风筝等，解决了一系列的认知问题，对风筝有了更加全面的了解。

活动（三）散文《放风筝》

活动目标

1. 熟悉散文内容，感知散文中的角色形象和画面情景。

2. 通过观察画面及想象、创编活动，理解散文的内涵，并创编散文中的部分情节。

3. 感受散文语言的丰富和优美，加深对作品的理解。

活动准备

1. 经验准备：幼儿有过创编故事的经验。

2. 物质准备：PPT 课件《放风筝》、《放风筝》视频、音乐。

活动过程

1. 播放《放风筝》视频，引起幼儿兴趣。

提问：视频中的这些人在干什么？你看到了什么样儿的风筝？风筝是怎么飞到天上去的？

提问：你放过风筝吗？你放的风筝是什么样子的？你怎么做才能让风筝飞得又高又远？

小结：天空中有很多的风筝，各种各样的，非常美丽。人们会根据自己的喜好选择风筝。

2. 欣赏散文《放风筝》，理解散文的内容。

（1）教师配乐朗诵散文，引导幼儿感受散文的意境美。

提问：你听了这篇散文后，有什么感受？心情是怎样的？散文的名字叫什么？

（2）提问：小动物们的风筝是什么样子的？

（3）引导幼儿用散文中的语言说出答案。

（4）结合课件图片再次欣赏散文，加深幼儿对散文的理解。

提问：许多不同颜色的风筝在天空中飘荡，一眼望去，就变成了什么样儿的风筝？

3. 仿编散文句子，大胆表达。

提问：除了散文中说的风筝，还有什么样儿的风筝？请你用散文中的语言说说。注意散文中的重复句式"一会儿，变成什么，在干什么"。

幼儿根据散文内容大胆创编，教师给予鼓励与表扬。

活动延伸

教师利用户外活动时间，带领幼儿到操场上放风筝，引导幼儿结合散文的内容，比一比谁的风筝放得又高又远，感受放风筝的喜悦心情。

活动反思

本次活动的目标是初步理解散文的内容，尝试仿编散文，让幼儿体验散文内容的趣味性，愿意大胆表达自己的想法。散文《放风筝》的语言比较简洁、明快，多重复，富有韵律感，运用了大量的象声词和拟声词，让散文变得更加生动、形象。

附散文：

放 风 筝

"呼啦！呼啦！"小兔在放一只胡萝卜风筝。

"呼啦！呼啦！"小猫在放一只金鱼风筝。

"吧嗒！吧嗒！"小猪空着手跑来了。

小白云说："我来当你的风筝吧！"

小白云一会儿变成小绵羊，"咩咩咩"地叫着；

一会儿，变成大白鹅，"昂昂昂"地叫着；

一会儿，变成小白马，"哒哒哒"地跑个不停。

"呼啦啦，小猪再见！"

（引自"快思网"http://www.banzhuren.cn/ppt/20961.html）

活动（四）放风筝

活动目标

1. 能大胆探究放风筝的方法，敢于发表自己的观点。
2. 初步学习放风筝的正确方法，尝试自己放风筝。
3. 感受在大自然中放风筝的乐趣。

活动准备

1. 经验准备：幼儿有过放风筝的经历。
2. 物质准备：自制风筝 6 个。

活动过程

1. 情景导入，激发幼儿兴趣。

教师：天气变暖和了，春天来啦！小朋友们最喜欢放风筝啦！今天，咱们就一起来学习放风筝。

2. 探究放风筝的方法。

幼儿园场地有限，请幼儿自由分为两组。

（1）请幼儿初次尝试放风筝（图 3－4－25、图 3－4－26）。

图 3－4－25   图 3－4－26

教师：孩子们，你们准备好放风筝了吗？你们有没有信心让自己的风筝飞上天？

幼儿自由放飞风筝。

（2）根据幼儿在放风筝过程中出现的问题进行讨论，学习正确的方法。

提问：你们谁的风筝飞起来了？为什么？谁的风筝没飞起来？为什么没飞起来？怎么做才能让风筝飞到天上去？

小结：起跑前，一只手臂伸直、上举，放出一段线，抓牢线，快速向前奔跑，让风把风筝托起来。

（3）幼儿再次尝试，发现问题，再讨论。

教师观察幼儿的奔跑方向，提问："这次为什么风筝还是没有飞起来？"幼儿发现转圈跑之后，风筝就会落下来。

教师：在放风筝之前，要先观察风向，要迎着风跑，不要顺着风跑，面朝一个方向奔跑。奔跑时，注意前面的小朋友，与他们保持适当的距离。当前面的人停住时，也要及时刹住脚步。

3. 幼儿尝试按照正确的方法有序放风筝，教师巡视并指导。

小结：今天，你们一起放风筝，玩得开心吗？你们不仅掌握了放风筝的正确方法，玩得很开心，还避免了许多危险，既玩了，又保护了自己。今后，在晨间体育游戏时，我们再来比赛，看看谁的风筝放得高、放得远。

活动延伸

家长带领幼儿到小区广场或公园放风筝。幼儿将已获得的经验与家长分享，体验成功放飞风筝的快乐。同时，幼儿园利用户外游戏时间组织幼儿放风筝，巩固相关经验，促进幼儿社会性交往及动手能力的发展。

活动反思

幼儿在放风筝的过程中，产生了很多的问题，如跑动的方向与风的方向不对、风筝骨架不合适、两个人合作得不好等。幼儿在不断地尝试中发现问题、分析问题、解决问题，提高了幼儿的探究能力。

主题活动反思

本次活动是大班下学期春天时开展的活动。《指南》中指出："幼儿科学学习的核心是激发探究兴趣，体验探究过程，发展初步的探究能力。""应注重引导幼儿通过直接感知、亲身体验和实际操作来进行科学学习。"幼儿对探究活动感兴趣，本次活动能提高幼儿的探究能力。幼儿通过图片了解和欣赏了各种各样的风筝，感受到风筝的颜色美和造型美，并使用各种方式表达风筝之美，体验大自然的无限魅力，激发幼儿亲近大自然、热爱大自然的情感。

在主题活动中，幼儿获得了多方面能力的发展，比如，丰富了生活经验，发展了探究能力，提高了动手能力及创造力，增强了合作意识，亲子关系和情感更加亲密。

主题活动开展的不足之处有以下几点：幼儿主导地位不够凸显，活动形式单一，如只有调查表、制作风筝，教师对时间把控得不是很好，活动重点不突出。

改进措施：让幼儿成为活动的主导者，结合幼儿在活动中出现的问题进行调整，丰富幼儿经验。多开展一些探究类的活动，让幼儿亲身体验、感知，让幼儿发现问题、分析问题、解决问题，把更多的机会留给幼儿，提高幼儿自主解决问题的能力。

第四章
绿色农庄主题活动案例

主题活动一：我爱小兔（小班）

教师：钱保霞　许　可　林可欣

扫码看彩图 4-1-1

主题活动由来

　　小班上学期的幼儿对小兔有了初步的感知，认识了小兔，会喂小兔。放寒假了，班里草草地结束了喂养小兔的活动。班里的小朋友都很喜欢小兔，有的还从村里问邻居要来小兔或者从集市上买来小兔，在家里喂养小兔。随着夏季温度的升高，航航妈妈说在楼房里养小兔太臭了，想送走小兔，可是航航舍不得。于是，航航主动用微信和教师沟通，想把自己家的小兔带到幼儿园里来照顾。教师追随幼儿的现实需求和兴趣，在班级微信群里征求家长们的意见，家长们一致同意。周一时，七只小兔被六个小朋友带到了幼儿园。《指南》中明确指出："幼儿科学学习的核心是激发探究兴趣，体验探究过程，发展初步的探究能力。"教师应结合幼儿的需要，引导幼儿喜欢动植物、爱护动植物。看到孩子们对小兔这么感兴趣，教师紧紧抓住这一教育契机，追随幼儿的兴趣点，设计并开展了主题活动——"我爱小兔"。

幼儿现状分析

　　幼儿园专门为小兔创设了"动物乐园"。小兔有了自己的家，这大大地满足了幼儿的好奇心，为幼儿观察和了解小兔、发现小兔的秘密、尝试照顾小兔提供了便利的条件。

　　我们班的小朋友对小兔充满了好奇，具有强烈的探究欲和求知欲。他们总是喜欢围在小兔的周围，专注地看、听、摸、闻，运用多种感官认识小兔，喜欢照顾小兔。

主题活动总目标

1. 喜欢小兔，有好奇心，想要了解小兔的生活习性。

2. 运用多种感官探索、认识小兔，发现小兔明显的特征，了解小兔的生活习性，知道喂养小兔的基本方法。

3. 在与小兔的亲密接触中学习如何照顾小兔，萌发亲近自然、爱护小动物的情感。

4. 喜欢听有关小兔的故事、儿歌，愿意讨论关于小兔的话题，能用语言和动作表达对小兔的探究与发现。

5. 能用多种方式大胆地表达和表现小兔的特征，喜欢模仿小兔的动作。

6. 喜欢参加小兔角色游戏，喜欢参加走、跑、跳等游戏，提高动作的协调性、灵敏性。

7. 学习小兔喜欢吃常见的瓜果、蔬菜，不偏食，不挑食。

主题活动网络图（图 4-1-1）

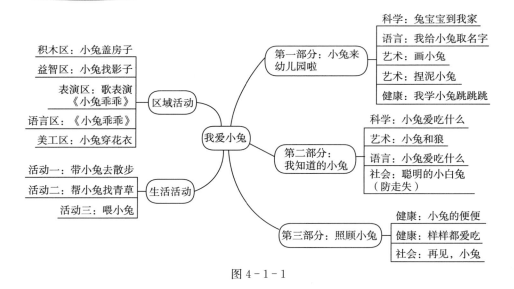

图 4-1-1

主题环境创设

（一）主题墙环境创设（图 4-1-2）

1. 第一部分：小兔来幼儿园啦（图 4-1-3)!

创设方式：记录幼儿开心地把小兔带到幼儿园及观察小兔的精彩瞬间，将相关照片集中展示，呈现出幼儿对小兔的初步认知和了解。

图 4-1-2   图 4-1-3

2. 第二部分：我知道的小兔（图 4-1-4~图 4-1-6）。

图 4-1-4

图 4-1-5

创设方式：呈现出幼儿对小兔基本特征及生活习性的进一步认知。

（1）小兔爱吃什么：呈现幼儿喂小兔时观察小兔爱吃的食物照片。

（2）我给小兔起名字：运用绘画的方式，帮助幼儿记录给小兔起名字、为喜欢的名字点赞的过程。

（3）小兔大调查：为幼儿发放"兔子大调查"表格，请家长帮忙用绘画的方式记录幼儿搜集到的有关小兔的秘密。

兔子大调查（画画、剪剪、贴贴）				
幼儿姓名：		画画自己→		
兔子长什么样子	兔子喜欢吃 ☺		兔子不能吃 ☹	关于兔子我还想知道

图 4-1-6

3. 第三部分：照顾小兔（图 4-1-7）。

图 4-1-7

创设方式：主要以照片的形式呈现，帮助幼儿记录照顾小兔的精彩瞬间，呈现出幼儿照顾小兔时开心的样子。

（二）区域环境创设

1. 益智区：小兔找影子（图 4 - 1 - 8）。

图 4 - 1 - 8

投放材料：把幼儿和教师搜集到的品种、姿态、大小不同的小兔照片打印成彩色图片，再塑封，用黑色的不织布制作成对应形状的影子粘贴在绿草地上，中间用粘贴扣制作成可粘贴操作的小兔卡片，供幼儿观察小兔，为小兔找影子。

指导要点：鼓励幼儿观察小兔的外形特征，帮助不同的小兔找到它们的影子。

2. 美工区：小兔穿花衣（图 4 - 1 - 9）。

图 4 - 1 - 9

投放材料：纸箱做的小兔、超轻黏土、皱纹纸、胶棒、粗杆油画棒、水彩笔。

指导要点：

（1）鼓励幼儿用皱纹纸团纸粘贴、团圆超轻黏土的方法为小兔穿花衣，装饰小兔的衣服。

（2）鼓励幼儿正确握笔进行绘画，为小兔画出漂亮的衣服。

3. 表演区：歌表演《小兔乖乖》。

投放材料：小兔头饰、表演服装，《小兔乖乖》伴奏歌曲。

指导要点：

（1）鼓励幼儿选择喜欢的小兔头饰和表演服装扮作小兔。

（2）鼓励幼儿注意倾听《小兔乖乖》伴奏歌曲，大胆歌唱《小兔乖乖》，并做出相应的动作进行表演。

4. 积木区：小兔盖房子。

投放材料：小兔毛绒玩具若干，各种积木若干，纸板、纸筒等辅助材料若干。

指导要点：鼓励幼儿运用延长、围拢、叠高的方法，用各种积木及辅助材料为小兔盖房子。

5. 语言区：《小兔乖乖》。

投放材料：《小兔乖乖》图书、《小兔乖乖》故事音频。

指导要点：

（1）鼓励幼儿一页一页地翻看图书，根据自己对画面的理解，大胆地讲述故事。

（2）帮助幼儿播放《小兔乖乖》的故事音频，支持幼儿倾听后讲述故事。

可利用的教育资源

（一）园所资源

幼儿园创设的"动物乐园"成了小兔的家，厨房的师傅们每天为小兔留下菜叶，以供应幼儿喂养小兔；园内有很多无毒的小草，幼儿可以拔草、喂食小兔。

（二）家庭资源

家长可以带领幼儿运用手机查找有关小兔的知识，带领幼儿到菜市场或邻居家寻找小兔，向有饲养小兔经验的人询问小兔的生活习性，探索小兔的秘密。

主题系列活动（表 4-1-1）

表 4-1-1　主题系列活动表

主题活动	教育活动	区域活动	生活活动
第一部分：小兔来幼儿园啦	1. 科学领域：兔宝宝到我家 2. 语言领域：我给小兔取名字 3. 艺术领域：画小兔 4. 艺术领域：捏泥小兔 5. 健康领域：我学小兔跳跳跳	积木区：小兔盖房子	活动一：带小兔去散步

主题活动	教育活动	区域活动	生活活动
第二部分： 我知道的小兔	1. 科学领域：小兔爱吃什么 2. 艺术领域：小兔和狼 3. 语言领域：小兔爱吃什么 4. 社会领域：聪明的小白兔（防走失）	益智区：小兔找影子 表演区：歌表演《小兔乖乖》 语言区：《小兔乖乖》	活动一：帮小兔找青草
第三部分： 照顾小兔	1. 健康领域：小兔的便便 2. 健康领域：样样都爱吃 3. 社会领域：再见，小兔	美工区：小兔穿花衣	活动一：喂小兔

主题活动案例精选

活动（一）我给小兔取名字

活动目标

1. 能根据小兔明显的外形特征或自己的喜好为小兔取名字。

2. 说话时，声音自然，音量适中。

3. 愿意表达自己的想法，敢于大声说出自己给小兔取的名字。

活动准备

1. 经验准备：幼儿有观察小兔的经验；幼儿知道自己的名字和小朋友的名字。

2. 物质准备：小兔照片、黑板、集体记录纸、小贴画、水彩笔。

活动过程

1. 说说自己的名字。

教师鼓励幼儿介绍自己的名字，知道每个人的名字都很独特。

教师：你的名字叫什么？你还知道谁的名字？请你说一说。

幼儿大胆地介绍自己的名字和自己知道的名字。

2. 给小兔取名字。

教师出示小兔照片，引导幼儿根据小兔明显的外形特征或自己的喜好为小兔取名字，帮助幼儿用画图的方式记录。

教师：你想给小兔取什么名字？为什么取这个名字？这个名字有什么意义吗？请你说一说。

幼儿大胆地介绍自己给小兔取的名字，说明理由。

3. 给小兔的名字投票。

教师将幼儿为小兔取的名字记在展板上的集体记录纸上，给每个幼儿发一张小贴画，引导幼儿在自己喜欢的名字下面粘贴小贴画做标记。

教师：请小朋友们为自己喜欢的小兔名字投票，把小贴画粘在相应的名字下面，进行投票。

幼儿上前，把自己手中的小贴画粘在自己喜欢的小兔名字下面。

4. 数数哪个名字票数多。

教师请个别幼儿到前面，按照手口一致点数的方法点数每个名字下面的小贴画数量，并说出总数。

教师：请一名小朋友来数一数，每个名字下边有几张小贴画，看看哪个小兔的名字票数最多。

幼儿到集体记录表前进行点数并说出小贴画的总数，看看哪个名字投票数量最多，选出小兔的名字，叫着小兔的名字喂养、照顾小兔。

活动延伸

在日常生活中，每当幼儿讨论给小兔取名字的话题时，教师都会认真、耐心地倾听幼儿的想法，鼓励幼儿大胆地表达。另外，每次幼儿观察、照顾小兔时，教师都会鼓励幼儿一边叫着小兔的名字，一边照顾小兔，增进幼儿爱小兔的积极情感。

活动反思

孩子们都喜欢为小兔取名字，并充分地表达自己的想法。本次活动目标基本完成。投票环节时，个别幼儿出现了不认同、不能接纳别人意见的情况。教师及时关注幼儿表达的同时，也抓住了这一教育契机，引导幼儿尝试尊重他人的想法。

活动 （二） 画小兔

活动目标

1. 会用正确的握笔方法进行绘画和涂色。

2. 能大胆地画出小兔的外形特征。

3. 喜欢画画，感受艺术创作的美。

活动准备

1. 经验准备：幼儿观察过小兔，知道小兔的外形特征。

2. 物质准备：小兔照片（有白兔子，也有花兔子；选择不同动态的兔子；选择兔子正面、侧面的照片）、绘画纸、水彩笔、油画棒。

活动过程

1. 谈话导入，引导幼儿回忆小兔的外形特征。

教师：小兔长什么样子？

幼儿根据已有经验说出小兔的外形特征。

教师说出今天绘画的主题——小兔。

2. 引导幼儿探索如何画小兔。

（1）出示小兔照片，引导幼儿欣赏、感受小兔的外形特征。

①出示白兔子照片，引导幼儿观察白兔子。

教师：小兔子的身体是由哪几个部分组成的？每个部分什么形状？什么颜色？

幼儿根据自己的观察和理解，说一说自己对白兔子外形的认知。

小结：小兔有头、长耳朵、身体、四条腿、短尾巴。白兔是白色的，它的眼睛是红色的。

②出示花兔子照片，引导幼儿观察花兔子。

教师：这只小兔和刚才的白兔哪里不一样？

幼儿细致观察和发现，说出自己对花兔子外形的认知。

小结：这只兔子个头大一些，它的身上有黑色的花纹，花兔子的眼睛是黑色的。

（2）出示不同视角和动态的小兔照片（正面的、侧面的、蹲着的、趴着的），引导幼儿欣赏小兔不同的姿势。

教师：现在，你看到的小兔是什么样子的？它在做什么？

幼儿结合不同动态的小兔照片，说出自己观察到的和猜测的内容。

小结：有正面、侧面的小兔。有的小兔在吃蔬菜。有蹲着的小兔，它在看别人。也有趴着的小兔，它在睡觉、休息。

（3）出示绘画工具与材料，邀请一名幼儿探索如何画小兔。

教师：请一个小朋友到前面来画小兔。

教师结合幼儿绘画，引导幼儿把小兔的头往下画一点儿，因为头上有一对长耳朵；引导幼儿在纸张中间靠下一点儿的位置画小兔的身体，避免画出来的小兔偏向纸张的一侧。

幼儿根据自己对小兔外形特征的认知，用画笔在黑板上的画纸上探索画出小兔。

3. 幼儿创作表现小兔。

教师帮助幼儿梳理绘画步骤和注意事项，鼓励幼儿大胆地画小兔。

教师：小朋友们可以先画小兔的头、长耳朵、身体、四条腿、短尾巴，最后画眼睛、鼻子、嘴巴。因为头的上面有耳朵，所以要把小兔的头往下画一点儿；把小兔画在纸的中间，避免画面的主体偏了。

安全提示：要用正确的握笔姿势绘画，注意画笔和脸保持一定的距离，避免画笔扎到眼睛。

幼儿大胆地画小兔，给小兔涂上漂亮的颜色。画好后，把画笔收好。

4. 帮助幼儿粘贴小兔作品，鼓励幼儿欣赏作品，自评或互评。

教师：你喜欢哪只小兔？你觉得小兔的哪里画得好看？

幼儿欣赏小兔作品，说说自己喜欢的小兔，自评或互评。

活动延伸

美工区：投放不同品种、形态各异的小兔照片供幼儿欣赏；投放大小、颜色不同的画纸，粗细不同的画笔和多种颜料，支持幼儿画小兔。

活动反思

由于本班在开展"我爱小兔"的主题活动，因此，幼儿每天都去观察小兔、喂小兔，对小兔的外形特征有了充分的前期感知，为本次"画小兔"的活动做好了经验准备。大多数幼儿敢画、喜欢画小兔，能把小兔的特征画得非常明显。通过分析幼儿作品不难看出，本次活动目标基本完成。从幼儿作品的构图和背景来看，有很大的突破。从幼儿愉快的情绪中能感受到幼儿成功绘画小兔的喜悦。

活动（三）小兔爱吃什么

活动目标

1. 知道小兔爱吃的食物。

2. 尝试用语言、动作等形式表达喂小兔的感受和结果。

3. 喜欢照顾小兔，喂小兔时，感到快乐。

活动准备

1. 经验准备：幼儿喜欢谈论关于小兔的话题；幼儿知道小兔不能吃湿漉漉的食物，食物在喂给小兔吃之前要先晾晒，去除表面水分。

2. 物质准备：晾晒从家里、幼儿园食堂收集的各种食物；用围栏创设宽阔、安全、卫生的活动场地，投放若干只小兔，便于幼儿观察、喂养。

活动过程

1. 想一想、猜一猜（大胆猜想）。

教师带领幼儿来到提前创设好的户外活动场地。

（1）教师：小朋友们，今天，小兔们还没吃早饭，好饿呀！请你们猜猜，小兔爱吃什么？

（2）幼儿根据已有经验大胆猜测。

（3）教师根据幼儿回答追问：你怎么知道的？

（4）幼儿调动已有经验大胆表达。

（5）教师小结：小兔爱吃的东西可真多呀！你们猜了这么多种食物，但是，小兔喜不喜欢吃呢？一会儿，咱们就试一试吧！

2. 试一试、喂一喂（实践验证）。

（1）提示幼儿，喂小兔时要注意安全。

教师：喂小兔的时候，应该注意什么安全？

幼儿自由发言，教师耐心倾听。

小结：不要让小兔咬手，不推挤小朋友，不要用力拉拽小兔。

（2）教师鼓励幼儿用自己提前准备好的食物喂小兔，验证自己的猜想是否正确。

教师：用你刚才猜测的小兔喜欢吃的食物，去喂一喂小兔，看看小兔爱不爱吃。

（3）教师巡回指导，关注幼儿安全的同时，重点倾听幼儿讲话，引导幼儿把自己的发现讲给教师和其他幼儿听。

3. 听一听、说一说（分享结论）。

（1）自由表达喂小兔的感受。

教师：小朋友们，你们喂小兔时，有什么感觉？

幼儿自由表达喂小兔的感受。

小结：小朋友们都喜欢喂小兔。小兔吃了这么多好吃的，也很开心！

教师：你喂小兔吃什么了？它爱吃吗？

幼儿用语言、动作等形式表达喂小兔的感受和结果。

（2）自由表达自己爱吃的食物。

教师：小朋友们说得真对！小兔爱吃这么多种食物。那小朋友们，你们爱吃什么食物呢？

幼儿自由表达自己爱吃的食物。

小结：小朋友们和小兔一样，什么都爱吃，一起做健康、不挑食的宝贝！

活动延伸

1. 鼓励幼儿从家里、幼儿园食堂找来小兔爱吃的食物，喂给小兔吃，感受照顾小兔的快乐。

2. 进餐环节中，鼓励幼儿做兔宝宝，样样蔬菜都爱吃，争做不挑食的健康宝贝。

活动反思

本次活动选择在户外宽阔的场地进行，幼儿在温馨、自然的生活场景及轻松的氛围下，喂小兔吃东西，既满足了探究兴趣，又拓展了相关经验，萌发了想要照顾小动物和爱护小动物的情感。整个活动中，幼儿是活动的主体，在自由的状态下直接感知、亲身体验、大胆尝试和分享，获得了受益终身的学习品质和能力。

主题活动反思

"我爱小兔"的主题活动属于绿色教育园本课程"绿色农庄"主题板块。整个活动分为三个部分：小兔来幼儿园啦——我知道的小兔——照顾小兔。活动来源于幼儿的真实需求，可爱的小兔激发了幼儿想要照顾、探究它们的积极情感。幼儿在教师的鼓励下，主动和食堂阿姨商量，每天为小兔留下菜叶；幼儿还在后院的草地上，为小兔拔草、晾晒；在喂小兔的时候，他们发现小兔拉的便便像个小黑枣儿；幼儿在观察到小兔舔小爪子洗脸时，开心得赶快叫来老师和同伴一起看……整个活动，幼儿收获的不仅有对小兔的认识，还有爱动物、爱生活、积极向上的情感。

本次主题活动让教师也有了教育理念和认知上的变化。

在语言活动"我给小兔取名字"中，幼儿给小兔名字投票时出现了不能接纳别人意见的情形，这是一个社会性发展的教育契机，教师没有把握住机会。今后，教师应抓住幼儿突发事件，挖掘其中的教育价值，对幼儿适当地引导和教育。

在科学活动"小兔爱吃什么"中，大多数常见蔬菜，幼儿都不认识，也叫不出名字。其实，每次进餐环节，教师都会结合饭菜进行介绍，但幼儿仍然缺乏对蔬菜的认知。今后，可以在种植园种植活动、进餐环节、操作材料、教学活动、猜谜游戏等活动过程中，引导幼儿更加全面、准确地认识蔬菜。教师应在活动中关注幼儿的发展水平，利用多种策略，以适宜的方式，努力帮助幼儿自然而然地提高认知。

另外，本次主题活动可以在健康领域"我学小兔跳跳跳"的活动中，设计立定跳远、双脚连续向前跳的环节，以便达到幼儿体能测试的要求。

总的来说，本次主题活动不仅让幼儿获得了成长，也让教师获得了成长，学会了把幼儿摆在活动的主体位置，尊重幼儿，追随幼儿的兴趣点。同时，教师把握教育契机、观察幼儿等方面的能力也得到了提高。

主题活动二：小鸭嘎嘎（小班）

教师：钱保霞 赵晶莹 张彭蕊

扫码看彩图 4-2-1

主题活动由来

六一儿童节过后，小朋友们来到班里，热闹地谈论起来。子轩说："昨天，爸爸带我去野鸭湖玩儿了。"盟盟抢着说："我也去了，那里有好多小野鸭。"诺诺说："我奶奶家就有小鸭子。"涵涵说："菜市场有小鸭子，我和奶奶都看见了。奶奶给我买了两只。"宸宸说："我家也养小鸭子。我喜欢小鸭子，它好可爱！"

我们结合幼儿的兴趣点及康庄独有的自然资源——野鸭湖，与幼儿和家长相约野鸭湖。孩子们追着小鸭喂食、看小鸭游泳、观察桥洞下小野鸭一只脚站立着睡觉……我们发现，孩子们对小野鸭非常感兴趣。他们还提出了很多关于小鸭的问题，比如，"小鸭会捉鱼吗？""小鸭用什么游泳？""小鸭为什么睡觉和我不一样呢？"……听了小朋友们的问题，我们决定及时抓住这一教育契机，满足幼儿的兴趣和对小鸭的好奇，设计并开展了"小鸭嘎嘎"的主题活动。

幼儿现状分析

野鸭湖国家湿地公园离我们幼儿园很近。家长们经常带着幼儿到那里去看小野鸭。因此，幼儿对小野鸭有了初步的认知，他们非常喜欢小野鸭。班里多数幼儿家里都没有养小鸭的地方，他们都想在幼儿园里喂养小鸭，和小鸭做游戏。我们紧紧追随幼儿对小鸭感兴趣的契机，设计并开展了"小鸭嘎嘎"的主题活动，既满足幼儿兴趣，又能激发幼儿爱护小动物的情感。

主题活动总目标

1. 对小鸭感兴趣，能通过仔细观察发现其明显的外形特征。
2. 喜欢小鸭，愿意用自己的方式照顾小鸭。
3. 对小鸭好奇，能运用多种感官进行探索活动。
4. 能运用恰当的语言表达自己对小鸭的想法。
5. 初步了解和体会小鸭和人们生活的关系。
6. 在艺术活动中，通过涂涂画画、粘粘贴贴等艺术手法大胆表现小鸭。

主题活动网络图（图 4-2-1）

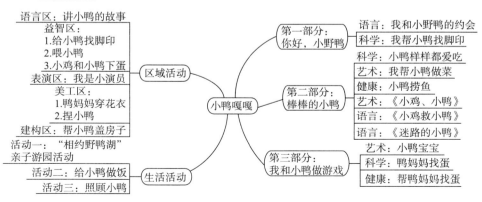

图 4-2-1

主题环境创设

（一）主题墙环境创设（图4-2-2）

1. 第一部分：你好，小野鸭（图4-2-3）。

图4-2-2   图4-2-3

创设方式：教师邀请家长和幼儿到野鸭湖国家湿地公园游玩，初步认识小野鸭，感受野鸭的可爱、有趣。"你好，小野鸭"主题墙饰采用照片的形式记录幼儿的发现，呈现幼儿对小野鸭的初步认知。

2. 第二部分：棒棒的小鸭（图4-2-4）。

图4-2-4

创设方式：幼儿园创设了"动物乐园"，里面养了几只小鸭子。幼儿每天都会去那里给小鸭喂食、观察小鸭。教师采用拍照的方式，帮助幼儿记录观察小鸭后的发现，包括小鸭的外形特征及生活习性。

3. 第三部分：我和小鸭做游戏（图 4 - 2 - 5）。

图 4 - 2 - 5

创设方式：教师采用拍照的方式，帮助幼儿记录给小鸭洗澡、喂食、画小鸭、照顾小鸭的过程，展现幼儿喜爱小鸭的情感。

（二）区域环境创设

1. 益智区：给小鸭找脚印、喂小鸭、小鸡和小鸭下蛋。

投放材料：

（1）在主题板的草丛中镶嵌小动物的脚印魔术贴，供幼儿玩"给小鸭找脚印"的游戏；小河里投放圆形、正方形、三角形的各色小鱼，供幼儿玩钓鱼游戏时使用；制作不织布的小鸭子草丛，供幼儿玩"藏小鸭"的游戏（图 4 - 2 - 6）。

（2）"喂小鸭"玩具用大纸箱制作，配合主题板上的虫子和小鱼，供幼儿感知 1 和许多、分辨图形和颜色、练习点数使用。

（3）"小鸡和小鸭下蛋"游戏可以用葫芦制作小鸡和小鸭，用纸箱做它们的窝，投放仿真鸡蛋和鸭蛋。

指导要点：

（1）指导幼儿猜一猜"这是谁的脚印"，找一找，试一试。

（2）指导幼儿说一说，一共给小鸭喂了几条鱼？先数一数小鱼的数量，再来喂小鸭。

（3）指导幼儿观察小鸭想吃什么图形或颜色的小鱼，帮小鸭钓鱼，再把钓到的鱼喂给小鸭吃。

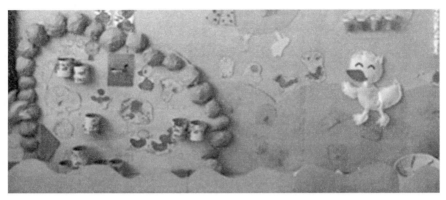

图 4-2-6

（4）鼓励幼儿藏一藏、找一找小鸭子，可以将小鸭子藏在班级教室的各个角落。当幼儿找到小鸭时，引导幼儿说一说在哪里找到的小鸭子。

（5）指导幼儿边玩"小鸡和小鸭下蛋"的游戏边说一说哪个是鸡蛋、哪个是鸭蛋。

2. 美工区：鸭妈妈穿花衣、捏小鸭。

投放材料：

（1）画有鸭妈妈造型的绘画纸、大排笔、颜料、抹布、各种自制涂鸦工具、各种辅助材料、胶棒。

（2）捏小鸭用的各色彩泥、黄泥。

指导要点：

（1）鼓励幼儿大胆尝试使用各种涂鸦工具和辅助材料为鸭妈妈穿花衣。

（2）提示幼儿及时用抹布将手上及掉在地上的颜料擦干净，保持游戏区的整洁。

（3）指导幼儿尝试用团圆、组合的捏泥方式制作小鸭子。

3. 语言区：讲小鸭的故事。

投放材料：图书《小鸡和小鸭》《丑小鸭》《小猫、小鸭去散步》。

指导要点：

（1）指导幼儿一页一页地翻看图书。

（2）指导幼儿仔细观察画面，能根据画面内容说出图中有什么、发生了什么事情等。

4. 建构区：帮小鸭盖房子。

投放材料：

（1）为幼儿提供毛绒鸭子大、中、小共三只，引导幼儿为鸭子盖房子。

（2）鼓励幼儿从家里带来各种毛绒小动物。

（3）投放积木：EVA 大积木、空心积木。

（4）投放辅助材料：纸板、木板（圆形、正方形、长方形）若干、各种颜色的易拉罐、原木色的纸筒若干。

指导要点：

（1）重点指导幼儿运用叠高的方法搭建房屋，鼓励幼儿使用纸板进行搭建。

（2）鼓励幼儿大胆地使用各种积木和辅助材料进行搭建。

（3）游戏结束后，提示幼儿按照标记将积木及辅助材料收放整齐。

5．表演区：我是小演员。

投放材料：

（1）音乐：《小鸡、小鸭》《数鸭子》《泥娃娃》《小兔乖乖》。

（2）乐器：堂鼓、撞钟、沙锤、响板、串铃、铃鼓、电子琴等。

（3）服装：小鸡、小鸭服装 2 套，小鸡、小鸭头饰各 2 个。

指导要点：

（1）鼓励幼儿尝试使用播放器为自己播放音乐。

（2）提示幼儿按照音乐节奏，选择喜欢的乐器进行伴奏。

（3）鼓励幼儿使用自然的声音歌唱，表达对小鸭的喜爱。

（4）鼓励幼儿模仿小鸡、小鸭下蛋时的动作和叫声，感受自己扮作小鸡、小鸭的快乐。

可利用的教育资源

（一）园所资源

幼儿园为支持班级开展活动，搭建了"小鸭乐园"，投放了若干只小鸭，供幼儿观察、喂养。

（二）家庭资源

1. 家长与幼儿共同调查、收集野鸭湖资料，拍摄游园照片，录制相关视频。

2. 鼓励家长带领幼儿参与班级"相约野鸭湖"亲子游园活动，到野鸭湖喂小野鸭，感受照顾小动物的快乐。

3. 引导家长支持幼儿喂小鸭，帮助幼儿总结小鸭喜欢吃的食物，了解相关知识。

（三）社会资源

幼儿园附近有一个国家 4A 级旅游景区——北京野鸭湖国家湿地公园。每年一到鸟儿迁徙的季节，就会有大量的候鸟在此停歇、繁殖和越冬。优美的环境和种类繁多的鸟类，吸引着康庄幼儿园的家长和小朋友们，家长经常带领幼儿去那里游玩。教师也可以组织家长和幼儿开展"相约野鸭湖"的亲子游园活动，让幼儿在游玩过程中，探究和发现小野鸭的秘密，激发幼儿热爱大自然、热爱动植物的情感。

主题系列活动（表4-2-1）

表4-2-1 主题系列活动表

主题活动	教育活动	区域活动	生活活动
第一部分：你好，小野鸭	1. 语言领域：我和小野鸭的约会 2. 科学领域：我帮小鸭找脚印	语言区：讲小鸭的故事	活动一："相约野鸭湖"亲子游园活动
第二部分：棒棒的小鸭	1. 科学领域：小鸭样样都爱吃 2. 艺术领域：我帮小鸭做菜 3. 健康领域：小鸭捞鱼 4. 艺术领域：《小鸡、小鸭》 5. 语言领域：《小鸡救小鸭》 6. 语言领域：《迷路的小鸭》	益智区：给小鸭找脚印、喂小鸭、小鸡和小鸭下蛋 表演区：我是小演员	活动一：给小鸭做饭
第三部分：我和小鸭做游戏	1. 艺术领域：小鸭宝宝 2. 科学领域：鸭妈妈找蛋 3. 健康领域：帮鸭妈妈找蛋	美工区：鸭妈妈穿花衣、捏小鸭 建构区：帮小鸭盖房子	活动一：照顾小鸭

主题活动案例精选

活动（一）我和小野鸭的约会

活动目标

1. 愿意在同伴和教师面前讲话，大胆表达自己的想法。

2. 能结合自己的观察，讲述自己的发现。

3. 讲话时声音自然，吐字清楚，声音大小适中。

活动准备

1. 经验准备：本次活动之前，幼儿与家长参加了班级组织的"相约野鸭湖"亲子游园活动，幼儿获得了与小野鸭亲密接触的机会和经验。

2. 物质准备：请家长帮忙搜集去野鸭湖游玩的照片。

活动过程

1. 创设谈话情景，引出话题"我和小野鸭的约会"。

教师营造一种宽松、自由的谈话氛围，出示幼儿和家长去野鸭湖游玩的照片，引出话题。

教师：小朋友们，看一看，我们昨天去了哪里？那里有什么？

幼儿根据已有经验，自由表达自己的所见、所闻。

2. 通过提问引导幼儿结合去野鸭湖游玩的已有经验自由交谈。

教师提问并引导幼儿回答，以录制视频的方式帮助幼儿记录。

教师：小野鸭吃什么？小野鸭怎么睡觉？小野鸭是怎么游泳的？小野鸭住在什么地方？小野鸭怎么走路？你来学一学。

幼儿倾听教师提问，根据已有经验回答，并与同伴、教师讨论相关话题。

3. 教师结合幼儿谈话情况进行小结。

教师：小朋友们今天说话的声音都非常好听！你们能把自己的发现讲给老师和其他的小朋友听，你们真棒！老师把咱们和小野鸭做游戏的照片贴在墙上，等到你们的爸爸、妈妈来咱们班的时候，请把你们的发现也讲给他们听听吧！

活动延伸

美工区：教师鼓励幼儿把关于小鸭的发现用绘画的方式记录下来。教师一对一地倾听幼儿讲述并记录，帮助幼儿以图文并茂的形式将绘画作品和相应的文字呈现在美工区内，为幼儿分享经验提供参考。

活动反思

大多数幼儿在集体面前能大胆地谈论自己去野鸭湖的经历，愿意讲给其他幼儿和教师听，个别幼儿存在不敢说、不想说的现象。教师应在日常生活中耐心地倾听幼儿讲述，鼓励幼儿大胆表达。

活动（二）小鸭样样都爱吃

活动目标

1. 喜欢小鸭，探索小鸭爱吃哪些食物。

2. 能大胆地与同伴、教师交流探索的过程和结果。

3. 愿意喂养小鸭，感受照顾小鸭的快乐。

活动准备

1. 经验准备：幼儿观察过小鸭吃东西的状态，对小鸭爱吃的食物有所了解。

2. 物质准备：提示家长支持幼儿喂小鸭，帮助幼儿准备小鸭喜欢吃的蔬菜、水果等食物。

活动过程

1. 谈话导入，鼓励幼儿猜测小鸭爱吃什么食物。

教师通过谈话活动，引出小鸭爱吃什么食物的话题，鼓励幼儿大胆猜想。

教师：请你猜一猜，小鸭爱吃什么食物？

幼儿结合自己的经验说一说小鸭爱吃什么食物。

2. 引导幼儿说一说自己给小鸭带来了什么食物。

教师鼓励幼儿大胆地介绍自己给小鸭带来的食物名称。

教师：你给小鸭带来了什么好吃的食物？请你说一说。

幼儿拿着自己从家里带来的食物，向教师、同伴介绍。

3. 鼓励幼儿把自己带来的食物喂给小鸭吃，验证自己的猜想。

教师进行安全提示：喂小鸭的时候，小手不能直接伸进笼子里，要保护好自己的小手。

幼儿把自己带来的食物喂给小鸭吃，验证自己的猜想，感受照顾小鸭的快乐。

4. 鼓励幼儿大胆表达，分享自己喂小鸭的经验。

教师：小鸭爱吃你带来的食物吗？请你来说一说。

幼儿把自己喂小鸭的经验介绍给大家。

小结：小鸭什么都爱吃，我们也要像小鸭子一样，做一个不挑食的小朋友。

活动延伸

家园共育：家长鼓励幼儿把家里择下来的菜叶等带到幼儿园，喂给小鸭吃，鼓励幼儿像小鸭一样爱吃蔬菜，做个不挑食的健康宝贝。

活动反思

本次活动目标基本达成。幼儿在喂小鸭吃食的过程中，观察到小鸭子能把自己带来的食物都吃光，观察小鸭爱吃蔬菜、爱吃食物的状态，更喜欢喂养小鸭子了。在进餐环节，教师以小鸭样样食物都爱吃为例，鼓励幼儿像小鸭一样多吃蔬菜，进而发现幼儿挑食现象明显好转。

活动（三）帮鸭妈妈找蛋

活动目标

1. 积极参与户外游戏，在游戏过程中，愿意表达自己的发现和想法。

2. 喜欢接触大自然，对身边的事物和现象感兴趣。

3. 愿意参与找鸭蛋的游戏，能够仔细观察并寻找鸭蛋。

活动准备

1. 经验准备：幼儿认识鸭蛋，知道鸭蛋的外形特征。

2. 物质准备：鸭妈妈的服饰，塑料玩具鸭蛋若干（藏在后花园草丛各处），幼儿每人一个小筐（用来装找到的鸭蛋），音乐（热身操音乐、轻音乐）。

活动过程

1. 小鸭热身操。

教师穿着鸭妈妈的服装，带领幼儿随着音乐节奏跳小鸭热身操。

教师：小鸭走路摇一摇，小鸭小鸭点点头，小鸭肩膀耸一耸，小鸭屁股扭一扭，小鸭小鸭弯弯腰，小鸭小鸭跳一跳。

幼儿模仿教师动作，随着音乐节奏做小鸭热身操。

2. 创设"帮鸭妈妈找蛋"的游戏情景，带领幼儿到幼儿园的花园里找鸭蛋。

（1）引导幼儿到花园里帮鸭妈妈找鸭蛋。

教师：我的蛋宝宝不见了。请小鸭子们帮我找到鸭蛋。

幼儿自主地来到花园里，寻找鸭妈妈的蛋。

教师：小鸭子们在找蛋的时候，要注意安全，互相避让。

教师：你从哪儿找到的鸭蛋？

幼儿尝试说出找到鸭蛋的位置，大胆地表达。

（2）引导幼儿数一数鸭蛋的数量，把自己的感受讲给别人听。

教师：你找到几个鸭蛋？请你数一数。

幼儿手口一致地点数自己找到的鸭蛋数量，数一数，说一说。

3. 营造"谢谢小鸭"的轻松氛围，带领幼儿放松身心。

教师以鸭妈妈的口吻感谢小鸭们的帮助。

教师：感谢小鸭们，今天帮我找到这么多的蛋宝宝，太感谢你们啦！

幼儿听着轻音乐，放松身心，体会着参与户外游戏的快乐。

活动延伸

益智区：投放若干自制鸭蛋，引导幼儿玩"帮鸭妈妈数蛋"的游戏，鼓励幼儿在游戏中，练习手口一致地点数并说出总数。

活动反思

幼儿喜欢玩观察与寻找的游戏。他们能克服困难，坚持帮鸭妈妈找蛋，通过手口一致地点数，知道了找到的鸭蛋的数量。在此活动中，幼儿提高了观察能力、点数能力，体会到帮助鸭妈妈的快乐。

主题活动反思

"小鸭嘎嘎"主题活动属于绿色教育园本课程"绿色田野"主题板块，整个活动分为三个部分"你好，小野鸭""棒棒的小鸭""我和小鸭做游戏"。主题活动来源于幼儿的兴趣，活动充分挖掘康庄幼儿园周边的自然资源，萌发了幼儿喜欢小鸭子、热爱并愿意照顾小鸭子的情感。教师通过在大自然中感受、在生活中观察、在游戏中再现等活动形式，激发幼儿热爱小动物的情感。每当教师提到小鸭子，孩子们都非常感兴趣。幼儿通过看一看、摸一摸、闻一闻、听一听、喂一喂小鸭子，感知小鸭子。在孩子们了解了小鸭明显的外形特征及生活习性后，每天更愿意照顾小鸭子了。在与小鸭子一起游戏时，孩子们更加活泼、开朗，喜欢说、敢于把自己的发现告诉同伴和老师，更愿意表达了！

活动需要改进的内容有以下几点：第一，由于教师欠缺一些关于小鸭的知识，导致在探究小鸭的生活习性时，幼儿发现的问题不能及时地得到专业的解答。教师应通过网络、书籍搜集更多关于小鸭的专业知识，及时解答幼儿的提问，帮助幼儿梳理并总结相关经验。第二，教师可以充分利用家庭资源，鼓励有饲养鸭子经验的家长为幼儿进行专业的讲解，使幼儿获得的信息更加准确、科学。

主题活动三：山楂红啦（中班）

教师：孙雨蒙　赵坤宇　赵闫冉

扫码看彩图 4-3-1

主题活动由来

十一假期过后，一次户外活动时，孩子们正往后院走，突然发现山楂树上的山楂都红了。孩子们看见红红的小果实，很是兴奋。有的说："老师，你看，山楂都红啦！有的都掉到地上啦！"有的说："我吃过山楂，酸酸的。"有的说："我十一国庆节去我爷爷家，那里就有山楂树。山楂上面还有小点点呢！"孩子们你一言、我一语地说起了有关山楂的话题。幼儿是积极的活动者和主动的学习者。直接经验感知、操作和游戏活动是幼儿学习的主要方式。他们运用多种感官进行探索和实践活动，过程中获得不同的知识和经验。我们从幼儿的兴趣点和关注点出发，设计并开展了"山楂红啦"的主题活动。

幼儿现状分析

中班幼儿喜欢探究、求知欲强，他们对周围新奇的事物感兴趣，喜欢思考，爱提问。幼儿园里的山楂红了，这引起了孩子们强烈的兴趣和好奇心。他们兴奋地提出了很多想法，如想要摘山楂、想知道高处的山楂怎么摘、山楂怎样吃等。教师倾听了孩子们感兴趣的话题，支持他们在观察、讨论、尝试中完成想要做的事情，设计并开展了"山楂红啦"的主题活动。活动符合本班幼儿的兴趣和需求，相信通过孩子们的看、摸、闻、尝等多种感官不断探究，能让他们对山楂有所了解，习得科学探究与发现的方法。

主题活动总目标

1. 探索和发现山楂的奥秘，了解山楂的结构，并能通过简单的调查收集关于山楂的信息。

2. 知道山楂的营养价值，了解它与人体健康的关系。

3. 能用绘画、手工制作等多种方式表现对山楂的所见、所想。

4. 愿意与他人交谈，喜欢谈论自己感兴趣的话题。

5. 敢于尝试有一定难度的、有关山楂的探究活动。

主题活动网络图（图 4 - 3 - 1）

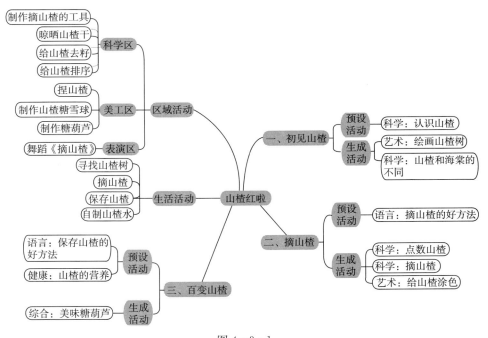

图 4 - 3 - 1

主题环境创设

（一）主题墙环境创设（图 4 - 3 - 2）

1. 第一部分：初见山楂（图 4 - 3 - 3）。

了解山楂，知道山楂的结构包括果柄、果皮、果蒂、果肉、果核；通过看、摸、闻、尝区分山楂和海棠的不同。山楂的表面有小白点点，摸起来有点儿粗糙；海棠的表面没有点点，摸起来是光滑的；山楂的种子黏黏的，聚在一起，像一朵小花；海棠的种子是黑色的，是一粒一粒分开的；山楂的果蒂有个小洞，像开了的小花；海棠的果蒂聚在一起，像小灯笼穗；山楂的味道是酸酸的，海棠的味道是酸甜的。

幼儿采用不同的绘画方法进行山楂树的写生，走近山楂树，通过观察并绘画，进而发现山楂树是由树根、树干、树枝、树叶、果实组成的。

图 4-3-2   图 4-3-3

2. 第二部分：摘山楂（图 4-3-4）。

幼儿通过几次摘山楂的实践活动发现高处的山楂摘不到，就和爸爸、妈妈一起查阅资料、想办法，如蹬着梯子、站在椅子上、用带剪刀和兜子的长杆子、爬树等，并根据总结的办法寻找和制作工具，不断尝试和探究，最终摘到了高处又红又大的山楂。

3. 第三部分：百变山楂（图 4-3-5）。

图 4-3-4   图 4-3-5

幼儿发现摘下来的山楂很容易变质，就和家长上网搜索保存山楂的好方法，他们还在家里和超市寻找用山楂制作的不同食物。幼儿通过采摘、保存、清洗、穿串儿、熬糖、蘸糖等步骤制作糖葫芦。

（二）区域环境创设

1. 科学区：山楂去籽。

投放材料：山楂、筐箩、塑料美工刀、棉签等。

指导要点：幼儿通过动手操作（图4-3-6），借助各种工具，探究给山楂去籽的好方法。

图4-3-6

2. 美工区：绘画《山楂红啦》。

投放材料：超轻纸黏土、丙烯颜料、卡纸、刷子、黑色水彩笔、山楂树叶、胶棒、剪刀、美工刀、油画棒等。

指导要点：幼儿根据自己对山楂的观察和想象，大胆地表现对山楂的所见、所想（图4-3-7、图4-3-8）。

图4-3-7

图4-3-8

3. 益智区：点数山楂、给山楂排序。

投放材料：山楂若干。

指导要点：幼儿能手口一致地点数 10 以内数量的山楂，并能够按照山楂的大小给山楂排序（图 4 - 3 - 9）。

图 4 - 3 - 9

4. 表演区：舞蹈《摘山楂》。

投放材料：提供自制服饰、音乐、乐器、头饰、采摘山楂的道具等。

指导要点：幼儿能够根据摘山楂的动作和音乐节奏，大胆地表现摘山楂的情景（图 4 - 3 - 10）。

图 4 - 3 - 10

可利用的教育资源

（一）园所资源

幼儿园户外的自然环境中种有许多山楂树，幼儿园有保存山楂的冰箱（图

4-3-11），园里有筐和笸箩，可以采摘山楂和晾晒山楂干时使用。幼儿园的山楂树距离幼儿教室比较近，可供幼儿随时观察、探究（图4-3-12）。幼儿可以将摘下来的山楂放进冰箱里保存。

图4-3-11

图4-3-12

（二）家庭资源

家长带领幼儿通过网络、电视、书籍等搜集关于摘山楂和保存山楂的好方法。家长和幼儿一起到超市购买山楂和以山楂为原料加工的食品，家长可以给山楂和山楂加工食品拍照，并将照片分享到班级微信群里。

（三）社会资源

家长利用节假日、周末或空闲时间，带领幼儿走进幼儿园周边的超市、菜市场，寻找不同的山楂制品。售货员为幼儿介绍不同的山楂制品及其营养价值。家长带领幼儿到周边的市场寻找制作糖葫芦的方法。

主题系列活动（表4-3-1）

表4-3-1　主题系列活动表

主题活动	教育活动	区域活动	生活活动
第一部分：初见山楂	1. 科学领域：认识山楂 2. 艺术领域：绘画山楂树 3. 科学领域：山楂和海棠的不同	美工区：山楂树粘贴画	活动一：寻找山楂树
第二部分：摘山楂	1. 语言领域：摘山楂的好方法 2. 科学领域：点数山楂 3. 科学领域：摘山楂 4. 艺术领域：给山楂涂色	科学区：制作摘山楂的工具 表演区：舞蹈《摘山楂》 美工区：捏山楂	活动一：摘山楂

161

(续)

主题活动	教育活动	区域活动	生活活动
第三部分：百变山楂	1. 语言领域：保存山楂的好方法 2. 健康领域：山楂的营养 3. 综合：美味的糖葫芦	美工区： 1. 制作山楂糖雪球 2. 制作糖葫芦 科学区： 1. 晾晒山楂干 2. 给山楂去籽	活动一：保存山楂 活动二：自制山楂水

主题活动案例精选

活动（一）认识山楂

活动目标

1. 认识山楂，知道山楂的构造。

2. 了解山楂的特点。

3. 对探究山楂感兴趣。

活动准备

1. 经验准备：见过山楂。

2. 物质准备：实物山楂、儿童安全小刀、山楂内部结构图。

活动过程

1. 出示实物山楂，引出活动，激发幼儿兴趣。

出示实物山楂（图4-3-13），与幼儿互动，询问幼儿山楂的外形特征。

教师：孩子们，这是咱们收集来的山楂。它是什么样子的？都包括什么？

2. 分发山楂，引导幼儿了解山楂的内部结构。

（1）猜想山楂的内部结构。

教师：你们猜一猜，山楂里面有什么？它是什么样子的？

（2）幼儿切开山楂，观察其内部结构（图4-3-14）。

（3）幼儿分享自己的观察与发现。

幼儿：山楂里面的果肉是白色的。

幼儿：山楂里面的种子黏黏的，聚在了一起。

幼儿：山楂的种子是弯弯的，有点儿像橘子瓣儿。

（4）观看山楂内部结构图。

小结：山楂包括果皮、果柄、果核、果肉、果蒂，果核是聚在一起的，红色的果皮上有小白点儿。

图 4 - 3 - 13　　　　　　　　　　　　　图 4 - 3 - 14

3. 结合自己的观察，画出山楂的样子。

教师：你观察的山楂果柄、果皮、果核、果肉、果蒂分别是什么样子的？它是什么形状的？什么颜色？

幼儿：我绘画的山楂是切开的样子。山楂的果皮是红色的，果肉是白色的，果核是月牙儿形状的，聚在一起的，果蒂是棕色的。

活动延伸

1. 引导幼儿在幼儿园里观察各种树木，寻找山楂树。

2. 引导幼儿制作一个"水果宝盒"，收集不同水果的照片，对比观察它们的相似之处和差异。

活动反思

活动中，孩子们对山楂的构造有了更多的了解，包括外部和内部的构造。他们在观察完山楂的外形后，切开山楂，对其内部进行探究，也有了惊奇的发现。幼儿经过观察，发现了山楂具有以下特点：红色的山楂皮上有白色的小点点，摸着有点儿粗糙；山楂的种子黏黏的，聚在一起，像一朵小花；山楂的果蒂上有小洞，像开了的小花；山楂的味道酸酸的。

活动（二）摘山楂的好方法

活动目标

1. 能够根据调查表大胆地说出自己绘画的摘山楂的好方法。

2. 能用连贯的语言讲述画面内容。

3. 愿意与同伴分享摘山楂的好方法。

活动准备

1. 经验准备：摘过山楂。

2. 物质准备：摘山楂活动照片、"摘山楂的好方法"调查表、各种摘山楂用的工具、黑板、笔、塑料袋、胶带。

活动过程

1. 出示图片，回忆摘山楂的活动。

（1）教师：孩子们，你们看，大家在干什么？

教师出示摘山楂活动的照片，引导幼儿观察画面并回忆当时的活动情景，请个别幼儿上前讲述画面内容（图4-3-15）。

图4-3-15

（2）教师：在摘山楂的时候，你们遇到了什么困难？

（3）教师：有的山楂挂在高处，太高了，够不到，用什么办法，才能够到它？

2. 分享摘山楂的好方法。

（1）教师：你们和家长一起调查了摘山楂的好方法。接下来，就请小朋友分享一下。

教师请个别幼儿到前面向其他幼儿介绍自己搜集到的摘山楂的好方法。

（2）教师引导幼儿给摘山楂的方法分类并总结。

小结：小朋友们想出了这么多的好方法，可以蹬着梯子，爬上去，摘山楂；可以站在小椅子上，摘山楂；可以用带剪刀和网子的长杆子摘山楂；也可以找个子高的老师抱着小朋友，让小朋友摘山楂。接下来，我们可以找到这些工具，再摘一次山楂。

3. 寻找材料。

（1）幼儿根据总结的方法分组，寻找并收集可以用到的工具。

幼儿自由分为两组：班级组、园内组。

班级组的幼儿收集了椅子（图4-3-16）、塑料袋、胶带、剪刀。

园内组的幼儿收集了梯子、筐、笸箩、长杆子。

（2）制作工具。

幼儿尝试把塑料袋用胶带绑在长杆子的一端（图4-3-17），留出一个口，可以接住掉下来的山楂。

图4-3-16　　　　　　　　　　　　　　图4-3-17

（3）将收集到的工具和自制工具拿到山楂树下。

幼儿分享收集来的工具及其用法，为摘山楂做准备。

活动延伸

幼儿将收集到的材料和工具放在一起，尝试摘山楂，探究哪种工具更适宜。

活动反思

本次活动前，孩子们摘过一次山楂，他们发现高处的山楂够不到，想要回家询问家长。于是，我们引导幼儿和家长一起做调查并把摘山楂的好方法画下来，来园后，和其他小朋友分享。幼儿可以看着自己绘画的好方法，大胆地讲述画面内容，并给收集到的好方法分类。幼儿根据自己的喜好，收集和制作摘山楂的工具和材料，准备第二次摘山楂。

活动（三）　美味的糖葫芦

活动目标

1. 学习制作糖葫芦的步骤和方法。

2. 提高幼儿的动手能力和创造力。

3. 了解糖葫芦的营养价值，增加对健康饮食的认识，养成良好的饮食习惯。

活动准备

1. 经验准备：幼儿吃过糖葫芦。

2. 物质准备：山楂、橘子、葡萄、锅、勺子、竹签、电磁炉、白砂糖、水、托盘。

活动过程

1. 介绍糖葫芦。

(1) 提问引出糖葫芦，激发幼儿制作的兴趣。

教师：孩子们，你们吃过什么样儿的糖葫芦？你们知道做糖葫芦都需要什么材料吗？糖葫芦是怎么做出来的？

教师：制作糖葫芦需要山楂和不同的水果块、竹签、托盘、锅、水、白砂糖、电磁炉。先把洗好的山楂或水果块穿在竹签上，将白砂糖和水熬成糖浆，再把穿好的糖葫芦均匀地蘸上熬好的糖浆，晾凉、定型，美味的糖葫芦就做好了。

(2) 引导幼儿自由表达自己想要制作什么样儿的糖葫芦。

教师：今天，咱们就一起动手制作美味的糖葫芦吧！你们想做什么样儿的糖葫芦？

2. 制作糖葫芦。

(1) 介绍制作糖葫芦需要准备的材料。

教师：请你们先看看，老师都准备了什么？这里有山楂、橘子、葡萄、竹签、锅、电磁炉、白砂糖、托盘。

(2) 讲解制作糖葫芦的步骤和方法。

①先将山楂和葡萄洗干净（图4-3-18），放在托盘里；再给橘子剥皮，将橘子瓣取出，也放在托盘里。

②按照自己的想法穿一串糖葫芦，每串糖葫芦至少要穿三块水果。

③将白砂糖倒入锅中，加入适量的水，加热至白砂糖完全溶化，形成黏稠的糖浆，开始冒泡泡，转小火，再熬5分钟（图4-3-19）。

④取出一串穿好水果的糖葫芦，让糖葫芦的表面均匀地蘸上糖浆。

⑤将蘸好糖浆的糖葫芦整齐地摆放在托盘里，自然晾凉，定型。

图4-3-18　　　　　　　　　　　　图4-3-19

(3) 安全提示。

①穿糖葫芦时，要一只手握着竹签的中间，一个一个地穿水果块，避免竹

签扎到手。

②不要将竹签的尖儿对着别人或自己，以免扎伤；用竹签穿好糖葫芦后，将其放在托盘里。

（4）幼儿尝试制作糖葫芦。为了避免幼儿烫伤，教师可以替幼儿给糖葫芦蘸上糖浆。

3. 品尝糖葫芦。

（1）介绍糖葫芦的营养价值和食用方法。

教师向幼儿介绍糖葫芦的营养价值和食用方法，引导幼儿学会如何安全地食用糖葫芦。

教师：糖葫芦有消食的作用，还可以给身体补充维生素 C。在品尝糖葫芦的时候，一定要横着拿着竹签，将糖葫芦一颗一颗地咬下来吃，避免竹签扎到嗓子。拿着糖葫芦时，注意不要将竹签的尖儿对着自己和其他的小朋友，以免不小心扎伤自己或别人。

（2）安全提示。

教师：吃糖葫芦时，要横着拿糖葫芦的签子，避免扎嘴。

4. 分享糖葫芦。

将制作好的糖葫芦分享给其他班级的教师和小朋友。

活动延伸

幼儿离园时，将制作好的糖葫芦带回家，和家人分享。幼儿也可以在家里和家长一起制作糖葫芦。

活动反思

活动开展前，孩子们对本次活动非常期待，都想品尝自己亲手制作的糖葫芦。幼儿在制作糖葫芦之前，先要筛选和清洗山楂。在穿糖葫芦之前，教师要教给幼儿穿糖葫芦的方法并提示幼儿注意安全。幼儿在穿橘子瓣时，发现容易穿坏，经过多次尝试，发现把竹签横着穿过橘子瓣中间的位置，不容易穿坏。幼儿在品尝糖葫芦之前，懂得将其分享给教师和大班的哥哥、姐姐。教师在品尝糖葫芦时发现有点儿粘牙，猜测可能是熬糖浆的时候水放多了、糖放少了、火大了。

主题活动反思

（一）幼儿方面

1. 分工合作，深度学习。本次活动过程中，幼儿分工合作，深度学习，从计划到实践，从讨论到合作，知道了山楂与海棠的不同，并且能够区分。

2. 亲子互动乐趣多。亲子调查为家长和幼儿提供了亲子互动的机会，让家长和幼儿在积极的互动中增进彼此的感情，共同获得发展。

3. 活动形式多样，注重幼儿的感知和体验学习。本次主题活动源于自然，并充分利用了自然资源，在看、听、说、闻、尝、做等操作体验中将自然物——山楂引入幼儿生活，让孩子们充分体验到了收获的快乐。

4.活动内容融合了多个领域。教师引导幼儿发现问题、分析问题、解决问题，促进其各方面能力的提升，激发幼儿深度学习。

（二）教师方面

1.追随幼儿兴趣与需求。在活动中，教师始终追随幼儿的兴趣，活动内容贴近幼儿生活，能有计划、有目的地开展主题活动，并根据本班幼儿的实际情况和需求，结合个体差异，灵活地推进教育活动。

2.家庭资源的有效利用。本次主题活动充分发挥家庭教育的作用，让家长和幼儿一起调查、走进社会、走进自然，如，家长和幼儿一起去菜市场、超市寻找山楂及各种山楂制品，让家长真正参与到教育活动中，家园合力，共同促进幼儿发展。

本次"山楂红啦"的主题活动体现了教师能及时关注幼儿生活，善于发现幼儿感兴趣的事物，并抓住教育契机，使幼儿获得了更多的经验与方法。

主题活动四：红薯熟了（大班）

教师：王文燕 郭 鸽 刘曦鸣

扫码看彩图 4-4-1

主题活动由来

九月初，刚开园，孩子们就发现了幼儿园的各种变化，尤其是小菜园，一片生机勃勃的样子。冉冉说："快看，辣椒变红了！"淇淇说："这根丝瓜好长呀！"当然，旁边紫色的茄子、红彤彤的小番茄，也都让孩子们忍不住想动手摸一摸。今天，我们再次走进小菜园。钢钢提议："咱们上个月刚挖了土豆，这个月是不是可以接着挖红薯了？红薯应该长大了吧？"旁边的几个小朋友也都附和着："是啊，上个月说还没长大。咱们去问一问陈爷爷，看看能不能挖。"孩子们一提起挖红薯，个个情绪高涨、跃跃欲试。因此，我们打算本月和孩子们在红薯地里大干一场，并开展"红薯熟了"的主题活动，也充分利用园所资源让幼儿接触自然，满足幼儿的好奇心和劳动的愿望。

幼儿现状分析

本班幼儿在经历两个多月的暑假后，重新回到幼儿园并升入大班。孩子们对周围的一切都感到好奇，也在努力适应新的环境和新的教师。他们的常规与习惯、表达能力、动手能力、解决问题的能力等都需要进一步培养和提升。同时，小菜园里成熟的瓜果蔬菜也引起了孩子们的关注和讨论。可见，幼儿对小菜园充满了探究欲望。

《指南》中提出："幼儿的学习是以直接经验为基础，在游戏和日常生活中进行的。要珍视游戏和生活的独特价值，创设丰富的教育环境，合理安排一日生活，最大限度地支持和满足幼儿通过直接感知、实际操作和亲身体验获取经验的需要。"我们以这一要求为依托，借助园内小菜园的资源，让幼儿亲自动手尝试与探究，通过多种秋收活动提升幼儿的各种能力，让幼儿与园所资源充分互动。

主题活动总目标

1. 能大胆想象，有创造力，愿意与周围环境互动并用自己的方式表达对秋天、对瓜果成熟的喜爱之情。

2. 在参与活动的过程中，能和同伴商量并解决问题，有基本的规则意识，通过自己的劳动知道要爱惜粮食、尊重农民伯伯的劳动成果。

3. 在与红薯互动的活动中能主动发现问题，积极提出问题，在探究过程中掌握基本的概括、分类、统计方法，并尝试和同伴商量解决办法，能听取他人的意见和建议。

4. 在活动中，能大胆地提出自己的观点和解决方案，愿意当众表达，能注意倾听他人讲话，不打断别人讲话。

5. 在劳动过程中，会安全地使用易于操作的劳动工具，保护自己在劳动中不受伤。

6. 了解红薯的营养价值，在生活中能选择健康的食物食用。

主题活动网络图（图 4-4-1）

详见下页。

主题环境创设

（一）主题墙环境创设（图 4-4-2）

1. 第一部分：丰收啦（图 4-4-3～图 4-4-6）!

创设方式：通过幼儿自由分组、讨论、做计划的形式开展，并在主题墙上展示幼儿的计划单。幼儿根据本组计划开展秋收活动，具体包括选取工具、组员分工与配合、收获果实等。第一次实施秋收活动后，幼儿对丰收过程中遇到的实际问题进行了讨论并总结了解决办法，然后再次尝试，最后给收获的果实分类，通过分类认识各种瓜果蔬菜。幼儿在此过程中不断地尝试并总结经验，不断地调整秋收的方式、方法，从而获得了秋收的相关知识和经验。

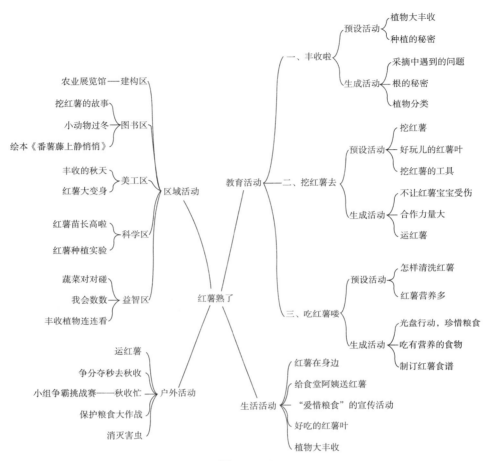

图 4-4-1

图 4-4-2

図 4 - 4 - 3　　　　　　　　　　　　図 4 - 4 - 4

図 4 - 4 - 5　　　　　　　　　　　　図 4 - 4 - 6

2. 第二部分：挖红薯去（图 4 - 4 - 7）。

创设方式：展示幼儿在小菜园里与红薯互动的过程，从探秘红薯叶、品尝红薯叶到挖红薯需要的工具，幼儿自己做调查，利用班级、园所资源寻找挖红薯的工具，展示幼儿在活动中遇到的困难和解决的办法，以绘画、计划表、实践活动照片的形式呈现。

図 4 - 4 - 7

3. 第三部分：吃红薯喽（图4-4-8、图4-4-9）！

创设方式：幼儿将挖到的红薯带回班里计数并清洗。教师采取照片、统计表、绘图的方式进行墙面展示，让幼儿有序地梳理整个过程，积累本次活动中获得的各种经验。幼儿清洗红薯后，请食堂的阿姨帮助加工、制作，最终吃到了香甜可口的红薯（图4-4-10）。

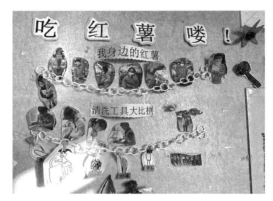

图4-4-8

图4-4-9

图4-4-10

（二）区域环境创设

1. 美工区：丰收的秋天（图4-4-11、图4-4-12）。

投放材料：绘画颜料、彩色笔、漆笔、各色彩纸、彩泥等美术材料，废旧材料，自然物。

指导要点：幼儿尝试用不同的材料及工具进行写生绘画活动。在绘画过程中，幼儿能仔细观察丰收的景象，画出红薯的基本样态，并用自己的绘画作品装饰班级环境。

图 4 - 4 - 11

图 4 - 4 - 12

2. 美工区：红薯大变身（图 4 - 4 - 13、图 4 - 4 - 14）。

投放材料：个头较小的红薯（引导幼儿不浪费粮食），自然物，废旧物、彩色笔、彩泥、剪刀、画笔、胶带等材料。

指导要点：尝试利用各种材料大胆创意，借助红薯的造型大胆想象，创意制作出各种动物造型。创作过程中，幼儿能做到不浪费粮食，并用自己的作品装饰班级环境。

图 4 - 4 - 13

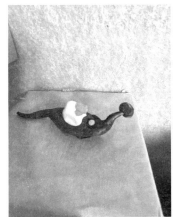
图 4 - 4 - 14

3. 科学区：红薯苗长高啦（图 4 - 4 - 15、图 4 - 4 - 16）！

投放材料：红薯、土、水、花盆、水瓶、观察记录表、直尺。

指导要点：

（1）引导幼儿在自然角通过水培、土培红薯进行实验对比，感受植物强大的生命力。

（2）能使用测量工具对植物生长的过程进行记录（自然角实验区：红薯种植实验），并对比记录结果，发现水培与土培对红薯生长的影响。

（3）幼儿按照小组负责制对自然角的植物进行管理和照看。幼儿能在小组长的督促下，完成连续记录红薯生长过程的任务要求。

图 4 - 4 - 15

图 4 - 4 - 16

4. 语言区：挖红薯的故事（图 4 - 4 - 17）。

投放材料：自制故事盒、自制图书《挖红薯》、绘本《七只老鼠挖红薯》《热乎乎的红薯》《番薯藤上静悄悄》

指导要点：引导幼儿自然、流畅地讲述有关红薯的故事，能创编并绘制与挖红薯有关的故事，并自制图书，向其他小朋友大胆地讲述。

图 4 - 4 - 17

5. 建构区：农业展览馆（图4-4-18）。

投放材料：积木及辅助材料。

指导要点：引导幼儿借助视频、图片等资讯了解农业展览馆，能在观察和感受农业展览馆建筑风格和外形特征的基础上，大胆进行叠高、连接、延长、镂空等建构活动，搭建出自己想象的农业展览馆。

图4-4-18

6. 益智区：我会数数（图4-4-19、图4-4-20）。

投放材料：红薯图片、记录表。

指导要点：引导幼儿根据红薯图片进行成组数数，并将计数结果写在记录表上，也可以利用班级其他物品进行练习。

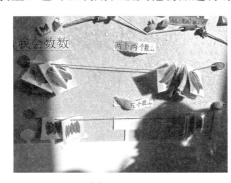

图4-4-19

图4-4-20

可利用的教育资源

（一）园所资源

幼儿园的小菜园里有一片红薯地，种了很多的红薯。教师可以带领幼儿种植红薯（图4-4-21），了解红薯的生长过程，掌握初步的劳动经验。幼儿园有一处专门陈列农具的展示墙和石磨等，可以让幼儿认识各种不同功能的农具，提升幼儿选择、使用农具的相关经验。

图4-4-21

（二）家庭资源

因为康庄地区地处农村，很多幼儿家里都有菜地。家长可以带领幼儿走进自家菜地，认识各种成熟的蔬菜，鼓励幼儿动手尝试劳作（图4-4-22），体验秋收的喜悦与自豪。同时，引导幼儿品尝自己收获的劳动果实，让幼儿更有成就感，也可以带领幼儿通过阅读图书、网络搜索等方式查阅更多有关红薯的知识。

图4-4-22

（三）社会资源

园所周边有很多超市、粮店、菜市场等场所。家长可以利用周末或节假日，带领幼儿到这些地方寻找各种红薯制品，引导幼儿了解红薯的各种加工产品。

主题系列活动（表4-4-1）

表4-4-1 主题系列活动表

主题活动	教育活动	区域活动	生活活动
第一部分： 丰收啦	1. 社会领域：植物大丰收 2. 科学领域：种植的秘密 3. 科学领域：采摘中遇到的问题	科学区： 1. 红薯种植实验 2. 红薯苗长高啦	活动一：身边的工具
第二部分： 挖红薯去	1. 社会领域：挖红薯 2. 艺术领域：好玩儿的红薯叶 3. 科学领域：挖红薯的工具 4. 健康领域：运红薯	美工区：红薯大变身 图书区：挖红薯的故事	活动一：给食堂阿姨送红薯
第三部分： 吃红薯喽	1. 科学领域：怎样清洗红薯 2. 健康领域：红薯营养多 3. 社会领域：光盘行动，珍惜粮食 4. 社会领域：制订红薯食谱	建构区：农业展览馆	活动一："爱惜粮食"的宣传活动 活动二：好吃的红薯叶

主题活动案例精选

活动（一）好玩儿的红薯叶

活动目标

1. 探索并讨论红薯叶可以怎样玩儿，能大胆地表达自己的想法。

2. 尝试用红薯叶制作项链或头饰，戴在身上或头上。

3. 体验红薯叶创意玩法带来的乐趣，能自信、大胆地展示自己的作品。

活动准备

1. 经验准备：有动手制作手链、项链、头饰的经历，了解红薯叶容易断等特性。

2. 物质准备：用红薯叶做成饰品的图片、红薯叶若干、记录纸、笔。

活动过程

1. 谈话导入，激发幼儿兴趣。

教师：孩子们，大家都迫不及待地想去红薯地挖红薯。但是，挖红薯之前，我们发现红薯地里还有一大片绿油油的叶子。你们想一想，红薯叶能做些什么呢？

幼儿自由讨论并大胆表达自己的想法。

2. 出示图片，引导幼儿了解部分玩法。

（1）出示用红薯叶做成饰品的图片，请幼儿仔细观察。

（2）幼儿观察后说一说自己的猜想：红薯叶是怎么变成项链和头饰的？

3. 带领幼儿到小菜园，探索如何将红薯叶变成项链（图 4 - 4 - 23）。

图 4 - 4 - 23

（1）幼儿自由探索。

幼儿尝试用什么方法可以将红薯叶变成项链，想到方法后，就去试一试，看看能不能成功。

（2）成功后，幼儿在记录纸上记录自己的探索结果。

教师：你想到了什么方法？成功了还是失败了？

幼儿分享自己的探索结果，教师拍摄视频进行记录。

①可以将红薯茎从叶子中间穿过去，裹住，连接起来，这样就变长了。但是，不能围拢成圆形，因为红薯茎很脆，一弯就断了。

②可以将红薯茎掰折，但不要掰断。在红薯茎的外边有一层薄薄的薄膜，可以将折了的茎连接在一起。但掰的时候，一定要小心，不然很容易断掉。

③可以将叶子撕成心形或花朵形状进行装饰，这样更漂亮！

（3）教师总结幼儿探索的方法。

教师总结幼儿探索的结果，与幼儿一起梳理方法：轻轻地掰红薯茎，注意不能一下子将红薯茎掰断，然后慢慢地撕开红薯茎，将两段红薯茎用茎外面的薄膜连接起来。

（4）幼儿再次进行尝试。

教师：制作时，一定要小心。红薯的茎如果断了，就没办法变成项链或者头饰了。

（5）欣赏成品。

幼儿展示自己用红薯叶、茎等制作的耳环、项链（图 4 - 4 - 24）、头饰……

图 4 - 4 - 24

4. 创意 T 台秀。

幼儿佩戴自己制作的"饰品"，分组进行 T 台秀表演活动。教师引导幼儿大胆而自信地展示自己。

活动延伸

红薯叶是可以食用的。幼儿可以将其带回家，请爸爸、妈妈用红薯叶制作美味的菜肴，一家人品尝（图 4 - 4 - 25）。

活动反思

教师在开展"挖红薯"的活动前并没有想到红薯叶还能做些什么，但是在和个别幼儿交谈的过程中了解到幼儿家里也有红薯地，并且经常玩红薯叶。在幼儿的启发下，教师发现原来红薯叶还有很多种玩法。在活动中，孩子们都小心翼翼地掰红薯的茎，不让它断掉，从他们专注而认真的神情可以看出，他们非常投入，都想成功制作红薯茎项链和头饰。教师在后续的活动中，也要经常和孩子们沟通，了解他们的兴趣，让他们做自己喜欢做的事情，这样活动效果会更好，也能促进幼儿主动学习、深度思考，提升幼儿的专注力和创造力。

图 4 - 4 - 25

活动（二）挖红薯

活动目标

1. 能够在挖红薯前做计划，准备相应的工具和材料，能与同伴分工合作，互相协商。

2. 在挖红薯的过程中，能针对遇到的问题，积极动手、动脑，想办法独立解决问题。

3. 喜欢参加劳动，劳动中能保护自己不受伤。

活动准备

1. 经验准备：幼儿有过采摘果实的经验，也在菜园里挖过土豆。

2. 物质准备：工具、计划表、小铲子、耙子、背篓、筐等。

活动过程

1. 幼儿分组做计划。

教师：我们要去小菜园挖红薯了。在挖红薯之前，我们还要做哪些准备？今天，就请小朋友们自由分组，讨论一下。

（1）幼儿自由分组，针对挖红薯需要做哪些准备进行讨论。

①挖红薯时会用到哪些工具？比如，合适的铲子、筐等。

②挖红薯时，要注意不能在红薯地里随便挖，一定要找到红薯的茎，顺着茎用小铲子轻轻地挖，避免将红薯挖断。

（2）小组成员制作挖红薯的计划表，思考如何分工、使用何种工具，对此进行记录。教师鼓励幼儿积极参与，大胆地表达自己的想法。

2. 幼儿做挖红薯前的准备。

（1）教师和幼儿一起讨论挖红薯的安全规则，保证幼儿在挖红薯的过程中不受伤。

（2）幼儿在班级及园内寻找合适的工具。

小结：小朋友们，今天终于要去挖红薯了！刚才，我们已经进行了讨论。那在挖红薯之前，我们都知道要做一些准备，比如，穿合适的衣服、鞋子；一起在班级或者幼儿园里寻找合适的工具，如小铲子、小背篓、耙子等；小朋友们可以合作挖红薯，如果遇到问题，也不要着急，可以告诉老师和你的好朋友，我们都会帮你的。最重要的是，使用工具的时候，一定要注意安全，保护好自己和身边的人不受伤。工具不能对着别人，也不能举过头顶。

3. 到小菜园里挖红薯。

（1）教师与幼儿一起到小菜园里挖红薯（图4-4-26），探究挖到完整红薯的方法。

（2）幼儿与组内同伴合作，共同挖红薯。

（3）将挖到的红薯运回班里。

4. 活动小结。

教师：今天，挖红薯时，小朋友们分工合作，互相配合，表现得很好！在挖红薯的过程中，我们也遇到了很多问题（和幼儿共同梳理，如红薯被弄断、红薯皮被弄破等）。那针对这些问题，我们还要想办法解决，比如，选择更适合的工具、挖的时候更加小心等。下次，再挖红薯的时候，我们可以试试这些方法。

活动延伸

引导幼儿将红薯洗干净后（图4-4-27），送到食堂（图4-4-28），请食堂的阿姨制作美味的红薯，幼儿品尝。

图4-4-26

图4-4-27

图4-4-28

活动反思

幼儿动手挖红薯，真正地体验到了劳动的乐趣和成就感。在此过程中，幼儿也遇到了一些问题，他们通过独立思考、尝试解决问题，提升了自主解决问题的能力。孩子们互帮互助、合作分工，每个人都感受到了秋收的喜悦。但是，幼儿在工具的选择上，有一部分工具还是不太适合。幼儿在挖红薯时，对于力度掌握得不是很好，过于用力，很容易将红薯直接铲断，后续还要和幼儿进行讨论，总结相关经验。劳动后，孩子们也感受到了农民伯伯种植、劳作的辛苦，从而知道要爱惜粮食，珍惜农民伯伯的劳动成果，尊重农民伯伯的劳动。

活动（三）红薯大变身

活动目标

1. 对制作活动感兴趣，能用捏、揉、团等技能进行手工制作活动，掌握制作立体造型的基本技能。

2. 有丰富的想象力和创造力，能借助红薯的外形进行想象，并利用其他辅助材料进行创意制作。

3. 加深了对红薯的认识，喜欢红薯创意制作活动，在活动中不浪费粮食。

活动准备

1. 经验准备：有手工制作的经验，能利用纸黏土通过团、揉等技能进行制作。

2. 物质准备：红薯，超轻纸黏土，自然物、废旧物等辅助材料。

活动过程

1. 出示幼儿共同挖的红薯，激发幼儿兴趣。

教师：孩子们，我们挖了这么多的红薯，一起来看看，这些红薯像什么呢？

幼儿观察红薯的外形，想象后进行讨论。

2. 自由想象并表达。

幼儿自由表达自己对红薯的想象。教师鼓励幼儿清楚地说出红薯的每个部分分别像什么，如尖尖的红薯头儿像小老鼠的嘴等。

3. 幼儿选择自己需要的红薯进行制作。

教师：我们都选择了不同形状的红薯来进行制作，看看谁的作品更受大家的欢迎！在制作的时候，小朋友们要大胆地动手操作，老师相信你们每个人的作品都会非常特别、非常精彩！在制作过程中，还要注意不能浪费粮食哦！我们要珍惜粮食。制作完成后，这些红薯还可以做其他的事情。如果制作过程中，你遇到了困难，也不要灰心，可以让老师和好朋友一起帮你解决问题。快来看看，你想用红薯做些什么呢？

（1）选择几个不同形状的红薯，请个别幼儿说一说，并用辅助材料示范制作过程。

幼儿根据红薯的形态大胆想象，可以选择自然物、废旧材料、超轻纸黏土等不同的材料进行创意制作。如幼儿可以将超轻纸黏土搓成长条儿，当作动物的胡须；可以将松塔当作动物圆滚滚的肚子，也可以用线绳当作小朋友长长的头发等。在连接材料时，可以让幼儿尝试用多种方法连接。教师给予适当的支持和帮助。

（2）幼儿动手操作，教师巡回指导。

教师鼓励幼儿大胆操作，可以和同伴合作创作。对于个别能力较弱的幼儿，教师应及时指导并和幼儿共同制作。

4. 重点讲解制作细节。

教师：做小老鼠时，可以选择红薯尖尖的一端作为小老鼠的头，再根据红薯的轮廓做出小老鼠的造型，注意制作出小老鼠的细节，如胡须、眼睛等，让自己的作品更逼真！

教师：做小老虎时，可以在老虎的身体和脸上贴出黄黑相间的花纹。需要连接两个红薯时，可以选择用牙签或小木棍进行连接，操作时要注意安全。最后，可以用超轻纸黏土捏出半圆形耳朵的形状，粘在老虎的头部。

5. 作品欣赏。

展示幼儿作品，引导幼儿互相欣赏和评价，并说一说哪件作品更新颖、更让人喜欢，引导幼儿分别从作品的创意、美观程度、制作方法等方面进行评价，鼓励幼儿大胆发言，通过评比选出最具创意的作品。同时，引导幼儿讨论在此过程中学习到了什么方法，如搓、团的技能和连接方法等，从其他作品或者其他人身上看到有哪些值得学习的地方，如坚持、专注等学习品质，以及遇到问题不着急、想办法解决的态度等。

活动延伸

在美工区设置展台，展示幼儿作品，与建构区进行区域联动，将作品摆放在建构区的农业展览馆前面，鼓励幼儿创作出更有创意的作品。

活动反思

幼儿在挖红薯的过程中挖出了很多形态各异、个头较小的红薯。这些红薯为孩子们提供了创意制作的机会。幼儿发挥想象力和创造力，将红薯变成了一个个造型可爱的作品。活动中，每个幼儿都迫不及待地想要动手制作，大胆尝试的同时，也引发了幼儿的积极思考，如怎样连接两块红薯等。孩子们动手、动脑，在活动中收获了很多经验。个别幼儿创作中不够大胆，还需要教师的鼓励和指导。教师可以在下次活动中多关注个别幼儿。

活动（四）　快速数红薯

活动目标

1. 能以 2 个、5 个为一组进行成组数数，并在活动中进行记录。

2. 尝试用不同的成组数数的方法解决生活中遇到的问题。

3. 喜欢数学活动，感受数学在生活中的有用和有趣。

活动准备

1. 经验准备：幼儿基本上能 2 个 2 个和 5 个 5 个的唱数，并能数到 50。

2. 物质准备：红薯图片、PPT 课件、雪花插片、班里的其他玩具。

活动过程

1. 谈话导入，激发兴趣。

教师：小朋友们挖了这么多的红薯，一直不知道到底有多少。今天，咱们就一起来数一数吧！（幼儿尝试数一数）

2. 提出要求，初次探索。

（1）教师出示一张有着 10 个红薯的图片，引导幼儿观察并进行点数。

教师：请小朋友们看一看，数一数，这张图片中一共有几个红薯？你是怎么数的？（幼儿示范）

（2）请幼儿猜想两种不同的数数方法哪种更快。

教师：小朋友们，你们认为 1 个 1 个地数比较快，还是 2 个 2 个地数比较快呢？为什么？让我们比一比吧！

（3）请不同想法的幼儿进行数数比赛。

教师：其实，数数有很多种方法。今天，我们就试试用多种方法数一数吧！

要求：

①在数红薯时，要注意控制自己的音量，不要打扰到旁边的小朋友。

②要积极开动脑筋，用多种方法来数红薯。

（4）幼儿集体操作、验证，教师分别观察并指导。

①幼儿操作，教师重点观察幼儿数数的方法并进行个别指导。

教师：你是怎么数的？还有其他的方法吗？

②分享数数方法，教师记录并归纳、小结。

教师：现在，请小朋友们把自己的方法给大家分享一下。

小结：因为 1 个 1 个地数要数 10 次，2 个 2 个地数要数 5 次，5 个 5 个地数只要数 2 次就可以了，所以 5 个 5 个地数比 1 个 1 个地数更快一些。但是，对于小朋友来说，5 个 5 个地数比较困难，容易数错。因此，在实物数量不多的情况下，建议小朋友还是 2 个 2 个地数吧！

3. 再次探索，提升经验。

教师：接下来，我们又有新的任务啦！这里有很多我们平时玩儿的插片玩具。我们一起用快速的数数方法数一数吧！

活动延伸

1. 将红薯图片投放至益智区，供幼儿练习成组数数使用。

2. 回家后，幼儿在家长的帮助下练习成组数数。幼儿也可以和家长进行比赛并记录输赢结果，将比赛结果带到班里，与其他小朋友分享。

活动反思

今天，孩子们一起学习了用 2 个 2 个地数、5 个 5 个地数的方法来数数。孩子们对 2 个 2 个地数掌握得比较好，5 个 5 个地数虽然很快，但容易在结果上出错，因为对于幼儿来讲目测 5 个物品的数量有点儿多，所以在物体数量不多的时候，建议幼儿用 2 个 2 个地数比较快。本次活动是点数幼儿的劳动成果——红薯。活动中，幼儿不仅练习了数数，也感受到了丰收的喜悦。下次活动中，活动材料还可以再丰富一些，活动形式也可以更新颖，可以选择大班幼儿更喜欢的闯关、挑战和竞赛的方式进行点数，这样也可以活跃氛围，激发幼儿参与活动的兴趣。最后，幼儿能将学到的点数方法应用到生活中，解决了生活中的实际问题，体验到数学学习的有用和有趣。

主题活动反思

十月是红薯成熟的季节。在本次"红薯熟了"的主题活动中，幼儿亲自去小菜园挖红薯、运红薯、回班洗红薯，再到吃红薯，充分发挥了幼儿的主观能动性，满足了幼儿的好奇心，提高了幼儿独立解决问题的能力和劳动能力，拓展了种植的知识和经验，养成了尊重他人的情感态度及珍惜劳动成果的良好习惯。

在活动中，教师以幼儿的经验水平、学习特点和本班幼儿的实际情况为出发点，利用丰富的园所、家庭和社会资源，支持幼儿最大限度地获得发展，使幼儿能够进一步探秘红薯并积极参与劳动。在第一部分"丰收啦"的活动中，幼儿大显身手，想办法用各种不同的工具采摘园内成熟的果实，尽情感受秋季丰收的喜悦，并与教师、同伴共同讨论遇到的问题，齐心协力地想办法解决问题，孩子们也提升了自信心。

本次主题活动还有不足之处。在今后的活动中，教师要走近幼儿，细致观察每个幼儿的不同表现，关注幼儿的兴趣与真需要，抓住每一个教育契机，让幼儿做自己想做的事情。活动中，要让幼儿成为真正的主体，教师要充分相信幼儿可以做好每件事，给幼儿更多的机会去尝试。同时，教师也要关注活动的节奏，根据幼儿的进度把控活动各个环节，让活动开展得更顺畅。同时，对于大班幼儿来说，教师要及时引导幼儿，为幼儿提供更多深度探索与发现的机会。

第五章
绿色军营主题活动案例

主题活动一：我是消防小小兵（小班）

教师：张　叶　张绍莹　刘飞燕

扫码看彩图 5-1-1

主题活动由来

开学初，一次消防演习结束后，孩子们说着"这游戏真好玩""我还想再跑一次"，看着孩子们的兴奋劲儿，显然将消防演习当成了一场游戏。考虑到本班幼儿对于消防演习没有经验，安全意识较差，恰巧班里有一名幼儿的爸爸在消防队工作，为了提高孩子们的消防安全意识，于是，我们邀请家长进班为幼儿讲述消防安全小故事，孩子们听得津津有味，加深了对消防员的认识，也对消防员这一职业产生了探究兴趣，结合《纲要》中提出"密切结合幼儿的生活进行安全、营养和保健教育，提高幼儿的自我保护意识和能力"的要求，我们开展了"我是消防小小兵"的主题活动。

幼儿现状分析

幼儿的年龄特点与生长发育规律决定了小班幼儿的自我保护意识和能力欠佳，动作不协调。本班幼儿对危险的认识、安全意识及自我保护能力都很弱，但他们对消防演习、消防员叔叔的职业很感兴趣，也想模仿。我们借此机会，准备开展与消防安全有关的教育活动，帮助本班幼儿掌握更多火灾自救、逃生及自我保护的具体方法，引导幼儿模仿消防员叔叔每日进行体能训练，提升幼儿的体能。

主题活动总目标

1. 了解简单的消防知识，不玩火、远离电源，有初步的自我保护意识。

2. 认识并了解消防设施及简单的消防标志，在成人的提醒下能遵守规则，初步养成规则意识。

3. 了解消防员叔叔工作的辛苦，初步懂得尊重为自己服务的人。

4. 能口齿清楚地说出与安全有关的儿歌和童谣。

5. 能通过绘画、粘贴、唱歌、跳舞等多种方式进行与消防有关的艺术创作与表演。

主题活动网络图（图5-1-1）

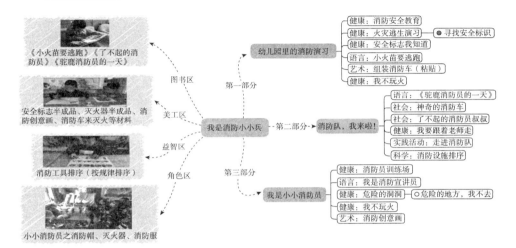

图5-1-1

主题环境创设

（一）主题墙环境创设（图5-1-2）

图5-1-2

1. 第一部分：幼儿园里的消防演习（图 5-1-3）。

创设方式：利用消防演习的照片及幼儿搜集园所内不同的安全标识进行展示，并呈现幼儿自己涂画、设计的安全标识作品。

图 5-1-3

2. 第二部分：消防队，我来啦（图 5-1-4）！

创设方式：以活动现场照片的形式展示幼儿参观消防队前的准备活动及参观过程，并提供可以互动的立体消防车图卡，激发幼儿兴趣，巩固幼儿对消防车的认识。

3. 第三部分：我是小小消防员（图 5-1-5）。

创设方式：以"我是小小消防员"相关的户外活动和区域活动照片的形式呈现，并提供幼儿消防服、消防帽、灭火器等材料，供幼儿扮演消防员时使用。

图 5-1-4　　　　　　　　图 5-1-5

（二）区域环境创设

1. 语言区。

投放材料：关于消防安全方面的绘本，如《小火苗要逃跑》（图5-1-6）、《驼鹿消防员的一天》（图5-1-7）、《小小消防员》等。

指导要点：引导幼儿阅读绘本故事，了解与消防有关的知识，激发幼儿对消防员的兴趣。

图5-1-6　　　　　　　　　　　　图5-1-7

2. 表演区。

投放材料：关于消防安全的音乐，如《消防安全歌》《消防儿歌》《小小消防员》《听我说"谢谢你"》。

指导要点：鼓励幼儿随着音乐节奏做简单的律动动作，体验当众表演的乐趣，为后续走进消防队为消防员叔叔表演做准备。

3. 益智区。

投放材料：消防工具按规律排序图卡（图5-1-8）、消防车与小人玩偶空间位置图卡等。

指导要点：鼓励幼儿利用消防工具图卡玩按规律排序的游戏，借助消防车与小人玩偶图卡感知方位，能够正确分辨上下、里外、前后等方位。

4. 美工区。

投放材料：安全标志图卡、消防车简笔画（图5-1-9）、灭火材料半成品（图5-1-10）、颜料、彩泥、蜡笔等。

指导要点：鼓励幼儿根据生活经验给安全标志、消防设施涂色，利用灭火材料半成品练习画直线，鼓励幼儿进行艺术活动，并体验制作的快乐。

图 5 - 1 - 8

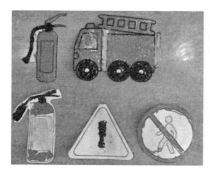

图 5 - 1 - 9

图 5 - 1 - 10

可利用的教育资源

（一）园所资源

幼儿园在适当的位置张贴消防安全标志、摆放消防器材；园所组织师幼进行消防演习（图 5 - 1 - 11、图 5 - 1 - 12）。

图 5 - 1 - 11

图 5 - 1 - 12

（二）家庭资源

家长志愿者与幼儿共同参观消防站、搜集消防安全知识，提高幼儿自我保护意识（图5-1-13、图5-1-14）。

图5-1-13

图5-1-14

（三）社会资源

教师带领幼儿参观消防站，请消防员叔叔为幼儿讲解消防安全知识，介绍消防器材的使用方法，演示操作步骤（图5-1-15、图5-1-16）。

图5-1-15

图5-1-16

主题系列活动（表5-1-1）

表5-1-1　主题系列活动表

主题活动	教育活动	区域活动	生活活动
第一部分：幼儿园里的消防演习	1. 健康领域：火灾逃生演习 2. 健康领域：安全标志我知道	美工区： 1. 消防员灭火（画直线） 2. 组装消防车（粘贴）	活动一：寻找幼儿园里的安全标志

191

（续）

主题活动	教育活动	区域活动	生活活动
第二部分：消防队，我来啦	1. 语言领域：《驼鹿消防员的一天》 2. 社会领域：了不起的消防员叔叔	科学区：消防工具排序	活动一：舞蹈《听我说"谢谢你"》
第三部分：我是小小消防员	1. 健康领域：消防员训练场 2. 艺术领域：消防创意画	角色区：我是小小消防员	活动一：我当小小消防员 活动二：安全知识我知道

主题活动案例精选

活动（一）火灾逃生演习

活动目标

1. 了解消防安全演习的全过程。

2. 知道幼儿园火灾逃生的方法。

3. 萌发发生火灾时的自我保护意识。

活动准备

1. 经验准备：知道发生火灾时要马上逃生，保护自己不受伤害。

2. 物质准备：视频《幼儿园火灾逃生》、PPT课件、火灾警铃音效、火警电话号码图卡、实物毛巾、剪刀、画纸、彩色笔、双面贴。

活动过程

1. 讨论火灾逃生的方法。

教师播放视频《幼儿园火灾逃生》，引导幼儿观看并讨论幼儿园火灾逃生的方法，导入活动主题。

（1）教师：小朋友们，你们从视频里看到幼儿园发生了什么事情？

（2）教师：你们知道幼儿园发生火灾时，应该怎样保护自己吗？

2. 了解火灾逃生的方法。

（1）再次播放视频《幼儿园火灾逃生》，引导幼儿初步感知幼儿园火灾逃生的方法。

教师：我们一起来看看，老师是怎么教小朋友们保护自己的吧！

（2）出示PPT课件中的"捂住口鼻"组图并发放实物毛巾，引导幼儿知道火灾逃生时，要用毛巾捂住口鼻。

（3）鼓励幼儿观察并发现火灾逃生过程中不正确的做法。

教师：你们知道为什么要捂住口鼻吗？小猴在逃生过程中没有捂好口鼻，发生了什么？

3. 学习火灾逃生的正确方法。

出示 PPT 课件中的撤离图片，引导幼儿知道火灾逃生时要弯腰、低头，一个跟着一个从安全出口撤离。

（1）教师：捂好口鼻后，小朋友们应该怎样逃生呢？他们做了哪些动作？

（2）教师：为什么要弯腰、低头呢？

（3）教师：走楼梯时，怎么做才能快速逃离火场？

（4）教师：我们一起来学一学这些动作吧！学一学正确的逃生方法，要弯腰、低头，用毛巾捂住口鼻，避免吸入烟雾。

小结：火灾逃生时，我们要弯腰、低头，避免将烟雾吸入口鼻，走楼梯时不能推挤，要一个跟着一个走，才能快速、有序地从安全出口撤离。

4. 学会拨打火警电话。

出示火警电话号码图卡，引导幼儿知道发生火灾时要及时拨打火警电话。

（1）教师：最后，是谁扑灭了大火？

（2）教师：你们还记得火警电话号码是多少吗？

小结：当我们撤离到安全区域后，要让爸爸、妈妈及时拨打火警电话119，通知消防员叔叔来救火。

5. 师幼共同梳理幼儿园火灾逃生的方法。

教师：咱们一起来回顾一下火灾逃生的方法吧！

小结：幼儿园发生火灾时，我们要捂住口鼻，弯腰，低头，不推挤，一个跟着一个，用最快的速度从安全出口撤离。到达安全区域后，要及时拨打火警电话，通知消防队前来救火。

活动延伸

家长可以和幼儿共同了解更多关于火灾逃生的知识，如高楼发生火灾时如何自救等，丰富幼儿相关经验。

活动反思

这次消防演习活动给幼儿留下了深刻的印象，也让他们学会了消防安全知识和火灾逃生的方法，培养了他们的应急自救能力。活动后，教师反思下次再开展消防演习活动时，可以创设火灾实景，增加烟雾效果，那样教学效果会更好。

活动（二）安全标志我知道

活动目标

1. 认识常见的安全标志，了解这些标志的含义。

2. 能够制作简单的安全标志。

3. 感受安全标志在生活中的重要性，增强安全意识。

活动准备

1. 经验准备：幼儿在生活中见过一些安全标志。

2. 物质准备：PPT 课件、安全标志图片、安全标志类型图片、画纸、彩色笔、双面贴等。

活动过程

1. 情景导入。

出示 PPT 课件中的图片——迷路的小熊猫，引导幼儿知道安全标志的重要性。

（1）教师：熊猫萌萌找不到商场的出口了，请你们帮帮它。

（2）教师：熊猫萌萌应该往哪边走？为什么？

（3）教师：这个有箭头的标志是什么？

（4）教师：如果没有安全标志，我们的生活可能会发生什么？

小结：熊猫萌萌应该按照标志中箭头指示的方向走，因为这个标志叫做"安全出口标志"，是安全标志的一种，它能提醒我们安全出口的方向。安全标志对我们生活来说很重要，如果没有它们的提醒，我们可能会发生许多危险。

2. 出示安全标志类型图片，引导幼儿了解常见安全标志的类型。

教师：这些安全标志有哪些颜色？哪些形状？

教师：你知道这些颜色和形状分别代表什么意思吗？

小结：图片上的安全标志有红、黄、蓝、绿四种颜色，有圆形、三角形、方形三种形状，它们经过组合可以表示不同的安全标志类型。

（1）禁止标志是带斜杠的红色圆圈，表示不可以做的事情（图 5-1-17）。

（2）警告标志是黄色的三角形，用来警告人们可能会发生的危险（图 5-1-18）。

图 5-1-17 　　　　　　　　　　图 5-1-18

（3）指令标志是蓝色的圆形，表示必须遵守（图 5-1-19）。

（4）提示标志是绿色的正方形，能提示人们关键信息（图 5-1-20）。

图 5-1-19　　　　　　　　　　　图 5-1-20

3. 出示常见的安全标志图片，引导幼儿认识生活中常见的安全标志。

（1）教师：你在哪里见过这些标志？

（2）教师：猜猜这些标志是什么意思。

教师再次为幼儿梳理、总结常见的安全标志，引导幼儿了解其含义。

4. 分发材料，设计并张贴安全标志。

（1）分发画纸和彩色笔，请幼儿自行设计安全标志。

教师：安全标志让我们的生活更加安全。请你们为幼儿园设计一些安全标志。

（2）请幼儿张贴自己设计的安全标志。

教师：你想把它贴在哪里？

鼓励幼儿发现园所或班级教室里危险的地方，自己设计安全标志，将设计好的安全标志剪下来，并用双面贴粘贴在合适的位置，提示其他幼儿注意安全。

活动延伸

请家长配合，继续引导幼儿认识更多日常生活中能接触到的安全标志，加强幼儿的安全意识。

活动反思

本次活动目标基本达成。孩子们基本上都能说出安全标志代表的意思。幼儿在寻找、设计并制作安全标志的过程中，进一步懂得了安全标志的意义和重要作用，强化了安全意识。

活动（三）《驼鹿消防员的一天》

活动目标

1. 运用已有生活经验，根据画面内容大胆想象、推测并表达自己对故事情节的理解。

2. 初步了解消防员的日常工作。

3. 喜欢看图书，能指认并讲述自己感兴趣的画面内容。

活动准备

1. 经验准备：知道消防员叔叔的主要工作是灭火，愿意了解消防员叔叔每天的工作内容。

2. 物质准备：消防员灭火的视频、PPT 课件《驼鹿消防员的一天》、移动白板。

活动过程

1. 开始部分：情景激趣。

（1）教师播放消防员灭火的视频，引导幼儿观看。

（2）教师通过提问，激发幼儿对消防员职业的探究兴趣，引出绘本《驼鹿消防员的一天》。

教师：消防员叔叔每天都要做哪些工作呢？

鼓励幼儿大胆猜测并表达，随后通过倾听故事，寻找答案。

教师：下面，咱们就一起来听故事《驼鹿消防员的一天》。

2. 主要部分：认识消防器材和设施。

（1）教师讲述绘本故事《驼鹿消防员的一天》，引导幼儿跟随驼鹿先生一起了解消防员的主要工作，激发幼儿想要了解消防员这一职业的兴趣。

（2）认识各种消防器材和设施。

教师引导幼儿通过观看绘本中出现的各种消防器材和设施，直观地了解它们的外形、用途。

3. 结束部分：说说消防员的装备。

教师带领幼儿说一说常见的或自己了解的消防员基本装备，如防护服、氧气瓶、帽子、靴子、手套、护目镜等，让幼儿认识并了解消防员装备的名称及基本用途。

活动延伸

消防员基本装备及消防设施名称大比拼。两名幼儿为一组。一人说出消防员装备名称，另一人快速找出相应物品的图片，看看谁的反应快，如防护服、氧气瓶、帽子、靴子、手套、护目镜等。

活动反思

孩子们通过阅读绘本更深入地了解了消防员的日常工作内容，如学习专业知识、进行专业训练、锻炼身体等，还了解到消防员的工作内容不止是灭火，他们也会帮助遇到各种困难的人。同时，幼儿通过故事也简单地了解到消防员的装备，如安全帽、防火服、消防斧子、护目镜、手套、防火靴等。这些神奇的防火装备让孩子们对消防员这一职业更加感兴趣了。

活动（四）了不起的消防员叔叔

活动目标

1. 在参观消防站的过程中认识消防员叔叔，了解消防员叔叔日常所做的事情。

2. 知道消防员叔叔工作很辛苦。

3. 愿意表达对消防员叔叔的爱。

活动准备

1. 经验准备：在幼儿参观消防站之前进行过安全教育，引导幼儿讨论到达消防站后想要问消防员叔叔的问题。

2. 人员准备：

（1）联系消防队，安排参观消防站的时间、活动内容、活动流程及安全预案等。

（2）招募家长志愿者8人，明确分工职责，确保幼儿出行安全。

3. 物质准备：提前制作好送给消防员叔叔的礼物，提前准备好舞蹈《听我说"谢谢你"》，音乐《听我说"谢谢你"》。

活动过程

1. 消防员叔叔真帅气——观察、认识消防员叔叔。

（1）引导幼儿仔细观察并了解消防员叔叔日常着装及专业的消防服。

全体人员到达消防站后，教师引导幼儿和消防员叔叔打招呼，并通过关键提问引出活动主题：

①教师：你们知道他们是谁吗？（消防员叔叔）

②教师：消防员叔叔的衣服是什么颜色的？（蓝色）

③教师：他们的衣服上有什么装饰？（有徽章和号码）

④教师：他们衣服上的徽章是什么图案？（五角星、手…）

小结：这件蓝色衣服就是消防员叔叔平时穿的衣服，他们还有一种特殊的专业服装——消防服。你们看一看，这件衣服是什么颜色的？（黑色）有什么颜色的条纹？（黄色的条纹）

⑤消防员叔叔为幼儿讲解不同消防服的作用。教师引导幼儿观察消防员叔叔配备的专业服装，了解其主要特征，借此辨别消防员这个职业。

（2）试穿消防服，感受消防员叔叔的辛苦。

①教师：消防员叔叔穿消防服的速度可快了！请叔叔为我们展示一下吧！

一名消防员叔叔演示快速穿上消防服。

②教师：你们想变身小小消防员吗？可以来试一试消防服或消防帽。

幼儿体验试穿消防服、试戴消防帽，感受其重量。

③教师：穿上消防服，你有什么感觉？（消防服很重，穿上很热）

④教师：把消防帽戴在头上，你有什么感觉？（消防帽很大、很沉）

小结：消防员叔叔每次接到火警电话，都要穿着又厚又重的消防服去灭火，常常热得浑身是汗，消防员叔叔真的很了不起！

2. 消防员叔叔了不起——了解消防员叔叔的日常工作。

（1）消防车大体验，了解不同类型的消防车。

①教师：刚刚说到消防员叔叔接到火警电话，就会立刻出发。你们知道消防员叔叔去做什么吗？（救火）

②教师：消防员叔叔开什么车去救火呢？（消防车）

③教师：请消防员叔叔为我们介绍一下不同类型的消防车。

④消防员叔叔向幼儿介绍不同类型的消防车，如水罐消防车、救援消防车。

⑤教师：接下来，我们可以和消防员叔叔、老师、家长们一起去消防车上看一看。在这之前，我要提出一些要求，请小朋友们仔细听。小朋友们上下车时，要有大人保护，不能乱动车上的物品，有不明白的地方，可以向消防员叔叔提问。

⑥幼儿分成三组，分别坐上消防车进行体验。每组幼儿由一名教师、一名消防员、两名家长志愿者带领。过程中，教师和家长应鼓励胆小、不敢上前的幼儿积极地与消防员叔叔互动。

教师引导幼儿通过亲身体验，感受并了解消防员叔叔的工作内容和危险性，并主动与消防员叔叔互动。

（2）倾听消防员叔叔讲故事，加深对消防员叔叔的了解。

①体验结束后，全体汇合，通过倾听消防员叔叔亲口讲述救援中发生的故事，让幼儿了解消防员工作的辛苦。

教师：其实，除了救火，消防员叔叔还有很多本领。请小朋友们听听叔叔为我们讲一讲救援时发生的故事吧！

②教师：原来消防员叔叔不仅会灭火、救人，还会帮助被困在井里的小朋友、被护栏夹住头的人，还有一次消防员叔叔爬到很高的树上，救下了一只小猫。任何人有困难都可以找消防员叔叔帮忙，他们真的很了不起！

3. 消防员叔叔辛苦了——表达对消防员叔叔的爱。

（1）教师：消防员叔叔的本领这么大，他们是保护我们的人。你想对消防员叔叔说些什么呢？（谢谢叔叔、消防员叔叔辛苦了……）

（2）教师：让我们一起把自己做的礼物送给消防员叔叔，表达我们的爱吧！

请幼儿将自己制作的花束送给消防员叔叔，并为消防员叔叔表演舞蹈《听我说"谢谢你"》，借此表达谢意。

活动延伸

在区域活动中引导幼儿扮演小小消防员,可以模拟并体验消防员的一天。幼儿自行选择"消防小队长"的角色,穿好消防服,戴好消防帽,拿好消防设备,娃娃家可以配合出演"发生火灾"的情景,小小消防员需要立即"出警",疏散人群并进行灭火。在没有火灾发生的时候,小队长可以带领消防队员训练或在班级教室里巡逻检查其他幼儿有没有危险的行为。

活动反思

1. 真实教育体验,内化认知。本次社会实践活动让幼儿走进消防站,近距离地接触消防员叔叔,试穿消防服、登上消防车、听消防员叔叔讲故事等,加深了幼儿对消防员这一职业的认知,知道消防员叔叔很辛苦。尤其是到最后要分别的时候,孩子们跟消防员叔叔紧紧地拥抱在一起,不愿意松手,对消防员叔叔的崇敬之情自然地流露,达成了本次活动的教育目标,突破了活动难点。

2. 拓展教育空间,巧用资源。在本次教育活动之前,我们与消防站密切联系,将教育现场设在消防站,让幼儿置身于真实的场景中,这种现实版的教育活动拉进了幼儿与消防员叔叔之间的距离。

活动 (五) 消防员训练场

活动目标

1. 在生动、形象的情景中模仿消防员,体验消防员的勇敢和辛苦。

2. 练习跑、钻、平衡、爬的动作技能,提高动作的协调性。

3. 激发对消防员职业的热爱和崇敬之情。

活动准备

1. 经验准备:参观过消防站,知道消防员叔叔每天都要进行专业训练。

2. 物质准备:拱形门、平衡木、爬网、呼啦圈、小动物玩具,音乐《消防安全歌》《小小消防员》。

活动过程

1. 情景导入。

教师:之前,咱们一起参观了消防站。今天,老师要请小朋友们扮作消防员。从现在开始,老师就是消防队队长,你们都是我的小队员。接下来,咱们一起去操场训练吧!

2. 热身活动。

教师:请小朋友们按队形站好,开始日常专业训练之前,我们先来做一下热身运动!

教师播放音乐《消防安全歌》,引导幼儿跟随音乐节奏进行头部运动、扩胸运动、压腿、原地踏步、原地跑等动作训练。

3．消防演练。

（1）走云梯。

教师：热身运动结束了。接下来，咱们就要开始训练了。消防员不但要救火，还要通过高高的云梯爬到着火的屋子里去救人。咱们先来练习一下走云梯。

教师引导幼儿练习走平衡木，指导幼儿两臂侧平举、双脚交替地在平衡木上行走，注意保持身体的平衡和稳定。

（2）跳柱子。

教师：现在，我们都会走云梯了。但是，着火的屋子里面还有很多倒下的柱子，消防员要从柱子上面跳过去，才能完成搜救任务。接下来，咱们就练习一下跳柱子吧！

教师鼓励幼儿两脚同时起跳，跳过呼啦圈。

（3）钻小门。

教师：在着火的屋子里面，有些房间的门是锁着的。因此，消防员要用消防斧子在房门上破开一个洞，然后钻进去救人。接下来，我们就来练一下钻小门。

教师指导幼儿掌握钻过拱形门的方法，注意要弯腰，身体各部位尽量不要触碰拱形门，眼睛看向前方。

（4）安全提示。

教师在消防训练过程中，提示幼儿注意安全。

教师：每个小消防员都要注意和前面的队员保持距离，不要着急，不推也不挤，按顺序进行训练。

4．模拟救火情景。

幼儿排队走云梯、跳柱子、钻小门、扑灭大火，模拟救火过程，进行消防技能训练。

教师：小队员们都出色地完成了训练任务，你们太棒了！接下来，我们就要去救火了。

5．救援小动物。

教师：队长刚刚接到了一个报警电话，不远处的森林里着火了。很多小动物被困在了它们的房子里。我们要去把它们救出来。小队员们，你们有信心完成救援任务吗？

教师鼓励幼儿排好队，依次通过走云梯、跳柱子、钻小门救出小动物玩具，然后返回队尾排队。

6．放松活动。

教师引导幼儿跟着《小小消防员》的音乐放松身体各部位，包括手臂、腿部等。

活动延伸

教师：小队员们，你们真棒！你们都成功地完成了救援任务。接下来，咱们就要返回基地了。消防员们在返回基地的过程中，也要保持安静、有序。

活动反思

在本次活动消防员的训练场景中，孩子们兴趣高涨，玩个不停，不仅没有觉得疲惫，反而在游戏结束时意犹未尽。在最后一个环节"救援小动物"中，幼儿能在救助小动物后，大声喊着"我救出了……"，由此可以看出，孩子们非常喜欢本次活动。本次活动的各个环节循序渐进，动静交替，能够关注到幼儿的运动量，也达成了本次活动的目标。幼儿不仅体验了消防员的日常训练，还开展了救援小动物的任务，在此过程中，身体动作的协调性也得到了发展。

主题活动反思

"一日生活皆教育。"安全教育一向是幼儿园的重中之重。教师应该将安全教育渗透在一日生活的各个环节之中。在本次主题活动开展的过程中，幼儿知道了简单的消防知识，增强了安全意识，认识并了解了各种消防器材和设施，甚至能够将自己所获得的消防知识讲给他人听，真正地提高了幼儿自身的消防安全意识。同时，教师充分利用社会资源，邀请消防员叔叔进班为幼儿讲解消防小知识，激发幼儿对消防安全的兴趣，并愿意参观消防站。在参观消防站的活动中，幼儿与消防员叔叔亲密互动，试穿消防服，乘坐消防车，感受到消防员叔叔工作的辛苦与了不起。

本次主题活动潜移默化地影响着孩子们的行为。他们在学习消防员叔叔优秀的意志品质的过程中，也在不断地成长。身为教师，我们在教育过程中也关注到要让幼儿了解作为小朋友并不能真正地去救火，要知道远离火、不玩火，在遇到火灾的时候，能够保护自己不受伤害，真正地提升自我保护能力。

"我是消防小小兵"主题活动虽然已经结束，但孩子们仍然意犹未尽。在整个活动过程中，他们表现出了极高的热情与兴趣。幼儿通过本次主题活动不仅获得了安全、快乐、有意义的体验，也在心底播下了消防安全的种子。

主题活动二：小兵向前冲（中班）

教师：李琳琳　王黛玉　席梦晨

主题活动由来

中班幼儿特别喜欢枪，能用拼插玩具拼出各种枪，还　扫码看彩图 5-2-1

能用魔尺变出各种枪。孩子们特别喜欢拿着自己拼的枪，玩各种枪战游戏。教师跟幼儿聊天时了解到他们很喜欢军车、各种枪械玩具，还有好多小朋友喜欢穿军人的服装。有意思的是铭铭还戴着军帽来上幼儿园，说这样特别神气！了解到孩子们很喜欢谈论和军人有关的话题，也有当军人的梦想，我们设计并开展了"小兵向前冲"的主题活动，让幼儿对军人有了更多的了解，在生活中，能够像军人一样做事情，让自己离军人的梦想更近一步。

《指南》中指出："幼儿的社会性主要是在日常生活和游戏中通过观察和模仿潜移默化地发展起来的。"孩子们通过本次活动走进军营，近距离地接触军人，感受他们守时、整齐划一的行动、听指令的军人精神，并在一日生活各环节中模仿与践行，体会规则的重要性，学习自觉遵守规则。教师鼓励幼儿要在多种运动游戏中，体验走、跑、跳、投掷、攀爬等不同的运动方式，能灵活、协调地控制自己的身体。同时，引导幼儿积极、主动参加体育活动，养成自主、合作、勇敢、不怕困难的良好品质。本次活动中设计了野战训练营的体验活动，旨在提升幼儿的运动技能和体能，让幼儿养成不怕困难、勇敢向前冲的良好品质。

幼儿现状分析

班级幼儿对军事武器，特别是枪、坦克、军舰等非常感兴趣，他们喜欢模仿军人持枪完成任务，喜欢穿军服、戴军帽，模仿军人的军容、军姿。幼儿还想了解更多关于军人及军事武器的那些事儿。

本班幼儿动手能力强，能够用拼插玩具、魔尺拼出各种枪，用积木搭建舰艇和军用飞机。他们心中都有一个军人梦，但是他们对军人的样子和本领并不十分了解。幼儿经过长时间假期的休息，体能下降了很多，需要在游戏中逐渐恢复和提高。

主题活动总目标

1. 通过观察、学习并了解军人叔叔站、坐和行走的姿势，在成人的提醒下，能保持良好的站姿、坐姿，学习军人叔叔收拾物品、整理被褥的方法，提高生活自理能力。

2. 通过体育游戏练习匍匐爬、投掷等动作，并能在运动中主动躲避危险，学习军人不怕苦、不怕累、不放弃、勇敢向前冲的精神。

3. 在一日生活中建立守时、听指挥、整齐划一的规则意识，能遵守基本的社会行为规范。

4. 喜欢传唱红色歌曲、讲红色故事，对军人萌生敬佩之情。

5. 能够采用多种方式（如制作、搭建、拼插等）创作各种军事武器。

主题活动网络图（图 5-2-1）

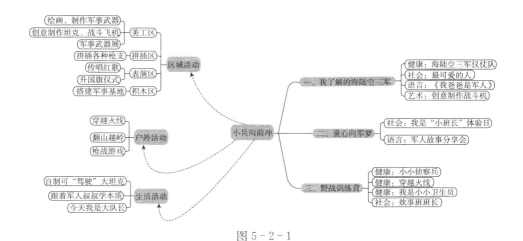

图 5-2-1

主题环境创设

（一）主题墙环境创设（图 5-2-2）

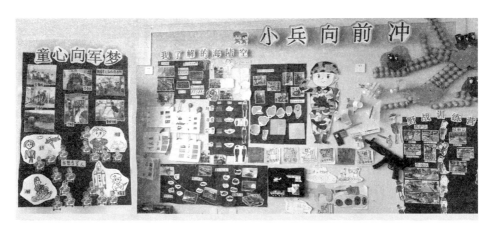

图 5-2-2

1. 第一部分：我了解的海陆空三军（图 5-2-3）。

创设方式：幼儿搜集海陆空三军及火箭军的相关材料，包括军旗、军服、军章等；了解军事武器的种类、用途及军人的本领，以调查表、照片、绘画及手工制作作品的形式呈现。

图 5-2-3

2. 第二部分：童心向军梦（图 5-2-4）。

创设方式：以幼儿绘画作品和照片的形式呈现幼儿学习站军姿、学习军人整理内务、制订军训计划、幼儿自由编入海陆空三军和火箭军军部、设计军部口号等。

3. 第三部分：野战训练营（图 5-2-5）。

创设方式：以幼儿野战训练为主，通过照片的形式呈现。

图 5-2-4　　　　　　　　　　图 5-2-5

（二）区域环境创设

1. 美工区：画坦克、创意制作军事武器（图 5-2-6、图 5-2-7）。

投放材料：纸箱、纸盒、纸筒、塑料瓶、易拉罐、小木棍、瓦楞纸等。

指导要点：了解坦克、战斗机的基本结构，画坦克和战斗机，收集废旧材料并制作坦克、战斗机、手枪等军事武器，能大胆地用作品表达自己的想法。

图 5 - 2 - 6　　　　　　　　　　　　图 5 - 2 - 7

2. 积木区：搭建军事基地（图 5 - 2 - 8～图 5 - 2 - 10）。

投放材料：积木、三合板、纸等。

指导要点：通过观察图片和实物了解坦克、战斗机及军舰的基本结构，在搭建中，选取适合的积木及辅助材料，用积木搭建坦克、航母、战斗机等，引导幼儿了解更多有关军事基地的相关知识。

图 5 - 2 - 8　　　　　　　图 5 - 2 - 9　　　　　　　图 5 - 2 - 10

3. 拼插区：创意拼插枪支。

投放材料：拼插玩具、酸奶盒等。

指导要点：用各种拼插玩具创意拼插枪支，玩枪战游戏。鼓励幼儿给自己的作品命名，分享自己的创意。

4. 表演区：升国旗、敬军礼。

投放材料：音乐《义勇军进行曲》、军人服装、自制国旗及旗杆。

指导要点：帮助幼儿梳理升旗仪式流程，引导幼儿制作国旗及旗杆。

可利用的教育资源

（一）园所资源

幼儿园内创设"小兵乐园"的游戏场地，投放军事训练器械、军服、玩具枪等。孩子们可以在小兵乐园穿着军装、拿着玩具枪，开展枪战游戏（图5-2-11、图5-2-12）。同时，班级为幼儿准备了很多与军事有关的书籍，方便幼儿阅读（图5-2-13）。

图5-2-11   图5-2-12

图5-2-13

（二）家庭资源

家长与幼儿共同搜集有关军事的资料，亲子制作各种军事武器（图5-2-14、图5-2-15）。本班幼儿家长有些是军人，可以请军人家长进课堂，讲述自己参军的经历及部队生活。

图 5 - 2 - 14   图 5 - 2 - 15

（三）社会资源

教师可以带领幼儿了解和参观康庄地方部队。也可以邀请军人家长进班，与幼儿互动，让幼儿近距离地了解军人，跟军人叔叔学站姿、整理内务等（图 5 - 2 - 16、图 5 - 2 - 17），在心中埋下长大从军的种子。

图 5 - 2 - 16   图 5 - 2 - 17

主题系列活动（表 5 - 2 - 1）

表 5 - 2 - 1   主题系列活动表

主题活动	教育活动	区域活动	生活活动
第一部分：我了解的海陆空三军	1. 艺术领域：创意制作战斗机 2. 社会领域：最可爱的人 3. 语言领域：《我爸爸是军人》	美工区：绘画、制作军事武器 积木区：搭建军事基地	活动一：举办军事武器展 活动二：自制可"驾驶"大坦克 活动三：百变魔枪

（续）

主题活动	教育活动	区域活动	生活活动
第二部分： 童心向军梦	1. 社会领域：我是"小班长"体验日 2. 语言领域：军人故事分享会	图书区：阅读军事武器书籍、讲红色故事 表演区：唱红歌、升国旗等	活动一：我是一个兵 活动二：今天我当队长
第三部分： 野战训练营	1. 健康领域：小小侦察兵 2. 健康领域：穿越火线	拼插区：拼插各种枪支	活动一：跟着军人叔叔学本领

主题活动精选案例

活动（一）小小侦察兵

活动目标

1. 学习解放军叔叔匍匐爬的动作要领。

2. 能够在不同的地形条件下匍匐爬，提高身体的协调性。

3. 愿意扮演解放军的角色，学习解放军叔叔勇敢的意志品质。

活动准备

1. 经验准备：有扮演军人进行游戏的经历。

2. 物质准备：垫子、桌子、路障、横杆，《人民军队忠于党》纯音乐。

活动过程

1. 我是侦察兵。

（1）幼儿跟随教师绕场地跑步进场。

（2）教师：今天，我是连长，你们都是侦察兵。我接到了一个任务，要请侦察兵去山的那边侦察敌人的情况。你们准备好了吗？

2. 侦察兵练本领。

（1）自主探索爬的动作（图 5-2-18）。

教师：现在，我们进行第一个训练任务。在执行侦察任务时，我们要通过封锁线，看谁能用最多的爬行动作顺利地通过封锁线。

①教师出示第一组障碍，引导幼儿自主探索各种爬行的方法，总结匍匐爬的动作要领。

②幼儿展示爬的动作，如手脚爬、横着爬、匍匐爬……

③教师示范并讲解动作要领。

教师：解放军叔叔在侦察敌情的时候，用的动作就是匍匐爬。匍匐爬时，腹部要紧贴地面，手肘屈于胸前，手脚并用向前爬。

教师：你们能向解放军叔叔那样匍匐爬行吗？现在，小朋友们变成两路纵队来试一试。（播放《人民军队忠于党》纯音乐）刚才，有的侦察兵不小心碰响了警铃，在执行任务的时候，会被敌人发现的。在匍匐爬的时候，要注意什么，才不会碰响警铃呢？

幼儿回答。请愿意尝试的幼儿再次练习。

图 5 - 2 - 18

小结：小朋友们在匍匐前进的时候，一定要注意像解放军叔叔那样把身体紧紧地贴在地面上，手肘弯曲在胸前，手脚并用向前爬行。谁觉得自己的动作还可以做得更像解放军叔叔呀，来试一试吧！其他的小侦察兵们可以看一看，他们的动作做得好不好？哪里好？

（2）自选障碍，自由练习。

教师：恭喜你们已经学会匍匐爬的动作了。这样，我们就有机会执行侦察任务了。敌人那里的封锁线有高有低，你觉得自己能顺利通过哪一条，就去试一试。如果你通过了，也可以再试试其他两条。

教师播放《人民军队忠于党》纯音乐，幼儿自选障碍，分组练习。

（3）强化练习，设置不同地形的路线，引导幼儿匍匐爬（图 5 - 2 - 19、图5 - 2 - 20）。

教师：侦察兵们又成功地通过了一个关卡！看来简单的封锁线已经难不倒你们了！根据最新情报，我们在执行侦察任务的时候，要先匍匐前进，翻过小山坡，还要爬过一条转弯的山洞，最后，通过封锁线，才能完成任务。为了让你们成功地完成训练任务，我设置了一个模拟场地，看看你们能不能顺利通过封锁线。（播放《人民军队忠于党》纯音乐）

图 5 - 2 - 19

图 5 - 2 - 20

（4）自我评价。

教师：你们觉得自己完成得怎么样？你们的心情是怎样的？如果你觉得自己完成得很好，心情很好，就在笑脸这里贴上贴纸。如果你觉得今天的训练任务有点儿难，就把贴纸贴在平淡的表情这里。如果你觉得今天的训练任务太难了，你有困难，可以把贴纸贴在哭脸这里。

教师根据幼儿贴贴纸的情况，重点关注没有贴笑脸表情的幼儿。

教师：你为什么选择哭脸？你遇到了什么问题？你有没有找到解决它的办法？

教师针对个别幼儿遇到的问题，重点进行动作指导。

3. 游戏"侦察兵出动"。

教师：你们经过勇敢的尝试，已经是合格的侦察兵了。现在，可以去执行真正的侦察任务了。大家通过封锁线时一定要小心，注意不要碰铃铛，不要碰撞其他人，千万不要被敌人发现哦！

教师：（幼儿成功通过后）你们非常厉害，成功地完成了侦察任务，你们都是合格的侦察兵！

4. 放松活动。

教师：你们终于圆满地完成了侦察任务，是最勇敢的侦察兵！你们一直坚持练习，非常努力、非常勇敢，成功地完成了侦察敌情的任务。希望你们在平时的生活中，也要像解放军叔叔一样勇敢，给自己一些掌声，鼓励一下自己吧！接下来，我们跟着音乐一起放松一下身体吧！

活动延伸

幼儿在小兵乐园里玩枪战游戏，分角色扮演各种军人，如侦察兵、卫生员等。孩子们换上军装，有的扮演侦察兵、有的扮演卫生员照顾伤员，还有的幼儿扮演伤员，有的抬担架，有的防御敌人，有的占领高地、攻击敌人（图 5 - 2 - 21、图 5 - 2 - 22）。孩子们在枪战游戏中，互相帮助，都沉浸在自己的角色中，展现着当代军人的风采。

图 5 - 2 - 21　　　　　　　　图 5 - 2 - 22

活动反思

本次教育活动，幼儿角色意识很强，都能扮作侦察兵，认真地练习。大部分幼儿能够克服一切困难来完成侦察任务。但是，也有的幼儿觉得训练内容有点儿难，特别是有坡度路段的匍匐爬训练。教师应及时关注没有完成训练任务的幼儿，指导他们掌握动作要领，帮助他们总结相关经验。后续巩固练习环节，活动内容与情景贴合得不是很紧密。游戏成功后，幼儿可以把小国旗插在自己的阵地上，进一步感受成功的喜悦。

活动（二）创意制作战斗机

活动目标

1. 知道战斗机是空军作战的重要武器装备，具有强大的射击火力。
2. 能根据战斗机的外形特征，选择合适的废旧材料进行创意制作。
3. 体验成功制作带来的喜悦，并愿意与同伴分享自己的创意。

活动准备

1. 经验准备：通过观看图片、视频，对战斗机的外形特征有所了解。

2. 物质准备：战斗机图片和视频，易拉罐、纸筒芯、纸盒等废旧材料、双面胶、画笔、彩色纸、瓦楞纸等。

活动过程

1. 谈话导入。

出示战斗机图片，引起幼儿兴趣。

教师：小朋友们，今天，老师给你们请来了一位好朋友，让我们看看它是谁。

2. 认识战斗机。

（1）幼儿欣赏战斗机图片，教师提问：这是什么？（战斗机）

（2）教师：小朋友们，你们知道战斗机是干什么用的吗？

教师：战斗机也叫歼击机、强击机，可以在空中消灭低级的和其他飞行式空袭兵器的军用飞机，它的飞行性能优良、机动灵活、火力强大。

（3）教师：我们来欣赏一下，战斗机在作战时是什么样子的，看看它的威力有多大。

（4）教师：下面，我们来观察一下战斗机的外部特征。战斗机是流线型设计，它有主翼、尾翼。

3. 制作战斗机。

教师：小朋友们，桌子上有你们搜集来的各种废旧材料。大家看一看，都有哪些材料啊？今天，咱们就用这些材料创意制作战斗机。你最想用哪些材料制作呢？

教师提出制作要求。

（1）教师：先选择你需要的材料进行拼摆，看看哪位小朋友选择的材料跟别人的不同，更有创意。

（2）教师：再选择合适的粘合工具。如果不容易将机身的两个部分粘到一起，可以请老师帮忙，用胶枪粘。

（3）教师：制作完成后，可以进一步装饰战斗机，如贴一些标识或者制作旗子。使用剪刀、胶枪时，注意安全。

（4）教师：不用的材料要及时放回纸盒，保持桌面整洁。

4. 作品分享（图 5 - 2 - 23）。

（1）幼儿给自己创作的作品起一个响亮的名字，并设计一张作品卡。请教师帮忙标注作品名称和作者署名。

（2）幼儿介绍自己的作品使用了哪些材料，以及为什么会选择这种材料。

（3）分享制作环节遇到的困难及解决的办法。比如，在制作过程中，遇到粘合的问题，选择什么样的粘合工具更适合，如胶棒、乳胶还是胶枪等。

图 5 - 2 - 23

小结：今天，小朋友们都完成了战斗机的创作，很棒！你们选择了不同的废旧材料制作了战斗机，创意满满。希望小朋友们多关注生活中还有哪些材料可以用来制作战斗机并加以尝试，也可以制作手枪、手雷等其他武器装备。

活动延伸

1. 亲子制作：武器装备。幼儿回家后，搜集各种废旧材料，与家长一起亲子制作武器装备。

2. 教师收集幼儿制作的各种武器装备作品，在班级开设"我设计制作的武器装备"作品展。

活动反思

本次活动中，孩子们能够认真筛选废旧材料，按照战斗机的外形特征进行创意制作。在制作过程中，幼儿面临的最大问题是粘合的问题。他们尝试使用了不同的粘合方式，最终觉得还是胶枪最好用。对于白乳胶、胶棒、胶枪、胶带可以用于什么材质的粘合，幼儿可以在美工区进一步探究。

活动（三）　穿越火线

活动目标

1. 学习匍匐爬行的基本动作要领，发展上下肢力量及身体的协调性。

2. 掌握匍匐爬的动作要领，蹬、伸腿时，膝部边蹬边转，臀部不隆起。

3. 乐于向解放军学习，学习他们坚持和不怕吃苦的精神。

活动准备

1. 经验准备：幼儿有手脚爬、手膝爬的经验；玩过接力游戏，了解接力游戏的规则。

2. 物质准备：匍匐爬的绳网 4 组、地垫 12 块、小桥 4 组、筐 4 个、布娃娃玩具若干、小担架 4 个、当作起始线用的白色胶带 1 卷，歌曲《我是一个兵》。

活动过程

1. 队形训练，激发兴趣。

（1）教师带领幼儿跑步进场，边跑边跨跳过障碍物（地垫）。

教师：小解放军们，咱们一起去训练场练习本领吧！

（2）队列队形练习。

幼儿在场地上站成 4 路纵队，随着音乐节奏慢慢地走，走成一个大圆圈，进行两队变一队、开花走等队形变化。

2. 在游戏中自主练习动作，掌握动作要领。

（1）创设钻铁丝网的游戏情景。

教师：我刚接到报告，敌人在我们前进的路上设置了铁丝网。你们有办法穿过铁丝网吗？

师幼讨论，请个别幼儿尝试。

（2）学习匍匐爬的基本动作。

教师：作为队长，我想出了一个好办法，你们看看我是怎么爬的。

教师示范匍匐爬的动作并讲解动作要领：预备时俯卧，右手臂弯曲，放在胸前的垫子上，同时，左腿外张、屈膝，贴在垫子上，右腿伸直，然后右手和左腿同时用力向前爬行，腹部贴在垫子上前进。然后，换左臂屈肘，右腿屈膝，动作同上，交替向前爬行。

（3）幼儿四散练习匍匐爬的动作。

教师：请解放军们抓紧时间练习一下匍匐爬。

（4）玩游戏"穿越封锁线"（图 5 - 2 - 24）。

教师：解放军们练习得都很好！现在，咱们就出发去完成任务吧！

幼儿尝试玩游戏"穿越封锁线"。教师针对幼儿出现的问题进行指导，如匍匐爬的时候，肚子要紧贴在垫子上，头放低。

（5）增加难度，再次游戏。

教师：刚才，我们穿过了第一道封锁线。下面，我们一起穿越第二道封锁线。第二道封锁线被敌人安装了定时装置。如果我们爬得慢了或者碰到了铁丝网，它就会报警。你们有信心穿越封锁线吗？

幼儿再次游戏，教师提醒幼儿加快速度。

（6）玩游戏"解救人质"（图 5 - 2 - 25）。

教师：敌人抓了很多老百姓。咱们要分成 4 组，去解救人质。大家准备好，看看哪组最先完成任务。

游戏玩法：幼儿分成 4 组进行游戏。首先，要跳过地雷阵，走过小桥，钻过铁丝网，救一个人质（布娃娃代替），赶紧跑回来。下一个人接着出发，直到人质全部被救出为止。

图 5 - 2 - 24　　　　　　　　　　　　　　　　图 5 - 2 - 25

3. 稳定情绪，放松身心，收拾场地。

（1）幼儿分散状找空位置站好。师幼一起随音乐做放松律动，调整呼吸，放松肌肉，调节情绪，重点进行腿部和手臂的放松。

教师：小小解放军顺利地完成了任务，真棒！现在，咱们来放松一下吧！

（2）教师和幼儿一起整理场地和材料。

教师：请解放军战士们赶紧打扫一下战场，准备迎接敌人的下一轮进攻。

活动延伸

孩子们非常喜欢玩扮演解放军的游戏。游戏中，孩子们对解放军帮助别人特别感兴趣。因此，教师创设了解放军运粮、解放军解救人质等游戏。

活动反思

幼儿能够在教师创设的情景中，以解放军战士的身份练习匍匐爬的本领，特别是最后玩"解救人质"的游戏时，孩子们能不怕辛苦、克服困难、解救人质。孩子们第一次练习匍匐爬时，基本掌握了匍匐爬的动作要领，但是在后续匍匐爬的练习过程中，动作还不够标准，身体的协调性也不是很好，后续还要多加练习。

活动（四）最可爱的人

活动目标

1. 了解解放军叔叔抗震救灾的事迹，萌生热爱解放军的情感。

2. 认识解放军 6 大军种，知道解放军叔叔是保家卫国的英雄。

3. 对解放军叔叔产生敬佩之情，向他们致敬。

活动准备

1. 经验准备：知道解放军叔叔是好人，可以帮助别人。

2. 物质准备：PPT 课件，"敬礼娃娃"图片。

活动过程

1. 谈话导入，激发兴趣。

教师：小朋友们，你们最爱谁呀？为什么？

教师：有一个小朋友说"解放军是最可爱的人"？为什么？

2. 听故事，理解故事内容，了解主人公敬礼的原因。

教师：老师给你们讲一个故事。故事的名字叫"敬礼娃娃"。

教师讲述《敬礼娃娃》的故事，引导幼儿听故事，了解故事中的主人公敬礼的原因。

教师：小朋友们知道小郎铮为什么要向解放军叔叔敬礼吗？

3. 复习巩固，了解解放军是怎样为人民服务的。

（1）教师：小郎铮是个勇敢的娃娃，他说得多好呀！这次大地震，解放军叔叔最辛苦了！他们不仅救了很多人，还为人们做了很多事情，他们分别做了哪些事情呢？

幼儿自由回答。

（2）PPT课件展示解放军叔叔为人民服务的英勇事迹，包括抗洪抢险、抗震救灾的图片。

教师：看完这些图片，你们想说些什么？

幼儿自由发表自己的感想。

（3）教师小结，引导幼儿向解放军叔叔敬礼。

教师：小朋友们觉得解放军叔叔是怎样的人？

教师：这次大地震，解放军叔叔最辛苦了！他们做了很多好事，在国家遇到困难的时候、在人们遇到麻烦的时候，解放军叔叔们总会冲在最前面，他们保卫祖国、拯救家园。他们是不是我们最可爱的人？我们也学小郎铮，给解放军叔叔敬个礼，好不好？

幼儿起立，向解放军叔叔敬礼。

4. 认识解放军6大军种。

教师：你们知道是谁在保卫祖国，让我们过着幸福的生活？

教师出示海军、陆军、空军、火箭军、战略支援部队、联勤保障部队图片，引导幼儿观察图片，认识和了解6大军种（图5-2-26），通过军旗、臂章进行辨识，并了解不同军种的职责。

活动延伸

幼儿跟家长一起搜集解放军叔叔为人民服务的感人故事和图片，将其带到幼儿园，与其他小朋友、教师分享并讲述。教师将幼儿搜集来的图片装订成册，放在阅读区，便于幼儿阅读和讲述。

图 5 - 2 - 26

活动反思

孩子们通过小郎铮的故事，了解解放军叔叔保家卫国的光荣事迹，他们总会出现在人们遇到困难的时刻，他们是值得我们尊敬的。本次活动材料可以准备得再丰富一些，如部队救援、抗洪抢险、抗震救灾等图片，选择那些孩子们熟悉的事情，这样孩子们感受更深刻。

活动（五）《我爸爸是军人》

活动目标

1. 观察绘本图片，了解爸爸的职业是军人。

2. 阅读绘本故事，感受爸爸作为军人勇敢的性格特征。

3. 愿意交流，能清楚地表达自己的想法。

活动准备

1. 经验准备：填写好"我爸爸"的调查问卷，了解爸爸的职业、兴趣、爱好等。

2. 物质准备：PPT 课件，《我爸爸是军人》绘本。

活动过程

1. 谈话导入，激发兴趣。

教师：小朋友们，你们都填写了"我爸爸"的调查问卷，对自己的爸爸有了更加全面的了解。下面，就请小朋友们来说一说你爸爸的职业。

教师：然然爸爸的职业与其他小朋友爸爸的职业都不一样，他是一名军人。

教师：今天，老师带来了一个绘本。看封面，你们能猜出小女孩的爸爸是什么职业吗？

2. 结合绘本中的图片，理解故事内容。

（1）观察绘本中的图片，大胆猜测，感受爸爸的本领真大！

思考1：爸爸为什么不跟我和妈妈住在一起？我对爸爸是什么感情？

思考2：爸爸带我参观的军营是什么样子的？晚上，见到爸爸时，我是什么心情？

（2）听教师讲述绘本故事，思考并回答问题，感受爸爸的变化。

思考1：第二天，爸爸去哪儿了？我和妈妈为什么会担心爸爸？

思考2：军营里是怎么过春节的？一家人在一起过节是什么感觉？

思考3：离开军营，我为什么要拿毛绒玩具？

3. 完整倾听绘本故事，感受爸爸特别的爱。

教师：我们的爸爸的确很普通、很平凡，可是在我的眼中他就是我心中的太阳。我很爱他，并且他也很爱我。军人的职业是保家卫国、帮助他人的神圣职业！爸爸心中不仅有我，还有人民和国家。我为爸爸感到骄傲和自豪！

4. 继续完成"我爸爸"的调查，了解爸爸的工作内容。

教师：这本书让我们一起了解了军人这个职业。你的爸爸是什么职业？他是怎么工作的？他有什么特别的本领？请小朋友们继续完成"我爸爸"的大调查。

活动延伸

1. 家长可以将幼儿带到工作岗位，让幼儿进一步了解家长的职业、工作内容和特殊本领。

2. 幼儿和家长一起观看军事题材的电影或电视连续剧，如《小兵张嘎》《长津湖》等，激发幼儿爱军、拥军的情感。

活动反思

在活动前，幼儿对自己的爸爸进行了调查，了解了爸爸的职业、兴趣和本领，他们对爸爸这一话题更加感兴趣，也有更多的内容可以分享。对照自己的爸爸，来了解故事中主人公的军人爸爸，知道军人要住在军营里，了解军人有特殊的本领，了解他们随时都会去帮助那些需要帮助的人。同时，幼儿能够根据故事情节的发展，理解人物的心情，表达自己的情感。活动前的调查，让幼儿对爸爸的职业有所了解；活动后的调查，让幼儿了解自己的爸爸是如何工作的，有哪些特殊的本领，进一步了解不同的职业。

主题活动反思

（一）反思主题路径

在整个主题活动中，幼儿了解了军人职业，知道军人有很多本领，能够保护人民和国家。幼儿跟解放军叔叔学习了站姿和整理被褥等，也萌发了当兵保家卫国的梦想。在一次次的情景游戏中，孩子们能够扮演军人角色，发挥军人不怕苦、不怕累的意志品质，完成各种任务。幼儿对军事武器有着强烈的好奇心，通过活动也了解了各种军事武器，如坦克、军事飞机、军舰、航母等。他们寻找废旧材料，用制作、拼插、搭建等多种方式创作了各种军事武器作品，丰富了自己的认知。

（二）反思幼儿发展

本次主题活动，幼儿从认识军人到学做军人，通过各种活动增强了自尊心和自信心，培养了遇到困难想办法解决、坚持不懈的品质。在活动中，幼儿互帮互助，共同协商，其社会性得到了很好的发展，并在野战训练营的活动中增强了体质，克服了重重困难，战胜了自己。

（三）反思资源利用

班里有的幼儿家长是军人，教师应该深入挖掘军人家庭资源，紧紧抓住幼儿对军事武器的兴趣点，让幼儿多了解一些现代化军事武器。如果有机会，可以让幼儿走进军营，零距离地感受部队生活、感受部队文化，从小埋下长大当军人的梦想！

第六章
绿茵球场主题活动案例

主题活动一：好玩的篮球（小班）

教师：赵苗苗　张　岩　张　芊

扫码看彩图 6-1-1

主题活动由来

　　户外分散游戏的时间到了，老师为孩子们准备了 4 种不同的玩具，供幼儿选择，其中就有篮球。屹屹说："苗苗老师，我想玩皮球。"教师回答道："好呀！"孩子们纷纷说道："我想玩。""我也想玩。""我也要拿球玩。"就这样，每个孩子手里都有了一个篮球。

　　篮球是幼儿喜欢的游戏互动材料。在幼儿游戏中，孩子们往往喜欢将篮球抛起来或者抱在自己的怀里。一些能力较强的幼儿会用篮球玩拍球的游戏，但小班的幼儿更喜欢将球变成自己的游戏材料，如将篮球当成自己的宝宝，放在自己的衣服里，或者把篮球当作小椅子，坐着玩。《指南》中指出："幼儿阶段是儿童身体发育和机能发展极为迅速的时期，也是形成安全感和乐观态度的重要阶段。发育良好的身体、愉快的情绪、强健的体质、协调的动作、良好的生活习惯和基本的生活能力是幼儿身心健康的重要标志。"幼儿有一定的探究能力，且对篮球具有一定的好奇心。我们依据绿色教育园本课程的理念，结合小班幼儿的年龄特点，帮助幼儿在探究篮球的过程中，学会拍球的基本技能，逐步探究篮球的多种玩法。

幼儿现状分析

　　我们幼儿园地处农村，有宽阔的运动场地，可以让幼儿进行各种球类游戏。同时，现在已经进入第二学期，本班幼儿在进行户外体育游戏时已经能够平稳地控制自己的身体了。《北京市贯彻〈幼儿园教育指导纲要（试行）〉实施细则》中的健康领域针对了3～4岁小班幼儿提出："鼓励幼儿玩球、包、小车等多种中、小型运动器械。"同时，科学领域也提出：要为幼儿"提供丰富的材料与环境，使幼儿通过感知、摆弄所能接触到的事物，体验事物最明显的特征（外形、颜色、功能）。"

　　孩子们对球有着天生的兴趣，看到球宝宝一跳一跳地，很有意思。孩子们在与球宝宝做游戏的过程中，也能感受到球的大小、颜色及弹跳高度的不同，发现不同种类的球具有不同的特征，探索各种球的秘密。

主题活动总目标

　　1. 喜欢玩篮球，能利用篮球开展丰富的体育活动，感受篮球游戏的快乐，发展动作的协调性和灵活性，增强体质，有初步的自我保护意识。

　　2. 运用抛、接、拍等多种方式玩球，并对篮球游戏感兴趣。

　　3. 运用多种感官感受、探索篮球的大小、颜色的不同之处，发现其明显的特征。

　　4. 能够手口一致地点数5以内的篮球，比较篮球数量的多少。

　　5. 知道篮球的基本玩法，在成人的提示下能遵守游戏规则。

　　6. 喜欢说关于篮球的儿歌。

　　7. 能用涂涂画画、粘粘贴贴等自己喜欢的方式，创作有关篮球宝宝的作品。

主题活动网络图（图6-1-1）

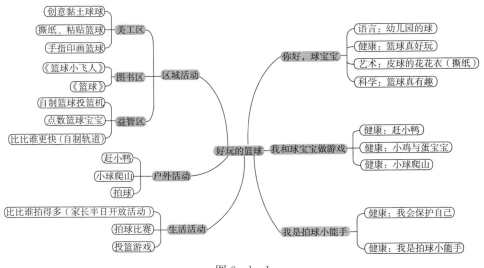

图6-1-1

主题环境创设

（一）主题墙环境创设（图6-1-2）

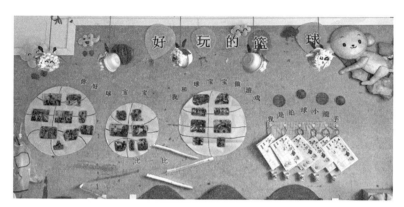

图6-1-2

1. 第一部分：你好，球宝宝（图6-1-3）。

创设方式：幼儿用自己的方式尝试玩一玩篮球，可以用脚踢着玩、在地上滚着玩等各种各样的方法，并用拍照的方式记录下来。

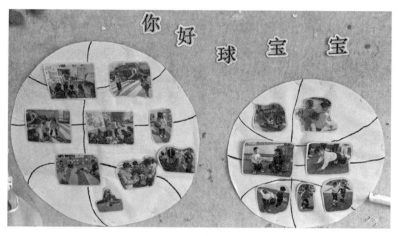

图6-1-3

指导要点：幼儿通过认识篮球、畅玩篮球，用自己的方式与篮球宝宝做游戏。他们对篮球兴趣浓厚，也愿意参加球类体育游戏，对体育游戏感兴趣。同时，愿意和伙伴一起玩篮球游戏，体验篮球游戏带来的乐趣，为后续主题活动的开展奠定了基础。

2. 第二部分：我和球宝宝做游戏（图6-1-4）。

创设方式：教师带领幼儿进行"一球多玩"活动，拍摄活动现场照片，展示幼儿游戏的过程。

指导要点：教师通过一系列的"一球多玩"活动，让孩子们知道了原来用篮球还可以玩这么多的游戏。在家长半日开放活动时，家长和幼儿一起玩篮球游戏，体验了篮球带来的乐趣，也增进了亲子关系。篮球游戏发展了幼儿身体动作的协调性和灵活性。孩子们在与篮球进行游戏时，也知道了如何保护自己，有初步的自我保护能力。

3. 第三部分：我是拍球小能手（图6-1-5）。

创设方式：以现场比赛活动照片为主，通过记录表的形式呈现。

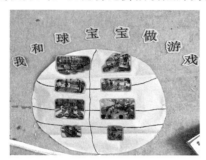 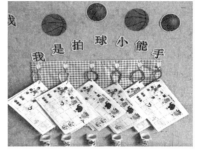

图6-1-4　　　　　　　　　　　　图6-1-5

（二）区域环境创设

1. 美工区：篮球花花衣。

投放材料：彩色卡纸、胶棒、油画棒、《我会拍球》简笔画、超轻黏土、半成品泡沫球体、颜料、废旧篮球、涂鸦工具、涂鸦罩衣等。

指导要点：引导幼儿制作篮球撕纸粘贴画、超轻黏土创意球球，能大胆地用作品表达自己的想法（图6-1-6～图6-1-9），促进幼儿想象力和小肌肉动作的发展。

图6-1-6　　　　　　　　　　　　图6-1-7

图 6-1-8   图 6-1-9

2. 益智区：篮球宝宝真有趣!

（1）点数篮球宝宝（图 6-1-10）。

投放材料：幼儿自制篮球图卡。

指导要点：引导幼儿手口一致地点数篮球的数量，按照篮球的大小或颜色给篮球分类，感受动手操作的乐趣。

（2）趣味投篮机（图 6-1-11）。

投放材料：自制篮球投篮机。

指导要点：引导幼儿进行桌面投篮游戏，在游戏中，锻炼幼儿手眼的协调能力、手部肌肉的控制力量，提高幼儿的专注力。

图 6-1-10   图 6-1-11

3. 语言区：篮球图书真好看（图 6-1-12、图 6-1-13）!

投放材料：《篮球小飞人》《篮球》等绘本。

指导要点：投放有关篮球的绘本，供幼儿自主阅读，通过阅读绘本故事，引导幼儿了解篮球的玩法及故事中发生的趣事，激发幼儿对篮球的兴趣。

图 6-1-12   图 6-1-13

4. 特色投篮区（图 6-1-14、图 6-1-15）。

投放材料：篮球、投篮筐、投掷线。

指导要点：引导幼儿进行室内投篮，初步了解投篮规则，锻炼幼儿上肢力量和手眼的协调能力，激发幼儿对篮球的兴趣。

图 6-1-14   图 6-1-15

可利用的教育资源

（一）园所资源

1. 园内有宽阔的运动场地，室内创设特色投篮区，可以让幼儿进行各种球类游戏。

2. 园内有专职的体育教师，教幼儿认识篮球，了解篮球的玩法及正确拍球的方法（图 6-1-16、图 6-1-17）。

3. 幼儿园球的种类非常丰富，可供幼儿游戏。

（二）家庭资源

1. 家长和幼儿共同搜集各种幼儿感兴趣的球，和幼儿一起玩球类亲子游戏，举办球类亲子运动会（图 6-1-18、图 6-1-19）。

2. 家长和幼儿共同收集幼儿园里没有的球和关于球类的图书，可以让幼儿带到幼儿园，和其他幼儿一起分享与交流。

3.家长和幼儿一起探究、创编和球有关的游戏。

4.请班级热爱球类运动的家长走进班级，作为家长助教，为幼儿讲讲关于球的知识和各种玩法。

图 6-1-16

图 6-1-17

图 6-1-18

图 6-1-19

主题系列活动（表 6-1-1）

表 6-1-1　主题系列活动表

主题活动	教育活动	区域活动	生活活动
第一部分：你好，球宝宝	1.语言领域：幼儿园的球 2.健康领域：篮球真好玩 3.艺术领域：皮球的花花衣（撕纸） 4.科学领域：篮球真有趣	美工区： 1.篮球宝宝穿花衣 2.撕纸、粘贴篮球 益智区： 1.点数篮球宝宝 2.按照颜色、大小给篮球宝宝分类 图书区：绘本《篮球小飞人》《篮球》	活动一：寻找幼儿园里的球 活动二：篮球真有趣

（续）

主题活动	教育活动	区域活动	生活活动
第二部分： 我和球宝宝做游戏	1. 健康领域：赶小鸭 2. 健康领域：小鸡与蛋宝宝 3. 健康领域：小球爬山	美工区： 1. 创意黏土球球 2. 手指印画篮球 益智区： 1. 自制篮球投篮机 2. 比比谁更快（自制轨道）	活动一： 小球爬山 活动二： 篮球一物多玩
第三部分： 我是拍球小能手	1. 健康领域：我会保护自己 2. 健康领域：我是拍球小能手	特色投篮区： 1. 投篮游戏 2. 看谁投得准	活动一： 比比谁拍得多（家长半日开放活动） 活动二： 拍球比赛

主题活动案例精选

活动（一）　篮球真有趣

活动目标

1. 认识篮球，了解篮球的基本特征。

2. 主动观察篮球，并能自主探究篮球的多种玩法。

3. 喜欢参与体育活动，体验篮球运动的快乐。

活动准备

1. 经验准备：幼儿认识篮球。

2. 物质准备：篮球服，大小、颜色不同的篮球。

活动过程

1. 教师身穿篮球服导入，激发幼儿活动兴趣。

教师：小朋友们，你们看，我今天穿的这套服装叫什么呢？（它叫"篮球服"）那做什么事情需要穿这套篮球服呢？（幼儿自主回答）

教师：是的，我们进行篮球比赛时就需要穿篮球服。两队篮球队员在比赛时分别穿着两种不同颜色的篮球服，可以帮助赛场上的球员更好地区分同伴。

2. 创设情景"篮球宝宝的烦恼"，引发幼儿思考。

教师：你们看，这是什么？（篮球）篮球宝宝今天有点儿不开心，它说别

人都会自我介绍，它却不会。你们能帮帮它吗？（幼儿说一说）

教师：篮球宝宝长得圆圆的，摸起来还有点儿硬硬的。

3. 尝试探究篮球的多种玩法。

教师：篮球宝宝很想和大家一起玩游戏。篮球除了抱在我们的怀里，还能怎么玩儿呢？

教师：你们可以和篮球宝宝玩一玩游戏。一会儿，再来分享哦！

幼儿自主游戏，然后进行分享。

教师：篮球可以抛着玩，可以滚着玩，还能两个小朋友一起玩……你们找到了篮球的多种玩法啦（图6-1-20～图6-1-23）！

图6-1-20

图6-1-21

图6-1-22

图6-1-23

4. 和篮球宝宝一起做游戏。

教师：刚才，我们找到了篮球宝宝的不同玩法。那么，你想和你的好朋友怎么玩篮球呢？

幼儿与同伴讨论并回答。

教师：现在，让我们一起玩一玩！

两名幼儿尝试合作玩球，活动自然结束。

活动延伸
幼儿向同伴介绍自己发现的篮球玩法，互相模仿进行游戏。

活动反思
本次活动中，孩子们利用多种感官探究了篮球的基本特点，并与同伴分享了自己对篮球的了解。教师利用情景化的游戏方式，支持幼儿帮助篮球宝宝进行自我介绍，发展幼儿的共情能力及解决问题的能力。

活动（二）皮球花花衣

活动目标
1. 了解撕纸、粘贴的方式。
2. 能够运用撕、粘的方法大胆创作，锻炼手部小肌肉和手指精细动作的发展。
3. 愿意参与撕纸游戏，体验创作皮球花花衣的乐趣。

活动准备
1. 经验准备：有装饰物品的经验。
2. 物质准备：彩纸、胶棒、皮球、简笔画。

活动过程
1. "设计大赛"情景导入，激发幼儿活动兴趣。

教师：小朋友们，皮球王国即将举行一场设计大赛。皮球王国的国王邀请我们一起参加，让我们一起来看一看设计大赛的要求是什么吧！

2. 提出设计大赛的要求，为皮球设计花花衣。

教师：你们看，这是一个没有颜色、图案的皮球。皮球王国里的国王想要我们为皮球设计一件好看的花花衣，要求用这些纸去装饰、制作。你们有什么好的想法吗？（幼儿自由讲述）

教师：我们可以把不同颜色的纸撕碎，再粘贴在皮球上，为皮球宝宝穿上不同颜色的花花衣。

3. 教师讲解制作方法，幼儿自主操作。

教师：我们要先将彩纸撕成一小块一小块的。在撕纸的时候，我们可以用小手枪（双手呈"八"字形）将纸捏住，一前一后地把纸撕开。再使用胶棒把碎的彩纸粘贴在皮球上。注意胶棒不要拧出来太长！

幼儿自主操作，教师巡回指导。

4. 幼儿介绍自己的皮球花花衣，教师为幼儿颁奖。

教师：刚才，我们已经制作好了皮球的花花衣。现在，就请大家一起介绍一下自己制作的花花衣吧！

5. 分享作品。

幼儿介绍自己的作品，从颜色及色彩搭配方面进行讲解。

教师鼓励与支持幼儿的介绍。

教师：刚才，皮球王国的国王听到了大家的介绍，觉得你们非常有创意！他想要为大家颁发"小小设计师"奖。

教师扮作皮球王国的国王，为幼儿颁奖，活动自然结束。

活动延伸

创设"花花球 T 台秀"活动，请幼儿带着自己的花花球开展走秀表演。

活动反思

本次活动中，教师创设了皮球王国设计大赛的情景，引导幼儿思考，支持幼儿学习撕纸、粘贴的方法。但是，在撕纸过程中，由于幼儿的撕纸经验不足，有的小朋友出现了撕不动纸的现象。经过教师示范与讲解，大部分幼儿都学会了撕纸、粘贴，给皮球"穿上"了好看的花花衣。

活动（三）赶小鸭

活动目标

1. 练习用手拨球前进，掌握用手控球的方法。
2. 尝试不同方式的绕障碍前进游戏，发展身体动作的协调性与灵活性。
3. 乐于参与体育游戏，体验体育游戏带来的快乐。

活动准备

1. 经验准备：尝试过球的多种玩法。
2. 物质准备：锥形筒、跨栏、垫子、球，音乐《新健康歌》。

活动过程

1. 热身活动，激发兴趣。

教师带领幼儿进行热身活动，激发幼儿参与活动的兴趣。

教师：孩子们，你们每个人都带着自己的小鸭（球代替），来到了咱们的幼儿园。现在，咱们和小鸭一起跳舞吧！

师幼每人拿着一个球，做伸展运动、跳跃运动等，开展热身活动。

2. 引导幼儿与球做游戏。

教师：刚才，我们和小鸭子一起跳舞。现在，请小鸭妈妈们带着小鸭一起去游戏吧！想一想，怎么让小鸭子前进呢？

幼儿分散站立，自主游戏。教师巡回指导。

3. 幼儿分享球类游戏的多种玩法。

教师：刚才，我们已经找到了很多和小鸭玩游戏的方法。哪个小朋友愿意分享一下？

请个别幼儿分享自己探究的球类玩法。

4. 幼儿模仿同伴的游戏玩法，共同开展"赶小鸭"的游戏。

教师：刚才，我们找到了很多的球类玩法。老师发现，你们可以用手和鸭宝宝一起游戏。原来用手拨球，就可以赶着小鸭前进啦！让我们一起试试吧！

教师指导幼儿进行游戏。

5. 设置游戏障碍，鼓励幼儿尝试闯关游戏。

教师：刚才，我们都学会了赶小鸭的游戏玩法。现在，就请你们和小鸭一起到闯关基地，挑战闯关游戏吧！

教师：这里有一条标记的线。我们要绕过这些障碍物，有锥形筒、跨栏、垫子，来到小鸭基地，再把小鸭抛起来、接住，然后把它带回家。

6. 师幼共同给小鸭按摩，结束游戏活动。

教师播放音乐《新健康歌》，引导幼儿给小鸭按摩，同时，放松一下自己的身体。

教师：现在，让我们和鸭宝宝一起放松一下吧！

教师：让我们一起把鸭宝宝送回家吧！

活动延伸

幼儿回家与家长分享赶小鸭的游戏玩法，亲子共同游戏。

活动反思

本次活动中，孩子们将球想象成小鸭，主动参与游戏。孩子们探究发现，有很多不同的"赶小鸭"方式，兴趣更高了。教师能以幼儿的兴趣为导向，支持幼儿尝试绕过障碍物赶小鸭，提升幼儿的控球能力。

活动（四）小鸡与蛋宝宝

活动目标

1. 感知球的基本特点，主动尝试各种球类游戏。

2. 能够双脚夹球跳跃，体验挑战游戏的乐趣。

3. 喜欢参与体育游戏，发展身体动作的协调性和灵活性。

活动准备

1. 经验准备：有玩球的经验。

2. 物质准备：小鸡头饰、皮球，音乐《小鸡、小鸡》，障碍物（锥形筒、垫子、梯子）、收纳筐。

活动过程

1. 利用小鸡热身操，激发幼儿活动兴趣。

教师：孩子们，你们头上戴的是什么呀？（小鸡头饰）是的，小鸡们，让我们一起运动起来吧！

教师播放音乐《小鸡、小鸡》，与幼儿一起听音乐做小鸡热身操。

2. 出示鸡蛋宝宝（皮球代替），引导幼儿思考保护鸡蛋宝宝的方法。

教师：孩子们，你们看，这个是鸡蛋宝宝。它想和你们一起做游戏。你们要怎么一边做游戏，一边保护它们呢？

幼儿自主讲述。

幼儿：我们可以把鸡蛋宝宝抱在怀里。

幼儿：我们可以把鸡蛋宝宝夹住，跳、跳、跳。

教师：请你们试试看吧！

幼儿自主尝试夹住球和抱住球的两种玩法。

3. 教师示范夹着球的游戏玩法。

教师：我们的脚可以怎么和鸡蛋宝宝一起玩游戏呢？（幼儿回答）

教师：再看一看，我们可以用两只脚夹住鸡蛋宝宝，向前跳跃。让我们一起夹着鸡蛋宝宝，跳一跳吧！

4. 带着鸡蛋宝宝去旅行，锻炼幼儿下肢力量。

教师：鸡蛋宝宝想要到处去旅行。现在，请你们带着鸡蛋宝宝一起去玩吧！收纳筐里有很多的蛋宝宝哦，记得把它们都带出去玩一玩。

5. 放松身体，结束活动。

师幼共同游戏，放松下肢，收拾、整理活动材料，离场。

活动延伸

教师引导幼儿在户外游戏时继续开展"保护小鸡"的竞赛类活动。

活动反思

活动中，孩子们能够主动地与同伴共同游戏。游戏中，部分幼儿的下肢力量发展较弱，无法用双脚夹住球。为了加强幼儿的下肢力量，我们可以给部分皮球减少充气量，让其体积更小一些，供能力较弱的幼儿使用，让他们也能获得游戏成功的体验。

活动（五）我是拍球小能手

活动目标

1. 学习基本的拍球技能，感受手部拍击力量与球弹起来的高度之间的关系。

2. 能够自主练习拍球，掌握拍球技能。

3. 锻炼手眼的协调能力，喜欢参与体育活动。

活动准备

1. 经验准备：幼儿喜欢玩球，有一定的拍球经验。

2. 物质准备：每个幼儿一个篮球，音乐《健康歌》。

活动过程

1. 热身活动导入，激发幼儿兴趣。

教师：小朋友们，一起跟着老师做运动吧！

教师播放音乐《健康歌》，带领幼儿进行热身活动。

2. 拍球示范，引发幼儿思考。

教师：咱们幼儿园的×老师是拍球高手，他拍球可厉害了！咱们欢迎×老师。你们看看，他是怎么拍球的吧！

×教师示范拍球动作，配班教师在旁边用语言提示幼儿注意观察并模仿拍球动作。

教师：拍球的时候，要把手掌拍在球的上面靠近中间的位置，用力向下拍。手要停在合适的位置，空掌等候，等到球弹起来，达到一定的高度，再将球用力拍下去，才能做到连续拍球。拍球看起来很简单，对不对？大家一起试试看吧！

3. 幼儿自主尝试，教师巡回指导。

（1）幼儿自主尝试，分享游戏经验。

教师：刚才，我们拍球的时候，发现球总是乱跑。有的小朋友发现拍球不能太用力。这样，我们的球就能一直保持在一个位置，原地拍球，球弹起来到达一个相对固定的高度，让我们再试试看吧！

（2）幼儿再次尝试，教师讲解正确的拍球姿势：两脚分开，弯下腰。拍球时，掌心要空，五根手指根据球的高度向下弯曲，用手指和手掌一起用力拍球。

教师：身体要稍微向前倾，眼睛要看好球，球到哪里，人要跟到哪里。拍球时，手臂要动起来。

4. 师幼共同拍球，比一比，谁拍得多。

教师：今天，老师也学会了如何拍球。我想和大家一起比一比，看看谁拍得多。咱们开始吧！

师幼共同拍球。教师对幼儿的动作进行指导，发现部分幼儿动作不够标准，进行示范与引导。

教师：刚才，你们的表现真棒！让我们一起跟着音乐，再拍一会儿吧！

5. 跟着音乐做放松律动。

教师：现在，让我们一起放松一下身体吧！

教师播放音乐《健康歌》，引导幼儿做放松律动，活动自然结束。

活动延伸

播放节奏明快的音乐，鼓励幼儿尝试跟随音乐的节奏拍球，感受节奏拍球的乐趣。

活动反思

活动开始时，幼儿控制球的能力较弱。幼儿经过一次次地尝试和反复练习，总结了拍球方法。最终，大多数幼儿基本掌握了拍球的方法。但是，还有部分幼儿的拍球技能较弱，需要教师多加引导。教师可以请一些能力较强的幼儿带动能力较弱的幼儿进行拍球练习，巩固双方的拍球技能。

主题活动反思

在本次主题活动中，幼儿对拍球有着强烈的活动兴趣。教师能以幼儿的兴趣为切入点，结合小班幼儿年龄特点，在球类运动中，支持幼儿掌握拍球的关键技能，促使幼儿学有所得、学有所获。

本次主题活动从"你好，球宝宝"到"我和球宝宝做游戏"，再到"我是拍球小能手"的游戏活动，让幼儿迁移生活经验，学会了将关爱的情感体现在对球宝宝的"照料"中。幼儿能主动选择不同的材料，采用撕纸、粘贴的方式装饰球宝宝。在此过程中，幼儿的动手操作能力及审美能力得到了提升。在探索球类运动的过程中，幼儿的身体协调能力及拍球技能均获得了显著的提升。

显然，球宝宝已成为孩子们生活中不可缺少的一部分。他们一起学习、一起成长、一起做游戏。本次主题活动不仅让幼儿对球有了感性的认识，也让幼儿的社会性得到了很好的发展，使活动升华为具有浓厚情感色彩的学习活动。后面的亲子篮球游戏、拍球比赛把主题活动推向了高潮。

在"我是拍球小能手"这个活动中，我们设计了精美的记录表，让孩子们通过记录拍球数量清楚地知道自己的拍球能力逐步提高，激发了幼儿更好地练习拍球，争取在记录表上粘贴更多的图案贴纸。为了让小班幼儿可以看懂记录表，我们在表格里分别画上小乌龟、小螃蟹、小猫、小兔子、大象这些动物形象，它们分别代表着拍球数量的不同阶段。幼儿完成相应的拍球数量，就可以将小动物爱吃的食物贴纸粘贴在记录表的相应位置，如小猫吃鱼、大象吃香蕉等，进而激发幼儿的拍球兴趣。

每次拍球比赛后，孩子们都为自己的成绩感到开心和自豪。我们欣喜地看到了孩子们的成长，看到主题活动带给孩子们的快乐。主题活动虽然结束了，但是活动中孩子们童真的笑脸、稚气的言语，依然是我们津津乐道的话题，也是孩子们带给我们的成就感。

本次主题活动带给孩子们的成长是显著的，也让我们更加了解幼儿，对主题活动的设计和把握也更加灵活、娴熟了。

主题活动二：球球总动员（中班）

教师：王沐飓　苏　颖　王　昭

扫码看彩图 6 - 2 - 1

主题活动由来

　　幼儿园里有各种各样的球。在户外活动时，我们班的孩子们总是喜欢选择足球、篮球、小皮球、羊角球等各种球类玩具进行游戏（图 6 - 2 - 1、图 6 - 2 - 2）。有时候，他们还会找出亏了气的球，给球充气。这些不同的球从大小、颜色、玩法上有着很大的区别。孩子们很喜欢玩，但又不太会玩。

　　球类运动是多种多样的，它能够发展幼儿走、跑、跳、投等多种运动技能，提高幼儿身体动作的协调性和灵活性，锻炼肌肉力量。同时，球类运动又具有竞技性、趣味性、规则性，还能促进幼儿社会性的发展。于是，我们设计并开展了"球球总动员"的主题活动。

图 6 - 2 - 1

图 6 - 2 - 2

幼儿现状分析

　　本班幼儿在本学期具有一定的平衡能力，动作协调、灵活，他们喜欢各种各样的球类玩具，喜欢寻找生活中各种各样的球，探索球的不同玩法。大多数幼儿能够较好地控制球，基本掌握拍球的方法，对多种球类游戏感兴趣。但是，幼儿对球的认识大多停留在篮球和足球上，玩法与认知只停留在简单的拍球和滚球方面。

主题活动总目标

1. 喜欢参加各种球类运动，能运用多种感官感知球的不同特性，体验玩球的乐趣，大胆探索球的多种玩法，体验拍球、抛接球、投球、踢球等多种运动方式，能手眼协调、动作灵活地进行游戏。

2. 养成爱运动的好习惯，能遵守游戏规则，有自我保护意识。

3. 初步学会分享、互助与合作，尝试解决球类游戏中出现的问题。

4. 能利用各种工具和废旧材料，进行折、画、剪、贴等与球类有关的创作，大胆地表现自己的情绪和感受。

5. 围绕球的话题表达自己的感受和想法，喜欢提问，愿意与同伴分享、交流。

主题活动网络图（图6-2-3）

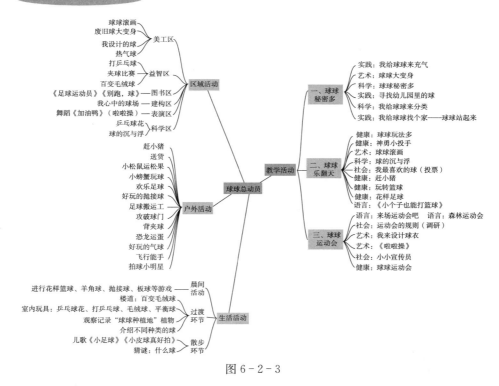

图6-2-3

主题环境创设

（一）主题墙环境创设（图6-2-4）

1. 第一部分：球球秘密多。

创设方式一：将幼儿拍球时发现球变瘪了、想办法让球变鼓的过程以照片

图 6 - 2 - 4

的形式呈现。如，球球为什么瘪了？球的特点是什么？怎样收集瘪球（图 6 - 2 - 5）？我来想办法给球打气（图 6 - 2 - 6），废旧球球大利用。

图 6 - 2 - 5　　　　　　　　　　　　　图 6 - 2 - 6

　　创设方式二：将幼儿在园内（图 6 - 2 - 7）、家里（图 6 - 2 - 8）寻找球的过程以照片的形式呈现，也可以将幼儿找到的实物球放在一起呈现，如园内的足球、篮球、羊角球，家里的水晶球、弹跳球、乒乓球等。

图 6 - 2 - 7　　　　　　　　　　　　　图 6 - 2 - 8

创设方式三：幼儿用不同的方法（如自由探索、亲子互动、网络搜索、翻阅书籍等）了解各种球的特点和多种游戏玩法，以调查表、照片的形式呈现（图6-2-9、图6-2-10）。

图6-2-9

图6-2-10

2. 第二部分：球球乐翻天。

创设方式一：幼儿自主投票选出"我最喜欢的球"，将投票结果粘贴在主题墙上（图6-2-11、图6-2-12）。

图6-2-11

图6-2-12

创设方式二：幼儿自主探究、创编常见球类的游戏玩法及规则，以照片和绘画的形式将过程及结果展示出来。

3. 第三部分：球球运动会。

创设方式：将幼儿讨论球球运动会比赛项目、游戏规则、各种准备、运动会比赛过程（图6-2-13、图6-2-14）等以实物、绘画作品、照片等形式呈现出来，如设计的球衣、制作的球类手工作品、绘画的运动会比赛项目、拍摄的运动会照片等。

（二）区域环境创设

1. 美工区：球球滚画、废旧球大变身、我设计的球、热气球。

幼儿尝试用不同的材料及工具创作与球有关的作品（图6-2-15～图

6-2-18)。

投放材料：废旧球、玻璃球、气球、丙烯颜料、彩色笔、彩泥、彩纸、二次擦手纸、自然物、其他废旧物、剪刀、画笔、双面胶、胶带、乳胶等材料。

指导要点：引导幼儿利用各种工具和废旧材料，以折、画、剪、贴等方式创作与球相关的作品，大胆地表达自己的情绪和感受。

图 6-2-13

图 6-2-14

图 6-2-15

图 6-2-16

图 6-2-17

图 6-2-18

2. 益智区。

幼儿尝试利用不同的球进行游戏和比赛。

（1）打乒乓球（图6-2-19）。

投放材料：软轴乒乓球玩具。

指导要点：引导幼儿在打乒乓球的过程中锻炼手眼的协调能力，发展手臂的大肌肉动作。

（2）夹球比赛（图6-2-20）。

投放材料：大毛绒球、小毛绒球、筷子、收纳筐。

指导要点：几名幼儿进行夹球比赛，提高手指动作的协调性与灵活性。

图6-2-19　　　　　　　　　　　　图6-2-20

（3）百变毛绒球（图6-2-21）。

投放材料：蛋托，各种颜色、大小的毛绒球。

指导要点：指导幼儿给不同颜色、大小的毛绒球分类，利用毛绒球玩拼摆游戏。

3. 科学区。

（1）乒乓球花（图6-2-22）。

投放材料：乒乓球花、塑料垫板、水、纸杯、托盘。

指导要点：引导幼儿探究如何让乒乓球花旋转，锻炼幼儿的动手能力，激发幼儿对科学操作活动的兴趣，体验乒乓球花旋转带来的乐趣。

图6-2-21　　　　　　　　　　　　图6-2-22

（2）球的沉与浮。

投放材料：各种材质的球类、水、水盆、笔、观察记录表。

指导要点：引导幼儿将各种材质的球放进水中，观察、比较、记录其不同的沉浮现象。

4. 表演区。

创编球球运动会的啦啦操。

投放材料：各种用废旧球制作的头饰、啦啦操音乐《加油鸭》。

指导要点：引导幼儿根据啦啦操音乐《加油鸭》，设计与球类运动相关的舞蹈动作，创编啦啦操，为运动员助力、加油。

5. 图书区。

投放与球有关的绘本，引导幼儿阅读和讲述。

投放材料：绘本《足球运动员》《别跑，球》《小个子也能打篮球》。

指导要点：引导幼儿自主阅读与球有关的绘本，理解故事内容。

6. 建构区：我心中的球场（图6-2-23）。

设计、搭建球场，将废旧球作为辅助材料进行装饰。

投放材料：积木、各种制作好的球、废旧球。

指导要点：引导幼儿根据"我心中的球场"主题内容，分工、合作完成搭建，体验建构游戏的乐趣。

图6-2-23

7. 自然角：球球花盆（图6-2-24、图6-2-25）。

将废旧球制作成花盆，开展种植活动。

投放材料：已损坏的篮球、足球，土，种子，水壶、铲子、喷壶，观察记录表。

指导要点：引导幼儿初步了解已损坏的篮球、足球可以再利用，在球里面放一些土，播下种子，进行种植，观察并记录幼苗生长的过程。

图 6 - 2 - 24

图 6 - 2 - 25

可利用的教育资源

（一）园所资源

投放《小个子也能打篮球》《别跑，球》《足球运动员》绘本；提供各种各样的球，为主题活动的开展提供支持；每周，班级开展一次足球课；收集教师洗干净手后擦手用过的擦手纸，为制作热气球准备材料。

（二）家庭资源

家长带领幼儿在园外寻找各种球并带到幼儿园，发现并了解球的用途。家长可以和幼儿一起借助网络、书籍等收集与球有关的信息，帮助幼儿探索球的秘密。家长与幼儿一起玩球类游戏。家长和幼儿一起收集废旧物材料，如废旧球、废旧衣物等，带到幼儿园，为幼儿设计球衣提供资源。

（三）社会资源

家长带领幼儿走进幼儿园周边的各种球场，观看球类比赛，发现并了解更多不一样的球类活动，寻找、发现户外各个地方存在的球类物品。

主题系列活动（表 6 - 2 - 1）

表 6 - 2 - 1　主题系列活动表

主题活动	教育活动	区域活动	生活活动
第一部分：球球秘密多	1. 艺术领域：球球大变身 2. 科学领域：球球秘密多 3. 科学领域：我给球球来分类	美工区： 1. 球球滚画 2. 废旧球大变身 3. 热气球 科学区： 1. 球的沉与浮 2. 乒乓球花 图书区：绘本《足球运动员》《别跑，球》《小个子也能打篮球》	活动一：我给球球来充气 活动二：寻找幼儿园里的球 活动三：生活中的球 活动四：我给球球找个家 活动五：球球站起来

（续）

主题活动	教育活动	区域活动	生活活动
第二部分： 球球乐翻天	1. 健康领域：球球玩法多 2. 健康领域：神勇小投手 3. 艺术领域：球球滚画 4. 科学领域：球的沉与浮 5. 语言领域：《小个子也能打篮球》	建构区：我心中的球场 益智区： 1. 打乒乓球 2. 夹球比赛 3. 百变毛绒球	活动一：球球种植地 活动二：讲解自己带来的球，认识不同种类的球 活动三：过渡环节室内球类游戏 活动四：晨间活动室外球类游戏
第三部分： 球球运动会	1. 语言领域：来场运动会吧 2. 艺术领域：我来设计球衣 3. 社会领域：运动会的规则（调研） 4. 健康领域：球球运动会	美工区：我设计的球 表演区：舞蹈《加油鸭》（啦啦操）	活动一：什么球（猜谜） 活动二：关于球类的儿歌

主题活动案例精选

活动（一）球球秘密多

活动目标

1. 了解和认识常见的球，知道不同的球有不同的用途和玩法。

2. 能够通过看、压、摸、拍等操作方式，感受球的大小、形状、材质、重量等不同的特性。

3. 对各种球类感兴趣，乐于对球进行不同的探索。

活动准备

1. 经验准备：幼儿开展了"球球大聚会"的调查活动，并做了记录，在幼儿园和家里寻找过各种各样的球。

2. 物质准备：

（1）幼儿从家里带来的球：乒乓球、网球、羽毛球、水晶球、海洋球、垒球。

（2）幼儿园里的球：篮球、足球、羊角球。

（3）热气球、气球图片。

（4）幼儿填写好的"球球大聚会"调查表。

活动过程

1. 出示"球球大聚会"调查表。

幼儿围坐在一起,邀请3~4名幼儿出示自己从家里带来的球并介绍。

教师:上周末,小朋友们在家里找到了各种各样的球,并且把球带到了幼儿园。请你根据你的调查表,说一说,你都找到了哪些球?它是什么形状的?分别是干什么用的?

2. 幼儿园里发现的球。

教师出示羊角球、篮球、足球,引导幼儿认识并说出其名称。

教师:刚才,小朋友们都介绍了在家里找到的球。我们在幼儿园里也发现了几种球,我把它们都带来了。你们看看,分别是什么球?

3. 幼儿分组拍球、压球,感知球的特性和玩法。

教师:现在,教室里有很多的球(图6-2-26)。你们想不想摸摸这些球?

几个小朋友为一组,每组分到几种球,分别是一个乒乓球、羽毛球、网球、篮球、羊角球(图6-2-27)。

(1)看一看,摸一摸,说一说球的弹性、形状、大小、软硬、表面光滑还是粗糙等。

图6-2-26

图6-2-27

教师:请你来描述一下,这个球给你带来什么感受?它能不能弹起来?

小结:篮球大大的、圆圆的,摸起来硬邦邦的,上面有很多凸起的小点点;放在地上,往前推,它会滚动;举起来向上扔,它会落在地上,还能弹起来,弹得很高。

小结:生活中有各种各样不同的球。这些球大多数都是圆圆的,但也有一头像伞一样、另一头圆圆的羽毛球,两头尖尖的、中间胖胖的、像枣核儿一样的垒球,也有能载人的热气球等。

（2）请个别幼儿介绍球的玩法。

教师：请你说一说，这些球可以怎么玩？

（3）请其他幼儿演示球的玩法。

小结：这些不同的球，有的球是用来欣赏的，如水晶球、琥珀球；有的球是用来当运输工具的，如热气球；更多的球是用来玩的，如可以投掷的网球，可以用脚踢的足球，也有用手拍的篮球，还有借助球拍击打的羽毛球和乒乓球等。这些球在我们的身边，只要你们仔细寻找，还能发现更多好玩的、好看的球。

活动延伸

1. 请幼儿自由选择自己喜欢的球，到户外和其他幼儿一起玩一玩，并说一说球的多种玩法。

2. 引导幼儿在班里给小球找个家，让球不要到处乱跑。

活动反思

本次活动的目标是让孩子们认识不同的球。活动过程中，教师始终让幼儿自主探索，让他们通过看、压、摸、拍等方式感受球的不同特性，并给予幼儿大胆思考和讨论的时间和机会。在整个活动中，孩子们都很积极、主动，纷纷举手回答问题，思维很活跃，能根据自己的经验进行比较、总结，了解了不同的球有不同的材质、弹力、大小，还知道了有的球不是圆的，如橄榄球等。在活动过程中，有的球会滚来滚去，导致课堂秩序有些混乱。教师根据这个现象生成了"我给小球找个家"的活动。

活动（二）神勇小投手

活动目标

1. 学习肩上挥臂投掷的动作要领，尝试上下肢协调用力，将球投向远方。

2. 在游戏中，能够遵守游戏规则，探索将球投得远的方法。

3. 喜欢参加体育活动，勇于尝试，不怕困难，有自信心。

活动准备

1. 经验准备：幼儿有投球的经验；玩过小士兵执行任务的游戏。

2. 物质准备：同等重量且不同材质、大小的球若干（当作炸弹），油桶、软垫子若干，收纳筐，球网，安全线、投掷线（距离安全线4米、6米、8米），玩具冲锋枪2把，树屋，长龙，音乐《我是小小兵》《枪弹》《中国娃》。

活动过程

1. 情景导入，激趣热身。

教师：小士兵们，今天，咱们的任务是投掷实战演练。只有练好投掷本领，才能保护好我们的基地。

幼儿跟随音乐《我是小小兵》的节奏活动全身各部位，重点活动上肢和腰部。

2. 探索体验，掌握方法。

（1）看谁投得远——学习投掷动作要领。

①教师提出投掷规则。

②幼儿自主探索投掷方法（图6-2-28）。

③幼儿分享投掷方法。

教师：你投到了哪条线？你用了什么方法投得那么远？请你演示一下。（邀请3～4名幼儿演示）谁还有新的发现？

④教师归纳、总结幼儿发现的投掷方法。

 附儿歌：

投 掷 方 法

手臂弯曲在肩上，两脚前后分开站，
身体后仰准备好，用力蹬地投向前。

⑤幼儿边说儿歌边做空投练习。

（2）危险的电网——探索投得远的方法（图6-2-29）。

教师：小士兵们，现在，我们不仅要用正确的方法投掷，更要将炸弹从电网（球网代替）上方投过去。

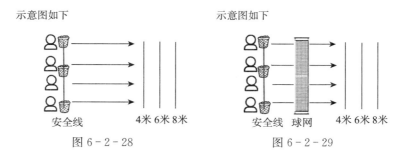

示意图如下　　　　　　　　示意图如下

安全线　4米6米8米　　安全线　球网　4米6米8米

图6-2-28　　　　　　　　图6-2-29

教师提问：

①谁比以前投得远？请你演示一下。（邀请2～3名幼儿演示）

②谁能帮帮这个小朋友（从网下投过炸弹的幼儿）？教教他如何投得更高。

小结：我们一起发现并解决了投得近的问题，要想投得远，就要眼看前方，挥臂，转身，脚蹬地，将炸弹在最高处用力投出去。

3. 快乐游戏，巩固练习。

（1）敌人来袭（图6-2-30）。

教师播放音乐《枪弹》。幼儿拿起炸弹，跑到油桶后（距树屋4米），在不触碰电网的情况下，将炸弹投向敌人。

（2）敌人再次来袭（图6-2-31）。

教师创设新的障碍物，调整部分油桶的位置，增加投掷距离（距树屋6～8米）。幼儿自主选择在不同远近的油桶后投掷炸弹。

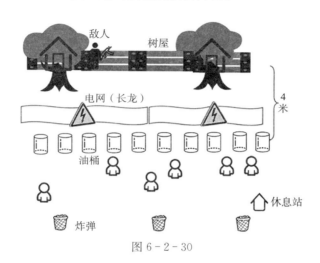

图6-2-30

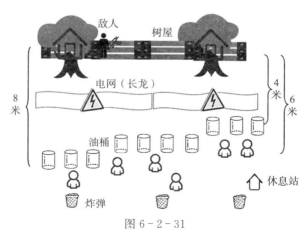

图6-2-31

（3）终极对决（图6-2-32）。

教师创设过草地的游戏情景，引导幼儿在原有游戏的基础上，用不同的方式通过草地（软垫子代替），然后进行投掷（图6-2-33、图6-2-34）。

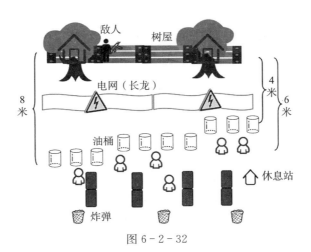

图 6 - 2 - 32

图 6 - 2 - 33

图 6 - 2 - 34

4. 放松与整理。

（1）游戏结束，教师小结。

教师：你是怎么打败敌人的？

小结：每个小士兵都用了新的投掷方法，打败了敌人。战斗过程中，你们不怕困难，敢于挑战，坚持到最后一刻。你们真棒！

（2）游戏"拍拍乐"，引导幼儿跟随音乐《中国娃》充分放松身体各部位，重点放松上、下肢。

（3）师幼共同整理游戏场地和材料。

活动延伸

将此项活动长期设置为"小兵乐园"的挑战项目，引导幼儿不断迎接挑战，也可以设计并开展投掷对抗赛。

活动反思

本次活动以幼儿为主体，教师引导幼儿自主探索投掷方法，尝试发现问题并解决问题，及时观察幼儿投掷中出现的问题，巧妙借助适宜高度的电网给予幼儿支持。教师结合绿色教育园本课程中"绿色军营""绿茵球场"的教育理念，将小兵执行任务的情景贯穿活动始终，并不断增加投掷的难度与活动的挑战性，活动环节层层递进，又环环相扣。游戏过程中，教师既照顾全体幼儿，又关注个别幼儿，对个别幼儿进行指导，注重幼儿游戏中的安全问题，培养幼儿良好的学习品质。

活动 （三）《小个子也能打篮球》

活动目标
1. 在绘本阅读和游戏中感受篮球运动的精神，能手眼协调、动作灵活地探索篮球的多种玩法。
2. 能够大胆探索、创新篮球的多种玩法，并学会想办法解决问题。
3. 感受篮球运动带来的乐趣，遇到困难，毫不退缩，敢于迎接挑战。

活动准备
1. 经验准备：听过《小个子也能打篮球》的绘本故事。
2. 物质准备：《小个子也能打篮球》绘本，篮球每人一个、轮胎若干、大编织筐。

活动过程
1. 出示绘本，谈话导入。
（1）回顾绘本《小个子也能打篮球》的内容。
教师：孩子们，上次，我们讲了《小个子也能打篮球》这个绘本故事。谁还记得讲了些什么？
引导幼儿说出故事内容和自己对故事的理解。
小结：在篮球赛场上，运动员们在高大的对手面前，不仅没有害怕和畏惧，还发现了小个子也有小个子的优势，小个子球员用自己的聪明才智和灵活的动作赢了篮球比赛，让我们见识了小个子球员的勇气和聪明才智。
（2）请幼儿对小个子球员说一些鼓励的话。
教师：没想到小小的身躯有这么大的力量。你有没有想对他们说的话？
（3）教师：请你们谈一谈，如果再遇到比自己强大的对手，应该怎么做？
激发幼儿自信、勇敢、不怕困难、拼搏的运动精神。
2. 小篮球表演会。
教师：你们想不想像绘本里的小个子球员一样厉害呢？今天，我们要举行一个小篮球表演会，请小朋友们把自己学会的篮球本领表演出来。先看看你们都掌握了哪些打篮球的本领。篮球表演时，你可以一个人玩，也可以和好朋友一起玩；可以用其他器材配合着玩，也可以就用小篮球来玩。你们愿意表演吗?

（1）幼儿自主探索篮球的玩法（图6-2-35、图6-2-36）。

教师：小朋友们，篮球还可以怎么玩儿？

图6-2-35　　　　　　　　　　　　　图6-2-36

（2）幼儿分享并展示自己想到的篮球创新玩法。

（3）评选游戏。幼儿共同评选出最想玩儿的篮球游戏，并一起尝试玩一玩（图6-2-37、图6-2-38）。

图6-2-37　　　　　　　　　　　　　图6-2-38

3. 游戏：投篮大闯关。

（1）游戏玩法：幼儿分为4组，将4个轮胎间隔一定的距离，摆成一条直线，一共摆放4列。每组第一名幼儿手拿篮球准备好，听教师发出"开始"的口令后进行游戏。第一个幼儿要拍球前进，"S"形绕过轮胎。行进过程中，既要控制球，不让球跑开，又要比比谁最快。走到投掷线后，将篮球用力投进编织筐里，再快速跑回。第二名幼儿接着游戏。本游戏可以设计成接力赛的形式，培养幼儿团队合作的精神。

（2）游戏后，师幼共同探讨游戏中出现的问题，并提出解决方案，然后，再次游戏。

4. 放松与整理。

（1）师幼谈心。

教师：你们觉得刚才的游戏难不难？你的心里是什么感觉？

小结：在活动中，所有小朋友都像绘本里的小个子球员一样，聪明又能干，想出了篮球的多种玩法，有抛接球，有转身拍球，有双人拍球、传球，还有滚球等。在最后的游戏中，你们也是不怕困难，有的小朋友的球掉了，也会快速捡回来，坚持完成游戏任务。看来只要我们坚持、不怕困难、积极想办法，就能成功。你们太棒啦！

（2）幼儿跟随教师做甩甩手、拍拍肩的动作，放松身体各部位。

（3）师幼共同收拾、整理篮球及其他物品，将其放回原位。

活动延伸

鼓励幼儿继续探索篮球的多种玩法。

活动反思

教师引导幼儿一起回顾绘本，给予幼儿无限的想象空间，创设了良好的语言交往环境，也为本次体育活动做了很好的铺垫，让幼儿对篮球产生了极大的探究兴趣。教师将绘本中的小个子运动员和幼儿联系到一起，结合篮球游戏，给在比赛中处于劣势的"小个子"幼儿打气，说了一些鼓励和安慰的话，让幼儿真切地感受到小个子球员们的内心体验，了解了运动与比赛的真正意义，感受到篮球运动的魅力。

活动（四）球球大变身

活动目标

1. 认识到已经损坏的球可以再次利用，变废为宝，制作成装饰环境的创意作品。

2. 利用废旧球大胆进行艺术表现与创造，感受色彩冷暖对比带来的美感。

3. 有保护环境的意识，养成勤俭节约的好习惯。

活动准备

1. 经验准备：幼儿上周已经为没有气的球打过气，知道有些球已经坏掉了。

2. 物质准备：上周打足了气的篮球、足球，剪刀，丙烯颜料，胶带，胶枪，盆子，画笔，自然物，废旧物，画画用的罩衣每人一件，桌布，展示台。

活动过程

1. 球又没气了。

（1）看一看。

出示上周打过气、现在又没气了的篮球和足球（图6-2-39）。

教师：这是我们上周已经打过气的球。请你们看看，它们有什么变化？

（2）摸一摸。

引导幼儿通过摸一摸发现球里面的气又不见了。

教师：请小朋友们拿球试一试，球里的气还在不在？

（3）猜一猜。

幼儿自由观察、探索，分享自己认为球没有气的原因。

教师：球为什么又没气了？请你们观察一下。

小结：我们的球虽然打了气，但是因为球的表面出现了裂缝儿，所以漏气了。

2. 球还有没有用？

（1）教师：这些球已经不能再拍和踢了。你们觉得它们还有没有用？

（2）幼儿自由讨论。教师引导幼儿学会废物利用。

教师：其实，这些球还可以被再次利用。请你们想一想，足球、篮球有什么特点？（圆圆的、空空的）除了玩球，我们还可以用它做些什么？

幼儿：种花、当地球仪、画画、当雨伞、做帽子（图 6-2-40）……

图 6-2-39　　　　　　　　　　　　图 6-2-40

3. 废旧球大变身。

（1）幼儿根据教师提供的材料，自己选择一个喜欢的废旧球进行设计。

（2）教师巡回指导，关注幼儿设计与创作的新思路，鼓励幼儿把自己的想法表现出来，提醒反复使用对比不明显的颜色的幼儿，更换一种颜色试试。教师可以协助幼儿使用胶枪，粘住容易掉的物品。

（3）完成作品的幼儿在保持球的表面干净的前提下，自己把作品拿到展示台上进行展示。

4. 展示与欣赏。

（1）鼓励幼儿介绍自己的作品。

教师：你最喜欢哪个创意球作品？为什么？

（2）选择展示的平台。

教师：这些装饰好的球放在哪里更好呢？

幼儿：可以放到球场旁边，把它挂起来，也可以放在草地上……

小结：原来没了气的球还可以再次利用，把它们变成好看的装饰品或者用来种花。

活动延伸

将装饰过的球放在展示台上进行展示，把废旧球投放到美工区，引导幼儿继续创作。

活动反思

在本次活动中，幼儿利用废旧球进行创意制作，他们的想法很多，也有很多幼儿表达了自己的想法，经过思维的碰撞和思考，大多数幼儿的思维被打开了。很多幼儿的创意是我没有想到的，而能我做的就是尽可能地给孩子们提供更多的材料，给予幼儿支持。活动过程中，教师引导幼儿自己解决制作过程中的问题，最后，幼儿主动分享了自己的作品。美中不足的是，前面提问的时间有点儿多，导致后面的制作时间有点儿紧。后续，我会引导孩子们利用过渡环节、区域活动等时间继续完成制作，并将作品摆放到我们的球场上，起到装饰球场的作用。

主题活动反思

生活中，各种各样的球是孩子们喜欢的体育器械之一，玩球也成了孩子们喜欢的运动项目之一。孩子们对球有着极大的兴趣，玩球可以增加幼儿的运动量，增强幼儿体质，还可以促进幼儿社会化的发展，使他们学会分享和交往。这些对于孩子们来说，都是非常重要的。但是，幼儿关于球的玩法较为单一。因此，我们以绿色教育园本课程"绿茵球场"的教育理念为依托，开展了"球球总动员"的主题活动，结合区域活动、户外运动、科学探索、艺术创作等多元化活动方式进行，将这个主题活动分为三大环节，包括球类运动体验、球的特性探索、球的玩法探索、球类游戏规则学习及变废为宝的球类创意制作，让孩子们在原有经验的基础上探索更多有关球的玩法，从而了解球的不同特性。

其中，孩子们最喜欢的是户外活动，如"小个子也能打篮球（一物多玩）""神勇小投手""打野鸭""赶小猪""花样足球""我是小球星"等体育活动。孩子们从篮球的一物多玩中自主探索球的不同玩法，他们分别探索了一个人、两个人、许多人可以怎么玩球，在走、跑、跳、投等多种运动项目中使身体的协调性、灵活性得到了发展，通过投掷锻炼了上肢力量，让身体更加协调、灵活，培养了耐心和抗挫折的能力，学会了合作。在拍球比赛中，幼儿学会了遵守规则，有了团队意识，并通过努力变得更加自信。

虽然"球球总动员"主题活动主要以户外运动为主，但是我们经过设计与实施，还要确保幼儿获得全面的发展。家长的理解和支持对于幼儿的学习和发展也是至关重要的。我们会在今后的主题活动设计中多考虑如何让家长参与其中，并与家长有效地沟通幼儿的进步和遇到的困难。

主题活动三："康幼杯"来啦（大班）

教师：张颖欣　沈书垚　郭　鸽

主题活动由来

一天户外分散游戏的时候，硕硕从旁边抱来了一个足 扫码看彩图 6-3-1
球，然后就和玮玮玩了起来。其他几个小朋友也顺势加入
其中。这时，硕硕把球踢到了我的脚边，说："老师，快帮我们把球踢过来。"于是，我将球踢了过去。接连几天的户外自选游戏环节，孩子们都选择了足球，并且参与游戏的人数也由原来的几个人变成了班级一多半的孩子。这天，孩子们依然在玩足球游戏。户外游戏结束时，硕硕一脸意犹未尽地说道："老师，我们还能不能再踢会儿球呀？我们还没踢够呢！"我问孩子们："你们喜欢足球吗？"孩子们纷纷表示："喜欢！喜欢！"于是，我们以孩子们的兴趣为切入点，开展了"'康幼杯'来啦"的主题活动，以足球健体，以足球增智，通过足球活动引导幼儿学习知识和技能，培养幼儿不怕困难、善于合作、敢于挑战的良好品质，尊重幼儿身心发展的特点和规律，让幼儿身心健康地成长，促进幼儿德、智、体、美、劳全面发展。

幼儿现状分析

幼儿园大班是幼儿进入小学前的一个重要阶段，也是一个综合性的过渡阶段，包括心理的过渡、生活习惯的过渡、体能发展的过渡等多个维度。《指南》指出："发育良好的身体、愉快的情绪、强健的体质、协调的动作、良好的生活习惯和基本的生活能力是幼儿身心健康的重要标志，也是其他领域学习与发展的基础。"同时，这也是对小学生的基本要求。我们结合孩子们对足球的兴趣，以及我园是足球特色园，在班级开展了"'康幼杯'来啦"的主题活动。在主题活动中，我们引导幼儿认识足球，了解足球的发展史，激发幼儿对足球运动的兴趣，掌握足球运动的基本技能，让幼儿拥有一个强健的体魄和良好的心理素质。

主题活动总目标

1. 积极、主动地参加足球运动，了解基本的运动卫生常识，懂得运动中要自我保护，注意安全。

2. 在多种足球游戏中，体验走、跑、跳、投等运动方式，提升动作的协调性、灵活性和准确度。

3. 理解足球游戏规则的意义，能与同伴协商共同制订各类足球游戏规则。

4. 通过足球活动丰富幼儿的生活经验，提高幼儿的语言表达能力，让幼儿想说、敢说、喜欢说。

5. 能够用多种艺术形式大胆地表现对足球的喜欢，如唱歌、舞蹈、绘画、创意制作等。

6. 通过足球游戏能发现生活中的问题，尝试用数学来解决问题，并用数字、符号等记录成绩，统计数量。

主题活动网络图 （图6-3-1）

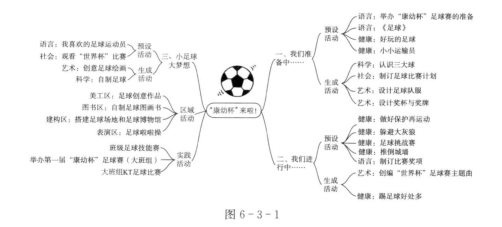

图6-3-1

主题环境创设

（一）主题墙环境创设 （图6-3-2）

1. 第一部分：我们准备中 （图6-3-3）……

孩子们知道我们要举行"康幼杯"足球赛，都很兴奋！于是，我们利用教育活动环节和孩子们一起讨论"要进行足球比赛，我们需要准备什么呢"（图6-3-4）。孩子们纷纷畅所欲言，有的说"要找好场地"，有的说"要准备球衣"（图6-3-5），还有的说"要有奖杯和奖牌"（图6-3-6、图6-3-7）。接下来，

图 6-3-2

他们还讨论了"康幼杯"足球赛的游戏内容，有足球的创新玩法"绕障碍物运球""定点射门"等，最后，决定以 KT 足球比赛和场地足球游戏为主。接下来，孩子们一起制作宣传海报（图 6-3-8），每个幼儿都签下了自己的名字，制作了杯赛邀请卡。KT 足球比赛准备邀请大班组所有的小朋友一起参加（图 6-3-9）。孩子们忙着宣讲宣传海报（图 6-3-10），给大家做动员，利用户外游戏环节，给其他大班小朋友发放邀请函，邀请他们参加 KT 足球比赛。接下来，孩子们在赛前动员后，开始紧锣密鼓地准备，设计奖杯，在区域游戏的时候，美工区的幼儿利用纸黏土、废旧塑料盒、自然物等制作奖杯。教师利用集体教育活动时间，引导孩子们根据自己的想法进行创意设计，精心绘制球衣。看！每个幼儿还选择了自己喜欢的数字写在了球衣上，比赛用的奖牌也做好了。

图 6-3-3

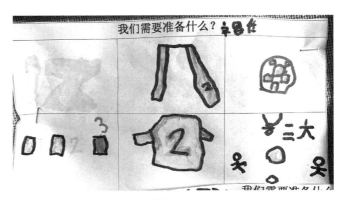

图 6-3-4

图 6 - 3 - 5

图 6 - 3 - 6

图 6 - 3 - 7

图 6 - 3 - 8

图 6 - 3 - 9

图 6 - 3 - 10

2. 第二部分：我们进行中（图 6 - 3 - 11）……

教师通过集体教育活动，让幼儿知道举行足球比赛前，还需要了解一些安全知识，如比赛前，运动员们要做好热身活动，穿上合适的运动服，准备好记分牌和急救药箱等。班里举行了第一届"康幼杯"班级场地足球比赛（以足球技能比赛为主）。孩子们进行了绕桩运球、一对一足球追逐赛、定点射门的练习，提高了自己的足球技能，以便在接下来的正式比赛中更加游刃有余。班级场地足球比赛正式开始啦！孩子们根据自己的选择，自由组队，分为蓝队和白队（图6-3-12）。比赛前，孩子们充分地热身后，还互相加油、助威、打气（图6-3-13、图6-3-14）；比赛时，孩子们以猜拳的形式决定先发球的一方；接下来，是大班组的KT足球比赛。我们采用大一班对战大二班、大三班对战大四班。最后，小组内获胜方再进行决赛，争夺冠、亚军。比赛开始前，孩子们蓄势待发。比赛开始后，每个孩子都沉浸在比赛中，争先恐后、顽强拼搏。比赛结束后，孩子们彼此拥抱（图6-3-15）、握手，举行了颁奖仪式，还一起合影、留念（图6-3-16）！

图6-3-11

图6-3-12

图6-3-13

图6-3-14

图6-3-15

图6-3-16

3. 第三部分：小足球，大梦想（图6-3-17）。

经过几次的KT足球比赛，孩子们对足球的兴趣越发浓厚。为了让孩子们更加了解足球，我们利用过渡环节给孩子们找来"世界杯"足球比赛视频，让孩子们通过观看感受大规模且正规的国际赛事。孩子们也在喜欢足球的基础上，更加关注足球运动员。他们兴奋地讲述着自己喜欢的足球运动员，有的孩子说长大了还想当一名足球运动员，为祖国争光。我们结合班级新开设的角色区——照相馆，让孩子们穿上自己设计的球衣，抱着喜欢的足球，在照相馆里拍起了美照。孩子们根据自己的想法绘制了足球创意画（图6-3-18）。

图6-3-17　　　　　　　　　　图6-3-18

（二）区域环境创设

1. 阅读区：足球故事会。

投放材料：绘本图书《足球》《小鼠波波踢足球》《这就是足球》《奇迹体育场》《足球跑啦!》等，自制足球图画书。

指导要点：

（1）师幼共同收集与足球相关的故事、图书、资料，绘画有关足球的感悟与体验，制作成足球图画书。

（2）幼儿互相介绍自制足球图画书的内容（图6-3-19～图6-3-21）。

（3）引导幼儿从书中获得更多关于足球方面的知识和经验。

2. 美工区：足球创意制作、足球队服DIY。

投放材料：废旧材料（如废旧报纸、矿泉水瓶等）、自然材料（如树皮、木片、松果、落叶、木棍等）、乳胶等。

图 6-3-19　　　　　　图 6-3-20　　　　　　　　　图 6-3-21

指导要点：

（1）引导幼儿在观察足球特征的基础上，进行有关足球的创意制作（图 6-3-22）。

（2）鼓励幼儿采用不同艺术表现方式大胆创作，并展示、分享与交流作品（图 6-3-23）。

（3）引导幼儿发现足球的魅力，感受艺术创作带来的快乐。

图 6-3-22　　　　　　　　　　图 6-3-23

3. 益智区：足球连连看、足球对对碰、小小足球赛、国旗连连看。

投放材料：不同国家的国旗塑封图卡、自制足球比赛场等材料。

指导要点：

（1）幼儿能够准确地认知常见的世界各国国旗，为国旗排序或玩国旗连连看的游戏。

（2）鼓励幼儿共同协商后，玩规则类游戏。

（3）引导幼儿两人一组，进行足球比赛，学会计时及简单地记录比赛结果。

4. 表演区：足球啦啦操。

投放材料：足球服装、音乐、乐器、啦啦操手环等。

指导要点：

（1）引导幼儿根据图示，配合音乐节奏，创编舞蹈动作。

（2）引导幼儿根据音乐节奏进行简单的打击乐演奏。

（3）鼓励幼儿用肢体动作大胆表现对音乐作品的理解（图6-3-24）。

图6-3-24

5. 建构区：足球场馆、足球博物馆。

投放材料：积木，自制的树木模型、花草模型等辅助材料。

指导要点：

（1）引导幼儿仔细观察足球场馆的建筑特点。

（2）指导幼儿使用搭高、围拢、装饰等技巧搭建足球场馆、足球博物馆。

（3）鼓励几名幼儿分工合作，围绕主题共同完成作品搭建。

可利用的教育资源

（一）园所资源

1. 幼儿园提供足球场地。

2. 幼儿园提供KT足球相关设备等。

3. 幼儿园举办第一届"康幼杯"足球比赛。

（二）家庭资源

1. 家长和幼儿一起借助网络、电视、书籍等收集有关足球的信息，帮助幼儿了解足球。

2. 幼儿与家长一起填写足球调查问卷。

3. 邀请家长参与班级、年级或幼儿园组织的亲子足球趣味比赛。

（三）社会资源

1. 家长利用节假日、周末的时间，带领幼儿参加社区或儿童足球俱乐部组织的幼儿足球比赛等活动。

2. 教师结合当地资源，带领幼儿走进幼儿园附近的小学，参观小学生足球比赛。

3. 成人带领幼儿参观当地足球文化博物馆，了解足球的演变历史。

主题系列活动（表 6-3-1）

表 6-3-1 主题系列活动表

主题活动	教育活动	区域活动	生活活动
第一部分：我们准备中……	1. 语言领域：举办"康幼杯"足球赛的准备 2. 语言领域：足球是什么 3. 健康领域：好玩的足球 4. 科学领域：认识三大球 5. 艺术领域：设计足球队服	益智区： 1. 手指足球挑战赛 2. 足球队服连连看 美工区： 1. 制作奖杯和奖牌 2. 足球创意制作 3. 足球队服 DIY	活动一：足球信息大搜集 活动二：足球的小秘密
第二部分：我们进行中……	1. 健康领域：做好保护再运动 2. 健康领域：躲避大灰狼 3. 健康领域：足球挑战赛 4. 健康领域：推倒城墙 5. 语言领域：制订比赛奖项 6. 艺术领域：创编"世界杯"足球赛主题曲	实践活动： 1. 班级足球技能赛 2. 大班组 KT 足球比赛 3. 举办第一届"康幼杯"足球赛（大班组）	活动一：幼儿与家长填写关于足球的调查表
第三部分：小足球，大梦想	1. 语言领域：我喜欢的足球运动员 2. 社会领域：观看"世界杯"比赛 3. 艺术领域：创意足球绘画 4. 科学领域：自制足球	表演区：足球啦啦操 图书区：自制足球图画书	活动一：创编足球故事

主题活动案例精选

活动（一）躲避大灰狼

活动目标

1. 巩固脚内侧运球的动作，提高控球能力。

2. 初步尝试定点射门，锻炼眼与脚的协调能力。

3. 能够积极、主动地参加足球游戏，体验足球游戏带来的快乐。

活动准备

1. 经验准备：能够基本控制足球不乱跑；了解初步的踢球规则，不用手碰球。

2. 物质准备：足球若干、锥形筒 8 个、大树图片 8 个、口哨 1 个、标志盘若干，音乐《数鸭子》，操场上画出白色大圆圈。

活动过程

1. 热身活动。

幼儿自由组队。教师播放音乐《数鸭子》，引导幼儿听音乐进行热身运动（如踏步走、蹲走、蹲起、快速跑、双脚跳、立定跳等）。

2. 创设游戏情景，了解游戏规则。

创设老狼要吃小鸭子的游戏情景，玩"老狼老狼几点了"的游戏。

教师：今天，来了这么多小鸭子！山上的老狼也听说了，它也想来看看有没有跑得慢的鸭子，打算把它捉回去吃掉。小鸭子们，你们能就这样被大灰狼捉走吗？

教师：我要看一看，小鸭子们跑得快不快？

教师带领幼儿玩"老狼、老狼几点了"的游戏，引导幼儿了解游戏规则。

3. 运球玩"老狼、老狼几点了"的游戏，掌握运球动作要领。

教师：小鸭子们跑得太快了！大灰狼捉不到。但是，光逃跑不行，我们也要带一些防身的武器，阻挡大灰狼对我们的攻击。我们用足球当武器，好吗？（以运球跑的方式玩"老狼、老狼几点了"的游戏）

幼儿每人一个足球，在场地上运球，练习基本动作，尝试快速运球的方法。

教师：看一看，哪只小鸭子能用最短的时间将足球运到最远的距离？运球的时候，要控制住足球，让它往前走。

要求：当听到哨声响起时，小鸭子们要迅速地带球回到大圆圈（操场上提前画好的白色大圆圈）里。

（1）两次游戏后，请个别幼儿示范运球动作。

（2）教师示范运球动作，引导幼儿观看。

教师：我也试试这个好方法。（教师示范运球）小朋友们，请你们说一说，我是怎么做的动作呢？

（3）运球动作要领：运球时，身体保持正常的跑动姿势，上体稍前倾，步幅不宜过大，运球腿提起，膝关节稍屈，使脚内侧正对着运球方向，在运球脚落地前，用脚内侧向前推拨球的中间位置。

（4）幼儿练习运用脚内侧运球，再次游戏。

4. 游戏"躲避大灰狼"，学习并掌握定住球的动作。

教师：大灰狼知道小鸭子们跑得快，还有防身的武器——足球。它在咱们活动区域的前方设置了很多陷阱（大树图片、标志盘代替）。为了让活动区域更安全，咱们现在就去拆除这些陷阱，好吗？

教师：为了不被大灰狼发现，咱们只能在12点的时候去拆除陷阱。老狼一说"12点了"，小鸭子们就要快速地带着自己的球，走到陷阱的位置，拿走一个陷阱，把它带回咱们的地盘。但是，为了更快地拆除陷阱，咱们需要分头行动。小鸭子们自由地分成两组，看看哪一组拆除的陷阱多。

游戏开始：幼儿用脚带球玩"老狼、老狼几点了"的游戏。幼儿用脚掌定住球。教师扮演老狼。当老狼说到"12点了"时，两组幼儿开始拆除陷阱。

5. 游戏"老狼、老狼几点了"，初步尝试定点射门。

教师：大灰狼发现小鸭子们把自己设置的陷阱都给拆除了，非常气愤，它说"一定要捉住鸭子"。我们不能坐以待毙，要用足球进行反击。

继续玩"老狼、老狼几点了"的游戏。当教师说出"12点了"时，鸭子们要快速地把球运到指定地点，听到哨声后，再射门，将球踢向前方的锥形筒（图6-3-25、图6-3-26）。

图6-3-25

图6-3-26

6. 结束部分。

（1）教师和幼儿一起坐在垫子上，随音乐节奏做放松运动。

（2）将活动材料收拾、整理好并放回原处。

活动延伸

幼儿回家后，可以利用晚上或者周末的时间，与家长一起巩固练习运球、定球的动作。

活动反思

本次活动以幼儿最喜欢的游戏情景导入，孩子们都能积极地参与活动。在巩固运球的过程中，大部分幼儿能坚持并按照要求完成动作，个别幼儿动作不够标准，还需要教师一对一地指导。最后，教师引导幼儿分为两组，玩"老狼、老狼几点了"的游戏，借此巩固幼儿运球、定球的动作技能。

活动 （二） 足球挑战赛

活动目标

1. 能用脚带球向前走，掌握控球方法，提高用脚控球的能力。

2. 提高身体的协调能力，体验玩游戏的乐趣。

3. 能够在足球游戏中感受其魅力。

活动准备

1. 经验准备：能够基本控制足球，不让它乱跑；初步了解踢球规则，知道不能用手碰球。

2. 物质准备：足球、锥形筒、标志盘若干，大呼啦圈 4 个，音乐《足球宝贝》《幸福的脸》。

活动过程

1. 热身活动。

教师请幼儿每人取一个足球，放在场地内的小点上，跟随音乐《足球宝贝》做热身运动。

教师：请小朋友们跟着老师一起转转头，活动活动肩膀，转一转手腕，扭一扭膝盖，动一动踝关节，跳一跳。

2. 闯关游戏。

（1）游戏 1：听口令控球。

规则：幼儿在指定的范围内用脚带球向前走，听到哨声后，用脚定住球，不让球乱动。

教师引导幼儿用脚踩住足球，站在标志盘的位置，然后听哨声左右脚交替踩球，进行球感练习。

（2）游戏 2：拔萝卜。

规则：幼儿分为两队，排成两排，面对面地站立。两队中间位置放置一排锥形筒。幼儿听到哨声后，带球走到锥形筒的位置，谁先拔起萝卜（锥形筒代替），谁就胜利。游戏可以反复玩 2~3 次。

教师：请小朋友们仔细听哨声，哨声响起，就可以带球出发，去拔萝卜了。注意不要用手碰球。

（3）游戏 3：足球挑战赛。

规则：幼儿分成 4 队站好，在每队的前面摆放一个锥形筒。幼儿听到哨声后，用脚带球跑到锥形筒的位置，再将球传给下一个幼儿。下一个幼儿用脚定住球，再继续游戏。游戏依次进行，直至听到哨声后结束。

教师：请小朋友们注意锥形筒的位置。活动中，注意安全，和同伴之间保持安全距离。注意用脚控制好足球。

3. 放松活动。

教师：现在，老师播放音乐《幸福的脸》。请小朋友们一边放松身体，一边将球送回去。

活动延伸

利用户外活动时间，让幼儿继续巩固练习运球、定球动作。

活动反思

经过本次活动，孩子们基本上都能掌握带球走的技能，对踢足球产生了浓厚的兴趣。接下来，我们将在带球走技能训练的基础上，再进行双人传球、定点射门等足球技能的学习和训练，让孩子们熟练掌握足球技能，更加喜欢足球运动。

活动（三）推倒城墙

活动目标

1. 掌握用足弓运球的技能。

2. 通过游戏，尝试定点瞄准、踢球射门的技能。

3. 锻炼小腿发力的踢球技能，保持身体平衡。

活动准备

1. 经验准备：玩过足球游戏。

2. 物质准备：每人一个足球，锥形筒。

活动过程

1. 情景导入。

教师：今天，我们需要小朋友们帮忙推倒前进路上的城墙。咱们要分组合作，需要用到的工具就是足球。我们要把足球运到可以推倒城墙的距离，然后瞄准"射击"，让足球推倒城墙。

2. 足球游戏。

（1）游戏一：听话的足球。

教师：请小朋友们把球放在自己双脚中间，试一试用左脚将球踢给右脚，然后，再用右脚将球踢给左脚，重复这个动作。

教师：请小朋友们说一说，足球能被你控制住吗？

教师：小朋友们说一说，用脚的哪个位置运球，才能更好地控制住球呢？

小结：用脚内侧足弓的位置运球，才是正确的运球方式。

教师引导幼儿尝试用足弓运球。

（2）游戏二：踢倒城墙。

教师：请小朋友们用足弓直线运球。

教师：现在，要增加难度了。请小朋友们绕过锥形筒，走"S"形路线运球。

教师：接下来，小朋友们要穿越障碍（锥形筒）区域，然后将球运到指定地点，将球定住，瞄准城墙（锥形筒），用力踢球，把城墙踢倒。

小结：小朋友们要用足弓的位置运球，才是正确的运球方式。

幼儿尝试用足弓运球。

（3）游戏三：精英小队。

教师：第一次尝试，我们都可以把球运到指定地点，然后推倒城墙。接下来，老师要选出精英小队，更快、更准地踢倒城墙。

将幼儿分成3组，用接力的方式进行游戏。以最快的速度、踢倒城墙最多的一队获胜。

幼儿进行游戏。教师巡回指导，并对个别有困难的幼儿进行适当的指导。

教师针对幼儿游戏中出现的问题进行简单的讲解后，引导幼儿再次游戏。

3. 放松与整理。

（1）教师带领幼儿随音乐做放松运动。

（2）幼儿分组合作，收拾、整理场地和材料。

活动延伸

请家长和幼儿在家里尝试用足球或报纸球练习用足弓运球。

活动反思

本次活动通过情景导入，结合大班幼儿的竞争意识，用比赛的方式让幼儿对活动充满兴趣，在游戏中学习并掌握与足球相关的技能，发展平衡能力，提升动作的协调性和灵活性，感受与他人共同游戏的快乐，培养合作意识，激发幼儿运动的兴趣和对足球游戏的喜爱。

活动（四）自制足球

活动目标

1. 了解足球是一项团队运动，需要团队合作和相互配合。

2. 能亲手制作一个小型足球，增强动手能力和创造力。

3. 在操作中，对足球运动产生兴趣。

活动准备

1. 经验准备：幼儿对足球有一定的了解。

2. 物质准备：足球活动的图片若干，足球比赛视频或足球音乐、视频《神奇的足球》，玩具足球、白色软木板、黑色绒布、剪刀、丝线、打气筒、胶水等。

活动过程

1. 导入环节。

（1）教师拿出玩具足球，让幼儿观察，动手摸一摸、扔一扔，引导他们进入主题。

（2）教师：孩子们，你们了解足球吗？你们知道足球是怎么制作的吗？

教师：让我们一起来了解一下足球。

教师播放足球比赛视频或足球音乐，让幼儿对足球有一个初步的认识，激发幼儿参与活动的兴趣。

2. 讲解制作足球的过程。

（1）教师向幼儿展示白色软木板和黑色绒布材料，讲解足球的制作过程。

教师提示幼儿在制作过程中注意细节及如何连接。

（2）教师示范如何测量、切割、缝制软木板和绒布，让幼儿明白每个步骤的重要性。

（3）教师指导幼儿根据自己的想法，完成足球的设计，保证所有足球的形状和大小一致。

教师：现在，请小朋友们进行操作。

3. 制作足球。

（1）教师帮助幼儿测量、切割软木板，制作足球的外壳。

（2）教师帮助幼儿将绒布缝制成足球的花纹，准备好填充的材料。

（3）幼儿根据自己设计的足球尺寸和形状，填充软木板和绒布，完成足球的制作。

（4）幼儿用打气筒给足球充气，让足球变得更加硬实。

4. 游戏环节。

（1）教师引导幼儿将所有制作好的足球放在一个区域内，合作进行足球游戏，让他们体验足球运动的乐趣。

（2）教师提示幼儿足球的游戏规则，让幼儿明确比赛的目的和规则，以避免在游戏过程中出现意外。

5. 分享与交流。

（1）教师引导幼儿展示自制足球，分享制作过程和心得、体会。

（2）教师小结，引导幼儿知道体育运动的重要性和足球团队协作的意义。

活动延伸

幼儿尝试用自制足球进行比赛，发现问题后及时调整。

活动反思

本次活动让幼儿不仅对足球有了基本的了解，也锻炼了他们的动手能力和创造力。在教学过程中，教师要注意幼儿游戏时的安全问题，引导幼儿严格遵守游戏规则，避免发生意外。

主题活动反思

　　"'康幼杯'来啦"的主题活动随着足球比赛的结束，最终也结束了。本次主题活动以幼儿的兴趣为切入点，第一部分"我们准备中……"，由于孩子们对足球的兴趣十分浓厚，想要举办一场足球比赛，我们决定先从了解足球、足球的起源、足球发展史等内容开始，让他们通过绘画、谈话等活动了解了足球方面的知识，不仅提高了语言表达能力，也提高了动手操作的能力。在制作足球比赛邀请函和设计球衣时，孩子们充分发挥自己的想象力和创造力，进行了创意制作和设计。第二部分"我们进行中……"，孩子们一切准备就绪，马上就要进行足球比赛了。于是，我们结合足球开展相关技能游戏活动，孩子们从一开始的手足无措，慢慢地掌握了足球的相关技能，如运球、定点传球、"S"形弯射门等。孩子们邀请大班组其他小朋友一起进行比赛，整个比赛都是以孩子们为主导，教师只是起到辅助作用。在此过程中，孩子们的人际交往能力、临场反应能力及身体素质等都有所提升。最后，第三部分"小足球大梦想"，孩子们在这个活动中纷纷畅所欲言，表达自己对足球活动的感受及想法，就连之前不爱表达的晨晨也都争着说。孩子们通过本次活动，语言表达能力、人际交往能力、动手操作能力、艺术表达与创造能力、身体素质等都比之前有了明显的进步。